幼儿自主游戏·自主学习·自主生活丛书

自主学习

支持幼儿成为热情主动的终身学习者

董旭花　张海豫　韩冰川　阎　莉　著

中国轻工业出版社

图书在版编目(CIP)数据

自主学习：支持幼儿成为热情主动的终身学习者/董旭花
等著. —北京：中国轻工业出版社，2023.4（2025.1重印）
ISBN 978-7-5184-4180-8

Ⅰ.①自… Ⅱ.①董… Ⅲ.①儿童教育 Ⅳ.①G61

中国版本图书馆CIP数据核字（2022）第205924号

保留所有权利。非经中国轻工业出版社"万千教育"书面授权，任何人不得以任何方式（包括但不限于电子、机械、手工或其他尚未被发明或应用的技术手段）复印、拍照、扫描、录音、朗读、存储、发表本书中任何部分或本书全部内容（包括但不限于光盘、音频、视频等）。中国轻工业出版社"万千教育"未授权任何机构提供源自本书内容的电子文件阅览、收听或下载服务。如有此类非法行为，查实必究。

责任编辑：张天怡　　责任终审：高惠京
策划编辑：高　君　　责任校对：刘志颖　　责任监印：吴维斌

出版发行：中国轻工业出版社（北京鲁谷东街5号，邮编：100040）
印　　刷：中国电影出版社印刷厂
经　　销：各地新华书店
版　　次：2025年1月第1版第4次印刷
开　　本：787×1092　1/16　印张：19.25
字　　数：196千字
印　　数：20001—25000
书　　号：ISBN 978-7-5184-4180-8　定价：88.00元
读者热线：010-65181109
发行电话：010-85119832　010-85119912
网　　址：http://www.chlip.com.cn　http://www.wqedu.com
电子信箱：1012305542@qq.com
版权所有　侵权必究
如发现图书残缺请拨打读者热线联系调换
241956Y1C104ZBW

前　言

《自主游戏：成就幼儿快乐而有意义的童年》一书自 2021 年 3 月出版后，得到了幼儿园教师的热烈回应。许多园所为每位教师都配备了这本书。全园教职员工共读此书，并不断地践行与研讨此书的理念，使幼儿园的游戏实践水平和教师的专业素养得到了一定的提升，这让作为此书作者的我们万分感动。让我们备受鼓舞的是，此书还被《中国教育报》评为 2021 年度"教师喜爱的 100 本书"，荣获《精品阅读》杂志社 2021 年"精品阅读年度好书奖"。

读者认可此书，不仅因为它是我们长期实践和研究的结晶，蕴含了众多幼教人的智慧；还因为现阶段幼儿教育改革对幼儿主体性发展的强烈要求，是真正落实以儿童为本教育的目标指导。

一、如何理解自主性

"自主性"一词的心理学含义，是指个体成为自己行动的主体，不依赖他人（有时排除他人的干预），自由地做出自己的判断、主张和行动。邹晓燕和曲可佳[①]倾向于将自主性界定为"个体依靠自身做出符合社会规范的决定，并能自我调节而达到目标的行为倾向"。自主性是自我依靠、自我控制和自我主张的有机统一。自我依靠，是指依靠自己的力量，不经常寻求别人的帮助，与此相反的是依赖；自我控制，是指能够主动克制自己的不合理愿望，调节自己的行为，与此相反的是任性；自我主张，是指能够相对地自己做主，不受他人影响和支配，与此相反的是从众。

现代教育倡导"以儿童为本"的人性化教育理念，认为每一个儿童都是独一无二、奔向未来的个体；所以，应该追求儿童的终身可持续发展。从可持续发展的目标来看，独立性、自主性、创造性必然会成为一个人颇为重要的精神特质，并影响其一生的自我成长和自我完善。

自主性发展能为幼儿进入小学乃至终身学习与发展奠基：

＊ 自主的幼儿拥有积极主动的为人处世态度

---

① 邹晓燕，曲可佳. 学前儿童自主性的发展与促进［M］. 合肥：安徽教育出版社，2015.

* 自主的幼儿具有对世界的强烈好奇心和求知欲
* 自主的幼儿有清晰明确的目的性和计划性
* 自主的幼儿对人和事有自己的独立认识，并敢于表达观点
* 自主的幼儿独立做出选择，不盲目，不迎合
* 自主的幼儿遇到问题和困难时可能会求助，但更多的时候会坚持不懈、专注且投入地寻找解决问题的策略
* 自主的幼儿在游戏、学习、探究与交流中将慢慢地学会质疑和反思
* 自主的幼儿约束自己的行为，不任性、不妄为
* 自主的幼儿对自己的选择和行为结果负责

二、为什么撰写本书

作为"幼儿自主游戏·自主学习·自主生活丛书"的第二本，我们用了将近两年的时间在充满激励和压力的氛围中完成了写作。这实属不易，但也让我们在不断地学习、实践与交流中取得了进步。为什么撰写本书或本套丛书？这要从我们对教育的深刻反思，从我们对自主游戏、自主学习和自主生活的界定与关系谈起。

游戏、学习和生活是幼儿园一天最主要的内容，不论哪一类型、哪一层级的幼儿园，也不论农村幼儿园还是城市幼儿园，幼儿每天的活动内容都离不开游戏、学习和生活。新世纪需要培养面向未来的人才，强调个体的自主性、能动性和创造性，所以，幼儿园一日活动的每一个环节都应该强调尊重幼儿发展的特点和规律，放手与支持幼儿的自主性发展，让幼儿在自主游戏、自主学习和自主生活中，在独立自主的体验和经历中增强自我成长的力量。

（一）自主游戏、自主学习和自主生活各有其含义

自主游戏、自主学习和自主生活的含义各不相同。

1. 自主游戏

受安吉游戏的影响，自主游戏理念在全国各地的幼儿园中得到持续的推崇和实践，这是一件极好的事情。自主游戏不是一种新潮的游戏类型，而是一种尊重幼儿的游戏理念的回归。自主游戏强调教师要信任幼儿，要多多放手让幼儿自由选择，自主地把握游戏内容和游戏进程，玩自己的游戏。教师的责任是观察、追随幼儿的游戏并给予幼儿适宜的支持，即使介入幼儿的游戏，也是为了帮助幼儿实现自己的游戏愿望，而非实现教

师设定的教育目标。在自主游戏开展的过程中，教师不仅要关注幼儿玩得是否开心，游戏是否精彩，更要关注幼儿的主体性发展。教师在放手的同时，要引导幼儿更多地进行自我选择和决策、自我计划和行动、自我反思和调控、自我规范和负责，为幼儿一生的可持续发展奠定自我成长的坚实力量。

2. 自主学习

学习，是指通过活动积累经验，进而在行为、能力和心理倾向方面产生相对持久的变化的过程。我们始终坚信每个幼儿都有自主学习的能动性和巨大潜力，正如虞永平教授所言，"幼儿有自己的需要和兴趣，教育就是引发幼儿内在的潜能，让幼儿有机会从事适宜的活动，以便更好地调动已有的经验并获得新经验"[①]。所以，教育的目的不是将一些成人认为有价值的知识强塞给幼儿，而是培养其自主学习的动力和能力，乐学、会学更重要。

我们所强调的自主学习就是让幼儿按照自己的意愿，带着自己的问题，在自己的探索中，按照自己的方式解决问题，并获得发展的过程。这样的学习不是死记硬背知识的浅表学习，而是更多地基于幼儿自身兴趣和真实问题的有意义学习，让幼儿有更多的机会调动自己的已有经验，在解决问题的过程中，发挥自己的能动性和创造性，重组、改造和获得新经验，从而获得有意义的发展。

3. 自主生活

广义的生活涵盖人类的各种活动，如文化生活、政治生活、娱乐生活等。当我们说人们的"生活水平不断提高"时，"生活"的含义主要指向衣、食、住、行等方面。幼儿园一日活动中的生活环节，一般指入园、离园、盥洗、餐点、午睡等活动。我们强调的自主生活，倡导幼儿积极参与和自主掌控各环节的生活，培育其对美好生活的态度和感知力，增进其自我管理、自我服务、自我调控、自我负责的生活能力。因为幼儿年龄小，所以他们的生活经常依赖成人的关照，而长期的关照过多和过度保护，极易导致幼儿的依赖心理和低能状态出现。所以，幼儿园教师需要转变理念，把幼儿看成独立的、有能力的个体，鼓励幼儿独立管理自己的生活，支持幼儿参与与自身幸福生活有关的社群活动和文化活动，让幼儿在自主的生活中实现自我意识和自我能力的发展，学会负责任地关照自己的身体和心理健康，感受到自己存在的力量和贡献。

（二）自主游戏、自主学习和自主生活的本质相同、目标一致

自主游戏、自主学习和自主生活本质上都指向幼儿的主体意识与自主性发展，目标

[①] 虞永平. 幼儿园课程建设与教师专业成长[J]. 中国教师，2020（01）.

都是培养更适应未来社会且德、智、体、美、劳全面发展的人。

1. 以幼儿是独立发展的人为出发点

虽然3—6岁儿童的身体发育还不完善，能力尚弱，但是他们都具有独立成长的意识和愿望，具有独立做事的基本能力，对这个世界的认识独具特点。他们需要得到认可和尊重，拥有独立做事的机会，以更好地发展出独立走向社会的能力。

2. 为了成就对自己和社会有贡献、负责任、有能力、敢担当的个体

我们如果不希望自己的下一代成为"巨婴"，那么最好从他们小时候开始学会信任和放手，让他们从小事做起，从对自己的生活和安全开始学习负责任，从独立自主的生活、游戏和学习开始尝试感受自己的力量，学习有目的地做事，学习规范和约束自己的行为，学习独立面对和解决问题，学习反思自己的行为，尝试调控自己和小伙伴的关系……这样的成长会给予幼儿终生往前走的巨大动能。

（三）自主游戏、自主学习和自主生活相互交融、相辅相成，你中有我、我中有你

自主游戏、自主学习和自主生活是相互交融、相辅相成的，幼儿无论在哪一个环节获得的自主意识和自主能力都会迁移到其他环节之中。我们如果注意观察，就会看到一个自己努力把扣子扣上的小班幼儿，尽管因为精细动作发展得不够成熟，看起来困难重重，但是他始终没有放弃。我们相信，这个幼儿在面对游戏和学习中的问题时也会如此努力。同样，一个在游戏中会独立解决困难和冲突的幼儿，在面对学习任务时也一定会不惧挑战、反复尝试，直至成功。

游戏、学习和生活只是一种相对的划分，在现实生活中，游戏与学习、游戏与生活以及学习与生活很难割裂开。广义的生活涵盖所有的活动，包括游戏和学习；广义的学习所涉及的活动，包括游戏活动和生活活动；广义的游戏既包含幼儿自由自主的游戏，又包含带有游戏精神的学习活动和生活活动……如此说来，游戏、学习和生活是你中有我、我中有你的关系，我们确实不能把它们严格地分割开。相对地界定自主游戏、自主学习和自主生活的外延，只是为了更好地设计、组织和安排幼儿园一日活动内容，帮助教师更好地把握幼儿园课程不同组成部分的结构和特点，以更好地面对和解决幼儿教育实践中方方面面的问题。

"幼儿自主性的发展"不是一句空话和口号，只有落实到幼儿园一日生活的各个环节，才能真正具有实效。幼儿园的一日活动不外游戏、学习和生活，所以，无论在哪一个环节，教师都需要把自主性原则和理念贯彻始终、落实到位，只有这样才能真正起到

"1+1+1>3"的效果。

三、本书想要表达什么

基于幼儿的学，确定教师的教，教什么和如何教都来自教师对幼儿是如何学习的认识。本书尝试从幼儿是如何学习的这一基本点出发，阐述教师应如何变革环境、互动行为及幼儿园课程，以更好地帮助幼儿提升优秀的学习品质和学习能力，支持幼儿的自主学习，为幼儿的后继学习乃至终身发展奠定基础。本书包括以下七章内容。

第一章 学习与幼儿的自主学习 由董旭花教授执笔，旨在帮助教师了解学习和幼儿自主学习的内涵、特点与路径，同时帮助教师反思传统教育中的"教"与"学"，思考幼小衔接教育、"双减"政策、深度学习、新媒体和新技术对幼儿自主学习的影响，从而更好地支持幼儿的有意义学习。

第二章 自主学习中的教师与幼儿园课程变革 由董旭花教授执笔。本章首先通过调查问卷了解现阶段教师对幼儿自主学习的认识，进而通过调查中发现的问题，阐述教师进行理念重构和提升认识的必要性，以及幼儿园应顺应时代发展要求进行一场从课程目标到课程评价的彻底变革。本章也对现阶段幼儿园较热的生成课程、园本课程和课程审议等概念进行了辩证分析，有助于教师借由这些分析更好地开展自己的课程实践。

第三章 来自早期儿童学习理论的启示 由董旭花教授执笔。本章较为系统地梳理了行为主义、建构主义、人本主义、认知主义等心理学流派关于儿童学习的主要观点，旨在帮助教师通过更多维的视角看待幼儿园的教与学，站在更高的位置审视幼儿教育的实践问题，同时帮助教师更好地理解和践行自主学习的理念。

第四章 玩具与幼儿的自主学习 由阎莉园长执笔。本章从分析幼儿最喜爱的玩具入手，阐述了玩具不仅是幼儿的亲密"伙伴"，而且能支架幼儿的自主学习。教师应当像钻研文本教材那样去研究玩具，以发挥玩具推动幼儿自主学习与发展的最大价值。

第五章 学习品质与幼儿的自主学习 由韩冰川副园长执笔。本章阐述了学习品质的含义、影响因素，以及对幼儿自主学习和终身发展的重要意义，强调教师需要持之以恒地关注幼儿的学习品质，并从幼儿园课程、环境创设、教学方法、师幼互动、评价等各方面努力支持幼儿养成积极的学习品质。

第六章 多元学习能力的提升 由张海豫副院长执笔。本章阐述了学习能力与学习品质之间相辅相成的关系，自主学习能力既为幼儿提供了后继学习的不竭动力，帮助幼儿获得良好的学业成就，又有助于其终身可持续发展。本章尤其关注提升3—6岁儿童的观察能力、思维能力、创造力、自控力、合作学习能力的具体策略，有助于教师在实践中应用，逐步提升自己的实践智慧。

第七章 教师的自主学习　　由阎莉园长执笔。本章从多个维度阐述教师的自主学习对幼儿、对自身的专业发展和自身职业幸福感的重要影响，并探索幼儿园构建学习共同体以及利用多元活动支持和推动教师自主学习的路径，助力教师不断地进行自我突破，实现与幼儿、幼儿园相互成就的一体化发展目标。

本书涵盖从幼儿学习理论、幼儿学习品质养成到幼儿学习能力提升的实践策略等诸多内容，也把2022年2月教育部颁布的《幼儿园保育教育质量评估指南》的精神纳入其中。本书包含很多来自一线的优秀案例和图片，以及21个精彩的视频案例（扫描二维码即可观看），有助于大家更好地理解书中的观点，感受阅读的乐趣。本书既适合幼儿园在职教师阅读，又适合学前教育专业学生以及家长阅读，对于提升幼儿教师的专业素养和幼儿园保教质量大有裨益。

四、致谢

本书得以顺利出版，首先感谢我们团队中每一位教师两年来的辛苦付出，她们是：山东省潍坊市奎文区学前教育研究院张海豫副院长、山东省淄博市汇英幼儿园韩冰川副园长、山东省商务厅幼儿园阎莉园长。写作本书的过程，是我们在幼儿园实践自主学习理念和不断进行跨地域研讨交流的过程，也是我们彼此激励和相互学习的过程。我们从中收获了太多感动，我们彼此都非常感恩和珍视这段难得的经历。

在写作过程中，我们得到非常多的外援支持，也一并在此诚挚地表达谢意。感谢南京师范大学的王海英教授和张俊副教授，本书采用了他们在讲座中分享的案例和观点，张俊副教授所在的南京市鹤琴幼儿园的优秀案例也给了我们很多启发。感谢浙江省杭州市临平区塘栖镇第二幼儿园吴赛姬副园长，因一个特殊的机缘认识吴园长，并立刻被她的学习热情和实践智慧感动，因而在本书中与大家分享了她的读书感悟和实践经验。感谢湖南省教育科学研究院的周丛笑老师和湖南省郴州市教育科学研究院的贺小蓉老师，在两位老师的带领下，郴州市志愿者团队发起了好书品读活动，他们认真阅读了《自主游戏：成就幼儿快乐而有意义的童年》一书，并制作了清晰的思维导图，给我们带来了深深的感动，也让我们可以将其运用在本书中。感谢山东省威海市文登区教育教学研究中心学前教育管理处邵玉果主任、山东省日照市教育局督学王成梅老师、山东省胶州市教育和体育局教学研究科幼教室刘英华主任、山东省青岛市实验幼儿园王正伟园长、山东省青岛市西海岸新区第一幼儿园邵瑜园长、山东科技大学幼儿园梁荣芹园长、山东省淄博市汇英幼儿园刘芳园长、空军济南蓝天幼儿园杨鲁云园长、山东省济南市历下区百合幼儿园丁文园长、山东省枣庄市实验幼儿园靳秀贞园长、山东省青岛市市南区栖霞路幼儿园于斐园长，他们为我们的问卷调查和案例收集工作提供了很多帮助。感谢山东科技大学幼儿园于雷平老师和四川省成都市第十六幼儿园张玲老师,她们的学习热情和对工作的兢兢业业给予我们很多感动。感谢山东省商务厅幼儿园李超老师、杨照森老师,山东省潍坊市奎文区直机关幼儿园张俊莹老师,山东省淄博市汇英幼儿园孔玮老师,他们为本书拍摄照片、制作视频,付出了辛苦劳动。感谢"人文幼学"公众号,授权本书使用其部分照片。

在此,我们还要感谢以下这些幼儿园的老师们为本书提供了精彩的案例和图片,他们分别来自:山东省淄博市汇英幼儿园、山东省淄博市齐丰幼儿园、山东省淄博市柳泉幼儿园、山东省淄博市张店区世纪花园幼儿园、山东省商务厅幼儿园、山东科技大学幼儿园、山东省文化和旅游厅幼儿园、山东省济南市历下区百合幼儿园、山东省济南童林堡幼儿园、山东省潍坊新华幼儿园、山东省潍坊市奎文区直机关幼儿园、山东省潍坊市奎文区樱园幼儿园、山东省潍坊市奎文区实验幼儿园、山东省潍坊市实验幼儿园、山东省潍坊市奎文区第二实验幼儿园、山东省潍坊峡山区二七一幼儿园、山东省寿光世纪教育集团东城幼儿园、山东省寿光市圣城中学幼儿园、山东省德州市跃华学校幼儿园、山东省青岛市市南区栖霞路幼儿园、四川省绵阳市花园实验幼儿园、四川省乐山市实验幼儿园、四川师范大学附属启夏幼儿园、四川省成都市第十六幼儿园、天津市南开区禾阅成长社、云南省机关事务管理局圆通幼儿园、广东省广州市华南农业大学附属幼儿园、广东省广州市番禺区东城幼儿园、中华女子学院附属实验幼儿园、江苏省启东市和睦幼儿园、浙江省慈溪市宗汉街道星光幼儿园、浙江省宁波市海曙区启文幼儿园、浙江省杭州市临平区塘栖镇第二幼儿园。

当然,我们尤其要感谢"万千教育"编辑部的高君老师,这是我们的第13次合作,很高兴我们之间的合作一直这样顺畅和愉快。我已经很习惯随时和高君老师交流意见。从书稿的整体构架,到书稿的反复修改,直至书中每一个细节的推敲乃至成书,高君老师付出的智慧和辛劳让本书以最完美的形式呈现。我们还要感谢"万千教育"编辑部的王慧超老师,她以极大的热情推动本丛书中已出版的《自主游戏:成就幼儿快乐而有意义的童年》一书的宣传,并随时把全国各地幼儿园老师们的反馈信息传递给我们,给我们创作本书带来很大的鼓舞。

最后,我们要感谢所有打开这本书的读者,因为你们的认可和投入学习的热情给了我们巨大的动力,让我们的研究工作持续走向深入。希望本书的观点、案例能给你们一些启发和思路,帮助你们解决诸多纷繁复杂的教育问题。当然,因为学识水平有限,书中难免会有疏漏和不当之处,敬请批评指正!

董旭花
2022 年 8 月于泉城济南

目 录

第一章 学习与幼儿的自主学习 ··· 1

 一、学习的含义 ··· 1

  （一）学习随时随地都在发生 ··· 2

  （二）学习不仅仅指向书本知识 ·· 3

  （三）终身学习已成为这个时代的基本要求 ·· 5

  （四）大脑发育与儿童学习 ·· 5

 二、幼儿的自主学习 ··· 9

  （一）如何理解自主学习 ··· 10

  （二）自主学习的重要意义 ·· 11

  （三）自主学习的特点与路径 ··· 13

 三、困境与挑战 ··· 27

  （一）对传统教育中"教"与"学"的反思 ·· 28

  （二）"双减"政策与幼小衔接对幼儿自主学习的期待 ····························· 32

  （三）对"深度学习"热潮的思考 ·· 34

  （四）新媒体、新技术带来的挑战与契机 ·· 41

第二章 自主学习中的教师与幼儿园课程变革 ·· 45

 一、自主学习中的教师：现状与期待 ·· 45

  （一）现状：教师对幼儿自主学习的认识 ··· 46

  （二）期待：教师成为"更多识的他人" ·· 50

二、自主学习视野下的幼儿园课程变革 ··· 53
（一）课程目标：指向幼儿学习品质与学习能力的提升 ················· 54
（二）课程内容：更强调生活性、整体性、关联性和动态性 ············ 56
（三）课程实施：更关注幼儿在行动中学习 ····························· 58
（四）课程评价：更强调过程性与发展性 ······························· 63
（五）预设课程、生成课程、园本课程与课程审议 ····················· 65

第三章　来自早期儿童学习理论的启示 ·· 73

一、行为主义学习理论 ··· 74
（一）关于儿童学习的主要观点 ··· 74
（二）对幼儿自主学习的启示 ··· 78

二、建构主义学习理论 ··· 81
（一）让·皮亚杰的认知建构理论 ·· 81
（二）维果茨基的社会文化建构理论 ······································ 87

三、人本主义学习理论 ··· 94
（一）关于儿童学习的主要观点 ··· 94
（二）对幼儿自主学习的启示 ··· 96

四、认知主义学习理论 ··· 98
（一）关于儿童学习的主要观点 ··· 98
（二）对幼儿自主学习的启示 ··· 101

第四章　玩具与幼儿的自主学习 ··· 107

一、玩具是幼儿自主学习最好的"教科书" ····························· 108
（一）玩具符合幼儿的发展特点和学习方式 ····························· 108
（二）玩具蕴含促进幼儿多元发展的价值 ································ 109
（三）玩具是同伴交往的媒介 ·· 109
（四）玩具有助于培养幼儿良好的学习品质 ····························· 110
（五）玩具是文化的物质载体 ·· 111

二、好玩具支架幼儿的自主学习 ······ 112
（一）什么是好玩具 ······ 112
（二）如何选择和配备好玩具 ······ 116

三、如何发挥玩具的最大价值 ······ 122
（一）透彻分析玩具，熟知玩具的特点和玩法 ······ 122
（二）基于观察，研究推动幼儿持续深入探究玩具的策略 ······ 127

四、如何将材料变成玩具 ······ 139
（一）材料支架幼儿的自主学习 ······ 139
（二）什么样的材料可以变成玩具 ······ 141
（三）常见材料开发与利用举例 ······ 141

五、自主管理玩具 ······ 149
（一）自主管理玩具与自主学习 ······ 149
（二）自主管理玩具小妙招 ······ 149

第五章 学习品质与幼儿的自主学习 ······ 155

一、关注学习品质，为幼儿的终身学习赋能 ······ 156
（一）什么是学习品质 ······ 157
（二）学习品质的核心要素有哪些 ······ 158
（三）为什么要关注积极的学习品质 ······ 161

二、影响幼儿学习品质的因素 ······ 163
（一）先天素质 ······ 163
（二）成熟与发展 ······ 165
（三）环境 ······ 166
（四）课程 ······ 168
（五）成人的评价 ······ 170

三、培养幼儿积极学习品质的路径与方法 ······ 171
（一）呵护幼儿与生俱来的学习热情 ······ 173

  （二）接纳差异，因势利导 …… 176
  （三）创设具有吸引力的环境 …… 179
  （四）优化成人与幼儿的互动模式 …… 186
  （五）推动以幼儿为中心的课程建设 …… 189
  （六）优化教学方法和支持策略 …… 195
  （七）科学、中肯地进行评价 …… 198

第六章　多元学习能力的提升 …… 205

 一、观察能力：终身学习者的基础能力 …… 207
  （一）观察是幼儿认识世界的通道 …… 209
  （二）幼儿观察能力发展的特点 …… 212
  （三）提高幼儿观察能力的路径与方法 …… 215

 二、思维能力：幼儿认知发展的核心 …… 221
  （一）思维能力与幼儿的自主学习 …… 221
  （二）幼儿思维能力发展的特点 …… 222
  （三）推动幼儿思维能力发展的路径与方法 …… 224

 三、创造力：未来社会极其需要的人才特质 …… 232
  （一）创造力是现代社会发展的重要驱动力 …… 233
  （二）幼儿创造力发展的特点 …… 234
  （三）推动幼儿创造力发展的路径与方法 …… 239

 四、自控力：自主成长的关键力量 …… 244
  （一）幼儿走向成熟、融入社会的关键能力 …… 245
  （二）幼儿自控力发展的特点 …… 246
  （三）提升幼儿自控力的路径与方法 …… 248

 五、合作学习能力：共生智慧的重要能力 …… 254
  （一）合作学习：成就自己与支持他人 …… 255
  （二）幼儿合作学习能力发展的特点 …… 258
  （三）提升幼儿合作学习能力的路径与方法 …… 258

第七章　教师的自主学习···269

一、教师自主学习的意识和能力···270
（一）教师的探究热情影响幼儿的学习体验·······························270
（二）教师的自主学习意识有助于改进教育观和教育实践··············271
（三）教师的自主学习能力直接影响其对幼儿自主学习的引导·········272
（四）自主学习意识和能力有助于教师感受幸福感和成就感············273

二、唤醒教师自主成长的意识，构建学习共同体·······················274
（一）回归初心：爱的情感与理想的教育····································274
（二）让反思成为教师专业成长的关键路径·································275
（三）构建学习共同体···277
（四）管理放权：减负与赋能···278
（五）激励性评价与个性化支持··278

三、多元活动支持和推动教师的自主学习与成长·······················279
（一）让常规的专业活动推动教师自主学习·································279
（二）让丰富多样的活动满足个性化的发展需求··························284

四、利用信息化手段助力教师自主学习····································287
（一）以积极的态度面对信息技术···287
（二）信息技术助力教师自主学习的具体路径······························288

第一章

学习与幼儿的自主学习

> 我很爱读书，但爱读的不是教材，而是各种各样的文学作品，算是一个"文艺青年"。我出生于20世纪60年代的农村，物质和文化都有些匮乏。我在读书时，除了党报和课本，其他读物不多，所以任何文学作品对我而言都如获至宝。我会不分昼夜、如饥似渴地读完……没有上过学的母亲会很生气，她一直认为我不爱学习，还曾经威胁说，再看到我拿回小说读就把它撕掉。当然，这样的事情并没有发生过。不过，这也确实给我留下了深刻的记忆。当然，爱读文学作品的我不仅考上大学，做了一名人民教师；而且至今仍热爱文学作品，也热爱学习。

人们普遍认为，读课本、学习课堂教学的内容才是最重要的学习，这可能是因为它们与儿童的学业成绩和未来就业直接相关。可是，作为幼儿教师的我们，应该从更长远的眼光看待幼儿的学习与自主学习，探索幼儿自主学习的特点和路径，从容面对幼儿自主学习的困境和挑战。同时，我们还应理性看待"深度学习"的热潮，把幼小衔接与新媒体、新技术带来的挑战和压力转化成动力与机遇，不断深化幼儿教育改革，提高幼儿园保教质量。

一、学习的含义

广义的学习是指人和动物在生活中获得经验，并由经验引起的行为较持久的适应性变化[1]。狭义的学习即人的学习，指人在社会实践中，以语言为中介，通过思维活动积累经验，进而在行为、能力和心理倾向方面产生相对持久变化的过程[2]。本章，我们将只谈人的学习，而且主要是幼儿的学习。

---

[1] 韩进之. 教育心理学纲要［M］. 北京：人民教育出版社，1989.
[2] 张承芬. 教育心理学［M］. 济南：山东教育出版社，2010.

（一）学习随时随地都在发生

学习，贯穿我们的一生，包括看、听、记忆、抽象、思考、意识、想象、制订计划与解决问题。当一个儿童观看另一个儿童摆弄玩具时，他在学习吗？当一个儿童与另一个儿童因争抢玩具而大哭时，他在学习吗？当一个儿童相信月亮上有嫦娥和玉兔，并讲述了一连串关于嫦娥的故事时，他在学习吗？当一个儿童信手涂鸦时，他在学习吗？当一个儿童在攀登架上爬上爬下时，他在学习吗……学习无时无刻不在发生，儿童不仅通过阅读、听讲、思考、理解、探索、实验、讨论等路径进行学习，还在玩耍中、生活中以及与小伙伴的交往中学习。所以，学习不仅可以发生在课堂上，而且可以发生在任何时间和任何场域，尤其是对幼儿而言，他们就像海绵一样，随时随地都在学习和汲取知识，周围的人和事都有可能成为他们学习的对象。

在户外玩水的幼儿，能够从游戏中感知水的特性、流动以及容器的大小、深浅、容量等科学概念

学习深深地植根于人类身上。它源自我们生存的本能，也源自我们对所有未知领域的好奇和渴望。学习可能发生于我们利用感官系统进行探索时，也可能发生于我们与他人进行社会互动时。学习扎根于我们的生活经历。

（二）学习不仅仅指向书本知识

既然儿童的学习无时无刻不在发生，学习就不仅仅指向书本知识、文化知识，而是具有更广泛的意蕴。

1996年，国际21世纪教育委员会向联合国教育、科学及文化组织（简称"联合国教科文组织"）提交了《教育——财富蕴藏其中》[①]的研究报告，该报告提出了未来教育的四大支柱：

* 学会求知
* 学会做事
* 学会共处
* 学会做人

1. 学会求知

学会求知就是学会学习，掌握认识世界的工具，这也是本书第五章和第六章将要阐述的学习品质与学习能力。伴随信息技术的快速发展，20世纪曾经预言的"知识大爆炸"时代已经来临，我们越来越强烈地认识到急速增长的知识不仅学不完，而且有被它们湮没的危险。因此，学会迅速有效地获取信息、处理信息和运用信息，对于现代社会的每个人都越来越重要。

2. 学会做事

学会做事，简言之就是学会在一定的情境中处理问题，取得工作实效。学习和掌握某些知识、技能从来不是学习的目的，学习的目的是运用学到的知识去做事和做人。"做事"不是简单地动手操作，而是指蕴含了诸多重要品质和能力的综合素养，其中，重要品质包括主动、独立、勇气、信心、担当、合作、坚持、善于思考和创造等，重要能力包括聚焦目标、分析问题、探寻解决问题的多元策略、调控情绪和进程、协调人际关系等。

3. 学会共处

学会共处，不仅指学习人际交往，学习与别人和平共处和合作，还包括如何与这个日益变化的世界共处，如何与自己共处。2020年1月，世界经济论坛在发布的报告《未来学校：为第四次工业革命定义新的教育模式》中提出了"教育4.0全球框架"[②]，强调高

[①] 该书的简体中文版已由教育科学出版社于2014年出版。
[②] 王永固，等. 教育4.0全球框架：未来学校教育与模式转变——世界经济论坛《未来学校：为第四次工业革命定义新的教育模式》之报告解读［J］. 远程教育杂志，2020，38（03）.

质量学习的八个关键特征,其中包括"全球公民技能"和"人际关系技能",即强调合作、同理心、社会意识、全球公民意识以及对更广泛的世界和可持续发展的认识,以创造更具善意、包容和公平的未来社会。

4. 学会做人

学会做人是建立在学会求知、学会做事及学会共处基础上的一个根本目标和方向。直面未来社会的儿童需要谋求生存,也需要谋求发展,要做身心和谐健康的人,做生机勃勃、努力向上的人,做对世界有贡献、负责任的人。

以上四个方面被称为未来教育的"四大支柱",自 1996 年以来,世界范围内的教育改革均是围绕这四个支柱展开的。2001 年,教育部颁布了《幼儿园教育指导纲要(试行)》和《基础教育课程改革纲要》,其主要内容都指向教育应该如何应对未来快速变化的时代要求,激发学生内在的学习动力,树立终身学习的理念。2012 年,教育部颁布的《3—6 岁儿童学习与发展指南》尤其强调学习的整体性、发展性,强调幼儿学习的特殊性和路径,强调学习品质的重要性……学习不再只是实现某种功利目的和得到经济回报的手段,而是人自身发展和社会发展的需求,是美好社会和高质量生活的有机组成部分。

广东省广州市番禺区东城幼儿园

幼儿在共同搭建过程中理解空间概念、尝试创造,并学习独立解决问题,提升做事的综合智慧,这正是"学会求知、学会做事、学会共处、学会做人"的具体体现

实践链接：请结合以上四个"学会"，分析班级孩子的现状，反思自己以往在教育孩子时忽略了什么，今后需要更多地关注孩子哪方面的进展，以及如何帮助孩子更好地实现以上四方面的学习目标，从而培养更健康、更有持续学习力的下一代。

（三）终身学习已成为这个时代的基本要求

很多年来，人们一直认为学习是学生的任务，成人的任务是教育和督促学生学习。"好好学习，天天向上"的口号一直被张贴在很多班级的教室里，提示着孩子们别忘记自己的使命。是的，学生最重要的职责和使命就是学习，可是，作为成人的我们，需要学习吗？应对这个急速变化的时代，仅靠学生时代学到的知识和技能足够吗？显而易见，答案是否定的。终身学习早已成为这个时代对每个人的基本要求。

2012年，教育部颁布的《幼儿园教师专业标准（试行）》提出了四个基本理念，即师德为先、幼儿为本、能力为重、终身学习。它在"终身学习"这一理念中强调：

> 学习先进学前教育理论，了解国内外学前教育改革与发展的经验和做法；优化知识结构，提高文化素养；具有终身学习与持续发展的意识和能力，做终身学习的典范。

2015年，教育部颁布的《幼儿园园长专业标准》也提出了五条办学基本理念，即以德为先、幼儿为本、引领发展、能力为重、终身学习。它在"终身学习"这一理念中强调：

> 牢固树立终身学习的观念，将学习作为园长专业发展、改进工作的重要途径；优化专业知识结构，提高科学文化艺术素养；与时俱进，及时了解国内外学前教育改革与发展的趋势；注重学习型组织建设，使幼儿园成为园长、教师、家长与幼儿共同成长的家园。

由此可见，无论作为教育工作者还是父母，我们都必须具有终身学习的意识和能力，为孩子"做终身学习的典范"。"父母好好学习，孩子天天向上"，不就是对当今家庭中父母不学习的警示吗？我们如果期待培养爱学习的孩子，就应该做爱学习的榜样，否则我们的教育无异于缘木求鱼。

（四）大脑发育与儿童学习

教育应该教什么和怎样教，取决于儿童是怎样的一个人，以及他是如何学习的。儿童的发展为其学习奠定良好的基础，反过来，学习经历又促进其发展，二者相辅相成。在儿童的发展过程中，我们尤其需要关注他们大脑的发育。0—6岁是大脑发育的黄金期，了解大脑进行学习的机制和规律有利于教师探索促进幼儿大脑发育的方式与方法，从而支持幼儿更加有效地学习。

1. 脑科学研究的启示

脑科学的研究进展表明，大脑是一个适应功能极强的器官。大脑从外界摄取信息，并在神经中枢进行一系列编码处理，然后指挥机体做出反应，包括表现出复杂的行为和进行创造。当然，学习、思考、创造并不是大脑独立运作的结果，而是全身心地参与其中，也依靠遍布全身的神经回路，但大脑就像指挥部一样起着关键作用。

大脑的发育既有赖于先天基因，又受后天经验的影响，即大脑所摄取的信息。这一过程从出生开始，持续到成年。生命的早期是大脑发育最重要的阶段，也是好奇心最强，对信息最渴求和最敏感的阶段。决定大脑功能的是脑皮质中突触的数量。"脑皮质中的突触生成和发育可能是脑发育动态过程和可塑性的一个重要机制，其特点是出生后突触先是快速增殖和过度生长，在4—6岁时达到高峰。随之而来的是一个基于'经验'的选择性的突触减除和修剪期，使过多的突触数量逐渐减少到成人期的水平。"① 也就是说，在正常发育的儿童大脑中，神经元和突触以惊人的速度生长，神经元之间的突触联结数量在儿童6岁左右时达到顶峰。随后本着"用进废退"的原则逐步修剪（见图1.1②），那些很少被使用的神经连接被剪掉，经常使用的神经连接得到加强，从而形成最简洁、最优化的大脑。学习包括增强已有的突触或形成新的突触。

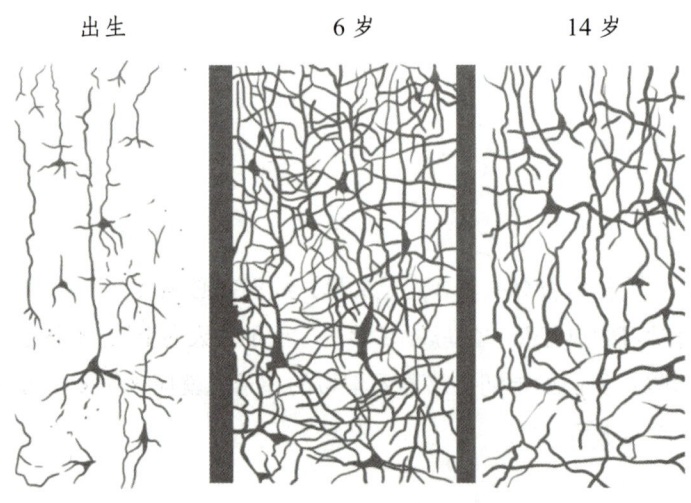

图 1.1 人类大脑的突触密度

---

① 朱宗涵. 儿童早期发展学科进展的启示［J］. 中国儿童保健杂志，2008（02）.
② 博林，等. 教育心理学：激发自主学习的兴趣［M］. 连榕，等译. 北京：机械工业出版社，2018.

每个人的大脑都含有相同的基本结构，但每个人的神经网络就像指纹一样是独一无二的。最新的神经科学研究表明，大脑的可塑性比之前预想的要强，它根据自身的生长过程、所处的环境、过去和现在的经历不断变化。"大脑试图通过建立或改进现有的神经网络来创建意义。当我们学习一个新的知识或技能时，神经元会在已有联系的信息之间搭建网络。"[1]

实践链接： 儿童牙牙学语的时期，也是其大脑皮层负责语言中枢的神经最活跃的时期。如果能够持续地为这个阶段的儿童提供丰富的言语刺激，就能帮助他们较快地掌握母语表达的基本能力，反之，则可能错过其语言发展的关键期，造成终生无法弥补的损失。"狼孩"的经历就是很有说服力的一个例子。思考和讨论：如何引发婴幼儿的语言表达，帮助其积累词汇量，培养他们的语感，促进他们的语言发展？

2. 儿童学习的敏感期理论

奥地利著名动物学家康拉德·劳伦兹（Konrad Lorenz）在研究鹅的行为时发现，小鹅破壳而出后第一眼看到什么动物，就会对这个动物产生依恋，跟着它走。他把这种现象称为"印刻现象"，把发生"印刻"的这段时间称为依恋关键期。

美国心理学家哈利·F.哈洛（Harry F. Harlow）在研究恒河猴的社交行为时发现，如果恒河猴在出生后的60—90天内被完全隔离，而后再被放回猴群中生活，其社交行为将不受严重影响；如果出生后被隔离长达6个月，其社交行为就会表现得不正常，但所受损失可以在日后补偿回来；如果出生后的头两年被完全隔离，那么其所受的损害是无法补偿的。这说明恒河猴出生后的第4个月至2岁是他们获取正常的社交能力的关键期。

环境刺激对大脑发育的影响，取决于它在大脑发育过程中的哪个阶段出现。上面两个有关动物的研究表明，大脑的发育存在关键期，错过这一关键期，某些发展机会的窗口将会关闭，而后很难达到正常水平。但是，对于人类的研究，人们还没有得到神经科学方面足够的证据支持。大多数神经科学家认为，发展存在敏感期。在某个敏感期，大脑对环境中相关的信息会特别敏感，虽然在敏感期过后某些特定能力也会发展起来，但可能会更费时费力。比如，学习第二语言，如果错过青少年以前的敏感期，就很难获得同等的语音和语法技能。

由此可见，在敏感期内，儿童最容易学习某种知识、技能或者形成某种心理特征，可以达到事半功倍的效果。0—6岁是儿童多种能力发展的敏感期，主要是感知觉、语言、思维和动作等。

---

[1] 奥斯特罗夫. 理解0—12岁儿童的学习——应用儿童发展科学的教学策略［M］. 赵琴，译. 北京：中国轻工业出版社，2018.

（1）感知觉发展敏感期

感知觉是心理活动中最基本的认知方式，它出现得早、发展得快，不少感知觉从婴儿出生时就开始发展，到幼儿期已经达到成人的水平。不过，有些复杂的感知觉仍需要发展，直至成熟。意大利幼儿教育家蒙台梭利（Montessori）认为，0—5岁是儿童感知觉发展的敏感期。国内外相关研究指出，2—4岁是形象视觉发展的敏感期，3—5岁是音乐和听觉发展的敏感期，4—5岁是记忆流畅性发展的敏感期，5岁左右是数量知觉发展的敏感期，6—7岁是运动知觉和灵敏度发展的敏感期。"但感知能力的客观性、全面性、准确性往往要随活动视野和经验积累的增长而增强，例如，空间知觉、时间知觉、方向知觉等。"[1]

（2）语言发展敏感期

婴幼儿阶段是语言发展的敏感期。1岁左右的孩子喜欢牙牙学语，3岁前的孩子只是初步地掌握口头语言，说话常常不完整、不连贯，句型简单，句子短小，对话性语言多，叙述性连贯语言少。"3岁后逐步熟练地把握口头言语，可以完整而连贯地讲述一件事情或一个故事，口齿清楚、语言流畅、主题明确、层次分明。"[2]

（3）思维发展敏感期

3岁前儿童的思维发展处于最低阶段，主要表现为感知运动思维。3岁后具体形象思维逐步取代感知运动思维占据主导地位，这时儿童可以凭借事物的具体形象或表象进行思维活动。这种思维方式与感知运动思维的本质区别在于，它可以摆脱感知对象和感知动作的束缚，凭借对已有表象的联想进行思维。

5—6岁时，儿童开始从具体形象思维向抽象逻辑思维过渡。抽象逻辑思维，是一种使用概念进行合乎逻辑的推理的思维方式。与具体形象思维不同，它可以摆脱具体形象的束缚，利用抽象概念进行思考，因而具有更高的概括性，是人类普遍使用的一种成熟的思维方式。

（4）动作发展敏感期

0—6岁儿童的动作经历了一个跨越式发展，从抬头、翻身、坐起、爬行、站立、行走、奔跑、蹦跳、攀登、投掷，到能使用各种小型工具、操控各种玩具材料……婴幼儿的动作发展具有一定的方向性和顺序性，一般遵循从上到下、由近及远、由粗到细等规律。民间所谓"三翻六坐八爬"的说法，就是对儿童动作发展顺序的描述。

从上到下：儿童最先发展的是头部动作，其次是躯干动作，最后是脚的动作。

由近及远：儿童的动作发展从身体的中轴部位开始，即头部和躯干的活动出现得较早，而远离躯干的肢端动作发展较晚。一般而言，10—12个月的孩子开始站立，学习走路；1—2岁的孩子进行走、跑、跳的中轴部位的大动作极为频繁，到3岁时可以跑跳自

---

[1] 卢乐珍. 儿童成长的三大关键期（二）：别错过幼儿感知觉发展关键期[J]. 家庭教育，2004（02）.

[2] 吴凤岗. 儿童心理发展的关键转折期[J]. 北京师范大学学报，1982（01）.

如，但手指的精细动作等肢端动作则发展较为缓慢。

由粗到细：儿童先发展大肌肉和大幅度动作，再逐渐发展小肌肉精细动作。通常，儿童先学会站、走、跑、跳等大肌肉动作，之后才学会拿笔写字、使用剪刀等小肌肉动作。一般而言，2—3岁儿童已经能够自如地走、跑等；3岁之后，儿童拿笔画画、搭积木、拼乐高玩具、使用剪刀剪纸、折纸等活动越来越多，精细动作也发展得越来越好。

山东科技大学幼儿园　　　　　　　　　　　　　　　　　　　　　　　　　　　　山东科技大学幼儿园

幼儿最喜欢玩泥、玩沙、玩水，这些游戏不仅有助于他们发展感知觉，还有助于他们动作的发展

美国心理学家艾莉森·高普尼克（Alison Gopnik）曾经说过，婴幼儿拥有最强的大脑，是这个宇宙中最强大的"学习机器"。婴幼儿既具有令人惊讶的环境适应能力，又具有无比强大的学习力，他们是永远兴致勃勃、孜孜不倦的学习者，在生活中不断习得动作和语言，增进知识和经验，发展对这个世界的认知和掌控力。

实践链接：脑科学的发现和心理学上的敏感期理论，提示成人一方面对孩子多一些了解，尊重孩子发展的规律，接纳孩子的个体差异，另一方面给予孩子适宜且丰富的环境刺激和引导。请观察身边的1~3个孩子一周，分析其在游戏和生活中的行为，判断他们处于哪些方面的敏感期，思考应该给予他们什么样的保护和支持。

二、幼儿的自主学习

中国社会科学院研究员、作家周国平先生在《教育新生态中的变与不变》的主题演讲中提道："对于教育，我有一个基本的观点，就是一切教育本质上都是自我教育，一切学习本质上都是自学。"在人工智能快速发展的今天，我们越来越发现一个人的自主学习意识和能力的重要性。

（一）如何理解自主学习

从学习的定义可知，学习从本质上而言是个体的自主学习。儿童具有强烈的学习动机。从婴儿期开始，他们就充满热情地探索外部世界和自我。他们探索世界的主动性源于自我激励而非外力。美国学者马里奥·希森博士（Marilou Hyson）认为，幼儿是热情、投入的主动学习者，即使没有外部奖励，他们也有动力去学习新的事物——探索、练习控制、发现自己的行为对环境的影响。每个幼儿都有自发学习的能动性和巨大潜力，正如南京师范大学虞永平教授所言，"幼儿有自己的需要和兴趣，教育就是引发幼儿内在的潜能，让幼儿有机会从事适宜的活动，以便更好地调动已有的经验并获得新经验"[①]。所以，教育的目的不是将成人认为有价值的一些知识强塞给幼儿，而是保护和激发其自发学习的欲望，乐学、会学更重要。"乐学"强调的是幼儿学习的自主性和热情，"会学"则强调学习的方法和能力。

室内区域活动时间，幼儿可以自由选择进哪一个区活动、玩什么样的材料以及如何玩。很多时候，苗苗都会选择去班级植物角给植物浇水、擦洗叶子，有时也会找把尺子量一量蒜苗和豆子有多高，并记录在观察本上。但是，其他小朋友也喜欢植物角里的喷壶、放大镜和尺子等，所以，苗苗有时也会因为谁来浇水、浇多少水与同伴发生争执，但这并不影响她对照料和观察植物的兴趣。

山东省寿光世纪教育集团东城幼儿园

喜欢观察、记录、照料植物的孩子

---

① 虞永平. 幼儿园课程建设与教师专业成长［J］. 中国教师，2020（01）.

自主学习，就是幼儿按照自己的意愿，带着自己的问题，在自己的感知探索中，按照自己的方式解决问题，并获得发展的过程。这样的学习不是死记硬背知识的浅表学习，而是更多基于幼儿自身兴趣和真实问题的深度学习，让幼儿有更多的机会调动自己的已有经验，在解决问题的过程中，发挥自己的能动性和创造性，重组、改造和获得新经验，取得高效的发展。前文案例中的苗苗小朋友由自己的兴趣发起了对植物的观察和照料活动，过程中既有观察、实验、测量、记录、比较、表征等典型的科学学习要素，又有同伴交往、互动学习等表现。幼儿不仅获得了有关植物生长的知识，知道如何选择与使用工具、如何持续观察和记录，还发展了比较、分析与推理等逻辑思维，以及细致、耐心、坚持、专注、同理心等学习品质和情感。当然，照料植物的过程，也是生命教育的过程，幼儿从中可以感受到植物带来的美好体验。

自主学习不仅表现在幼儿对外部世界的感知、体验、操作和探索，还包括幼儿对自己学习过程的"自我管理"，即不断反思与调整自己的选择、计划、行动过程、活动规则、伙伴关系等。其中，对自主行动的反思和再行动，是对幼儿一生发展具有持续影响的学习力（见图1.2）。这种利用元认知监控、调节自己或小伙伴的学习，不断提高学习行为目的性的过程极为重要，是对自己的学习真正负责任的表现。当然，对6岁以下的儿童而言，这是极高的发展目标，需要教师的支持和引导才能实现。

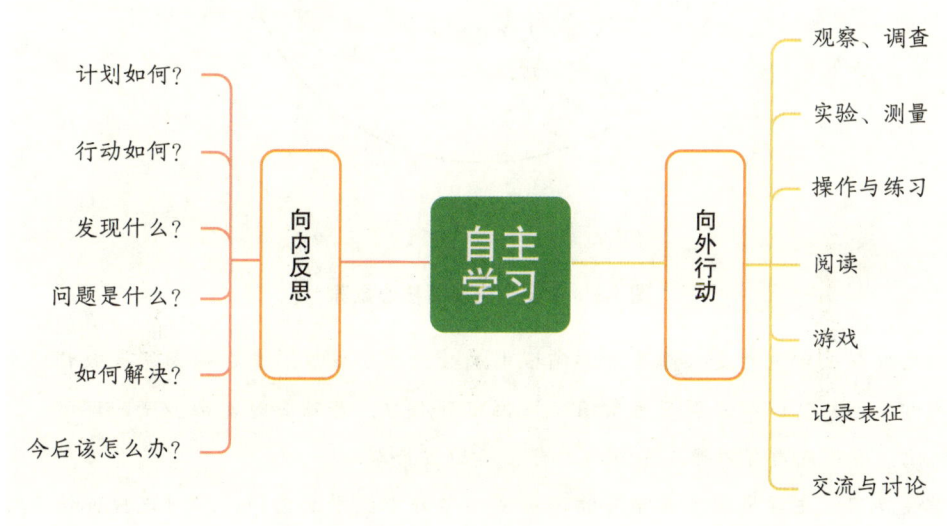

图1.2　自主学习

（二）自主学习的重要意义

自主学习是面向未来发展的每个人都应该具备的重要素养，能让幼儿感受到学习的乐趣和学习主体的价值，并成为热情的终身学习者。

1. 自主学习是一种重要素养

自主学习秉承人本主义学习理念，强调个体的自主能动性和学习动机。曾经很长一段时间里，学生作为学习的主体常常被忽视甚至被遗忘，教师主导和控制了学生学习的全过程。为扭转这种局面，全面提高基础教育教学质量，真正实现"以人为本"的教育目标，教育部于2016年发布了《中国学生发展核心素养》。中国学生发展核心素养，以培养"全面发展的人"为核心，分为文化基础、自主发展、社会参与三个方面，综合表现为人文底蕴、科学精神、学会学习、健康生活、责任担当、实践创新六大素养（见图1.3）。关于自主发展和学会学习，《中国学生发展核心素养》有如下描述。

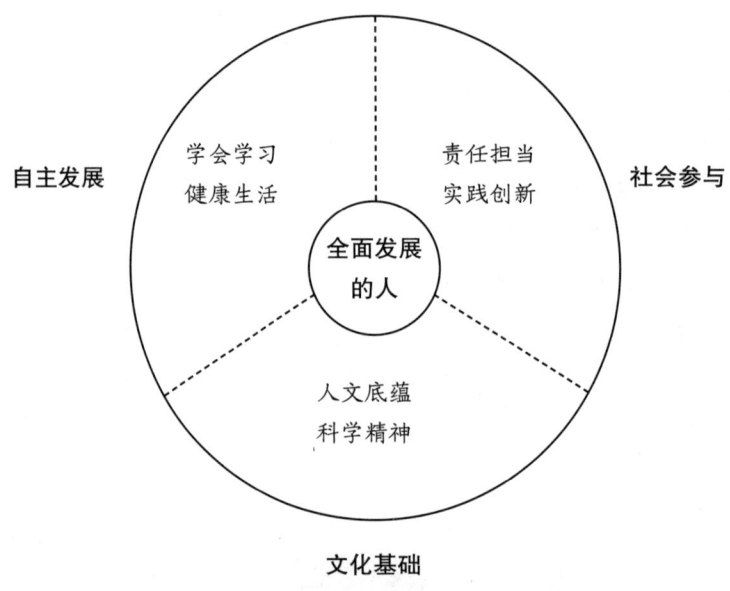

图 1.3 中国学生发展核心素养

自主发展：自主性是人作为主体的根本属性。自主发展，重在强调能有效管理自己的学习和生活，认识和发现自我价值，发掘自身潜力，有效应对复杂多变的环境，成就出彩人生，发展成为有明确人生方向、有生活品质的人。

学会学习：主要是学生在学习意识形成、学习方式方法选择、学习进程评估调控等方面的综合表现。具体包括乐学善学、勤于反思、信息意识等基本要点。

身处日益快速发展的时代，如何学习的价值已经远远超越学习什么和学了多少。学习的意识和动力、学习的习惯和品质、学习的方法和进程、学习的反思和调控等，即我们通常所说的知、情、意、行、思，是个体必须掌握的重要素质。

2. 自主学习有助于培养终身学习者，让幼儿终身受益

传统的听、说、读、写、算和反复练习，有可能让学生取得较好的学习成绩，但也可能毁坏学生学习的动力，从根本上破坏一个人终身学习与发展的可持续性。高考结束后，某些学校里学生集体烧书和撕书的消息屡见报端，上大学选择"躺平"不再努力学习的学生也非个例……这些现象必须引起所有教育工作者的深刻反思。国家在教育上花费如此大的人力、物力、财力，肯定不是为了培养一批痛恨学习、将学习视为负担的人，而是要培养乐于学习、终身都具有无限成长的动力、能为自己负责、为国家做出贡献的人。

从终身学习的视角来看6岁前儿童的自主学习，以下几方面尤为重要：

* 终生拥有好奇心和求知欲
* 享受求知和思考带来的深层快乐，而非只是感官上的快乐
* 能专注地投入当下的阅读、探索或游戏中
* 遇到困难和矛盾不会轻易放弃
* 对周围环境的变化敏感，具有较强的观察能力
* 喜欢动手操作和探究，也喜欢不停地追问
* 喜欢与小伙伴或成人分享自己的新发现，并能从分享中得到更多的激发

（三）自主学习的特点与路径

教师只有了解幼儿自主学习的特点和路径，才能在教育实践中有针对性地引导幼儿，提升幼儿的学习品质。

1. 自主学习的特点

儿童的发展是一个持续、渐进的过程，同时也表现出一定的阶段性特征。3—6岁幼儿的自主学习主要表现为以下特点。

（1）幼儿具有极强的自主学习意愿，学习内容广泛

从年龄发展特点上看，6岁前的儿童尽管认知能力以及自主支配和调控的能力弱，但自主学习的内在动力强。他们会主动学习走路、说话，自己用勺子、筷子吃饭，自己穿衣、穿鞋，自己刷牙、装书包，自己读书，自己面对同伴冲突……只要身边的成人给予足够的理解和宽容，他们就会一直兴致勃勃地尝试和探索。他们自主学习的动力与生存的动力一样强大。从本质上而言，他们学习的主要目标之一是学会如何独立生存，这是人类基因中最强大的发展力量。

幼儿学习的主动性表现为：好奇、好问、好探究和好模仿。幼儿学习的内容涉及自我成长的方方面面，既包含生活技能、工具使用、阅读图书和对外部世界的认知，又包

括交往技能、建构关系以及对自我的认知和自我调控。

（2）幼儿的自主学习易受周围人的影响，可塑性强

原本，每一个正常的幼儿都具有自主学习的强大动力，可是，为什么我们在幼儿园里经常看到完全不一样的幼儿？有些幼儿好像对什么都不感兴趣，别人玩的时候他们在彷徨，别人探索的时候他们故意破坏，或者始终缠着老师，希望老师时刻关注和陪伴他们。排除健康、情绪和性格因素的影响，我们应反思成人的教养态度和教养行为。

在现实生活中，成人喜欢按照自己的意愿塑造幼儿，常常忽视幼儿学习的自主性。年龄越小的幼儿，其学习受外界影响（比如，成人的态度和引导方法等）越大，可塑性越强。因此，在这个年龄阶段，成人对幼儿内在学习力量的保护、唤醒（针对已经被压抑和破坏的）、支持和推动就显得尤为重要。

表1.1举例说明了幼儿的行为和成人的做法，供大家举一反三。

表 1.1 幼儿的行为和成人的做法

幼儿的行为	成人扼杀幼儿自主学习动力的做法	成人保护、支持和推动幼儿自主学习的做法
牙牙学语阶段经常指着周围物体发出"啊啊啊"的声音	置之不理或胡乱应答	耐心地说出物体的准确名称，有时还会指着物体对幼儿反复说
想要自己拿勺子吃饭、自己端碗、自己穿衣服、自己推车……	对幼儿说"你不会""你还不行"，或者直接帮幼儿做好，以免幼儿弄脏衣服、损坏东西或耽误时间	用鼓励和赞赏的目光、语言支持幼儿自己做，也会耐心等待、陪伴幼儿，并在适当的时候教幼儿做某件事的小技能；同时，会经常向幼儿示范某些做法，并引导幼儿反复练习，视之为重要学习
拿着书找成人讲一讲或者自己要讲给成人听……	因为忙着手头的工作、家务或刷手机，打发幼儿自己去看，或者"踢皮球"一样把幼儿"踢"给另一个人，或者搪塞幼儿说"等一等"……	停下手里的工作，放下手机，认真地为幼儿读书或倾听幼儿读书；或者邀请幼儿一边看自己做事一边讲讲故事书，对幼儿读书的愿望和行为表达赞赏
因为对一朵花好奇，忍不住摘了下来；对饲养的金鱼感兴趣，把自己喝的牛奶倒进鱼缸里喂金鱼……	不问青红皂白地把幼儿责备一顿，认为自己在认真地教育幼儿不捣乱、不破坏、守规矩	与幼儿对话，了解幼儿行为背后的原因，讨论幼儿行为的后果，对可能的后果（如被摘下来的花和死掉的金鱼）表达惋惜之情，并商讨补救措施和今后如何做才能更好地实现自己的愿望

（续表）

幼儿的行为	成人扼杀幼儿自主学习动力的做法	成人保护、支持和推动幼儿自主学习的做法
总是问"为什么"，比如，"秋天，叶子为什么会落下来？""为什么小汽车不能飞上天？""为什么下雨的时候，蚂蚁要搬家？"……	不耐烦，有时会不高兴地说："没看见我正忙着吗？自己看书去。"或者，搪塞幼儿说："等你长大就知道了"……	认为幼儿的提问是思考和求知的表现，会停下手里的工作耐心地听幼儿说完，并热情地回应幼儿，但不是直接给予答案，而是用反问或追问的方式启发幼儿进一步思考，或者创造条件让幼儿有机会通过观察、实验、调查、访谈等方式自主寻找问题的答案

教师同儿童一样拥有好奇心与探究的热情，可以时时与儿童同频共振，做他们的榜样并激励他们

中华女子学院附属实验幼儿园

幼儿的学习不仅受周围成人的影响，还受同伴的影响。比如，在幼儿园里，我们经常看到某个幼儿感兴趣的活动逐渐演变成一组幼儿共同的兴趣，甚至持续好多天。

（3）**幼儿的自主学习从自己的兴趣出发，具有内隐性和随机性**

幼儿的学习更多地来源于兴趣，而非教师规定的目标和任务。好奇和好玩是幼儿自主学习的主要驱动力。比如，几个幼儿之所以运用积木搭建一艘轮船，是因为他们对此感兴趣，而不是主题学习的需要。他们持续地搭建，即使失败也不放弃，因为共同搭建

<small>山东科技大学幼儿园</small>

1个孩子用榫卯积木和积木条搭建了一座带机关的基地,吸引了另外2个孩子聚集过来,他们兴致勃勃地从不同的角度瞄准积木在活动室内所对应的点;后来,他们又叠加和戳击积木,观察积木下落时的点,不断生成自己的游戏

的过程给他们带来了乐趣和"好玩"。

幼儿的自主学习很多时候是由环境中的物体与现象引发的,具有内隐性和随机性等特点。比如,户外游戏时,几个幼儿趴在草地上寻找蚂蚁,这是由无意注意引发的自主观察。这种观察可能持续时间很短,孩子们可能很快就被别处的欢笑声吸引……但幼儿的很多游戏行为,如玩积木、玩木梯、玩垫子、玩沙子、玩滑索等,都蕴含他们内在的思考,具有自主学习的成分。幼儿的自主学习不像教师预设的教育教学活动那样具有明确的目的性和计划性,它的随机性更强,生成性也很强。

(4)幼儿的自主学习对环境的依赖性强

幼儿的自主学习一定发生在某一特定环境之中,受环境中的人和物的影响极大。环境中的人可能会营造学习氛围,带动幼儿的学习;环境中的物不仅是幼儿自主学习的刺激物和对象,使幼儿获得更多的信息加工材料,而且会持续地影响幼儿学习的专注、投入和深入程度。此外,环境的特点也会影响幼儿学习的状态。比如,一个经过精心创设且具有丰富多元、立体开放、适度挑战等特点的环境,能为幼儿提供满足个体需求和兴趣的不同材料,支持他们多样化的自主学习活动,并促进他们全方面的发展。

云南省机关事务管理局圆通幼儿园

户外沙池中的小桶、支架和管子等材料，支持幼儿不断探索沙子与水的流动

山东省淄博市齐丰幼儿园

真实的草坪不仅是松软的游戏场地，而且会随着四季的变化招来蝴蝶与蜻蜓、蚯蚓和蚂蚁，引发幼儿的自主探究

第一章 学习与幼儿的自主学习

（5）幼儿的自主学习需要直接经验和体验的支持

幼儿阶段的学习，不以文字符号为主，而是基于直接经验和体验，主要表现为行动和实践。张雪门先生在谈到幼稚园课程时，强调"生活就是教育，五六岁的孩子们在幼稚园里的生活实践，就是行为课程""我们提倡的幼稚园课程，首先应注意的是实际行为，凡扫地、抹桌、熬糖、爆米花以及养鸡、养蚕、种玉蜀黍和各种小花，能够实在行动的，都应让他们实际去行动"[1]。如此说来，幼儿园应该尽可能地为幼儿的直接感知、体验、操作创造条件，让幼儿通过动手做而不是端坐静听来学习。

> 理解幼儿的学习方式和特点。幼儿的学习是以直接经验为基础，在游戏和日常生活中进行的。要珍视游戏和生活的独特价值，创设丰富的教育环境，合理安排一日生活，最大限度地支持和满足幼儿通过直接感知、实际操作和亲身体验获取经验的需要，严禁"拔苗助长"式的超前教育和强化训练。
>
> ——《3—6岁儿童学习与发展指南》

（6）幼儿的自主学习与情感密不可分

瑞士心理学家让·皮亚杰（Jean Piaget）对情感和认知的关系进行了精辟论述："纵观儿童到青少年时期，情感和智力总是并行发展的。这么说再自然不过了，除非硬要把大脑内部的东西分为感情和思想两个部分，那样的话，就再虚假、肤浅不过了。而现实是，分析思维必须依赖一个因素，即'行为'……所有的行为都以各种工具和一项技巧为前提：动作和智力。而所有的行为也暗含了动机和决定性的价值观（目标）：情感。因此，情感和智力是不可分离的，并成为所有人类行为互相补充的两个方面。"[2]

如此说来，学习不是单纯的认知行为，它与情感密不可分。年龄越小的幼儿的学习，越容易受到情感的影响。幼儿只有在情感上获得安全和满足之后，才可能专注于对外部世界的探索和更有效的学习，并且在学习的过程中自我约束，实现学习目标。学习过程中的体验、收获、乐趣、成就感和价值感，又会进一步激励幼儿后续的学习，从而形成良性循环。

（7）幼儿的自主学习具有极大的个体差异性

幼儿在自主学习方面表现出极大的个体差异性，这种差异不仅体现在学习兴趣和学习能力上，还体现在学习动力、学习品质、学习方式、学习风格、场依存性[3]等方面。这些差异既与先天的基因、神经系统的发育、气质类型有关，也与后天的环境、养育方式有关。

---

[1] 戴自俺. 张雪门幼儿教育文集：上下卷［M］. 北京：北京少年儿童出版社，1994.
[2] 鲍曼，等. 渴望学习：教育我们的幼儿［M］. 吴亦东，等译. 南京：南京师范大学出版社，2006.
[3] 场依存性是指个体倾向于以外界的参照作为内部信息加工依据的认知方式，这个概念由美国心理学家赫尔曼·威特金（Herman Witkin）提出，与之相对应的是场独立性。

尊重幼儿发展的个体差异。幼儿的发展是一个持续、渐进的过程，同时也表现出一定的阶段性特征。每个幼儿在沿着相似进程发展的过程中，各自的发展速度和到达某一水平的时间不完全相同。要充分理解和尊重幼儿发展进程中的个别差异，支持和引导他们从原有水平向更高水平发展，按照自身的速度和方式到达《指南》所呈现的发展"阶梯"，切忌用一把"尺子"衡量所有幼儿。

——《3—6岁儿童学习与发展指南》

2. 幼儿自主学习的路径

幼儿的自主学习随时随地都会发生，可以通过如下多种路径进行。

（1）在观察模仿中学习

婴幼儿阶段，儿童的很多学习都是通过模仿周围人的行为进行的。比如，他们会模仿身边人的语言、动作、表情，也会通过模仿来掌握餐具、滑板车、平衡车、扭扭车等物体的使用技能。可以说，通过观察模仿进行的自主学习，是婴幼儿时期学习的主要路径之一。我们不能因为强调自主学习，就否定成人的示范作用。动作技能、工具的使用以及语音和词汇方面的学习，仍然要以模仿学习为主。此外，一些良好习惯的养成，如卫生习惯、收整玩具的习惯、礼貌待人的习惯等，也需要周围成人良好的示范和引领。

（2）在操作体验中学习

更多时候，婴幼儿是在运用感官和双手进行操作与体验的过程中进行学习的。因此，给予他们操作与体验的机会至关重要，即所谓的"做中学"。比如，从播种、田间管理到收获，如果幼儿有机会参与植物种植的全过程，那么他们将获得诸多有益的学习经验。南京师范大学的虞永平教授倡导用"全收获"的理念开展幼儿园种植活动，就是期待种植活动能够给幼儿带来多方面、多层次、多样化的机会和经验，让种植成为有温度、关注生命成长的重要学习活动。

教师带领幼儿到农村的田间地头踩踩水田，认识水稻的秧苗，体验插秧的过程

广东省广州市华南农业大学幼儿园
幼儿参与收获南瓜的活动

再比如,有的幼儿园的孩子会自己采摘花朵,制作香水。他们不一定真能做出香水来,但结果不重要,重要的是他们有兴致独立做一件事,并在做事的过程中学习查找资料、观察植物、进行实验以及比较和讨论实验结果,从而获得自己的结论。

四川省乐山市实验幼儿园

幼儿自己采摘花朵,尝试用花朵制作香水

幼儿园里种植的植物需要施肥才能长得好。从安全、环保的意义上讲,有机肥是最好的肥料。参与制作有机肥的过程,可以让幼儿了解植物生命的循环和对人类的滋养,体会关爱生命和环保的真正含义。

四川省绵阳市花园实验幼儿园

幼儿收集果皮、树叶、食物残渣等材料制作有机肥,并观察、记录有机肥的变化过程

除了种植植物,很多幼儿园还会开展木工活动。在木工活动中,幼儿不仅可以感知和了解材料,学习安全地使用工具、测量和制作,提高手眼协调能力和动手操作能力,还可以习得解决问题的能力。

四川省乐山市实验幼儿园(图片来自「人文幼学」)

木工活动带来的体验很神奇,有惊险,也有尝试的喜悦和成功制作引发的自豪感

（3）在游戏中学习

爱玩是婴幼儿的天性和发展动力。因此，游戏不仅具有娱乐和放松身心的作用，还具有促进学习与发展的重要价值。婴幼儿就是在玩中学、玩中不断向前发展的，他们在游戏的过程中协调身体动作，发展注意力、感知能力、思维能力、表达能力、交流能力和创造能力。游戏中无时无刻不蕴含着学习的机会，游戏是幼儿最喜爱的学习路径。

四川省乐山市实验幼儿园

户外游戏时，一名幼儿尝试用泥巴将竹梯与木桩固定在一起，他正在探索固定梯子的方法，也在感知泥土的特点和作用

云南省机关事务管理局圆通幼儿园

每次户外游戏时，幼儿都会选择木板、梯子、木棍等各种材料尝试在弯弯曲曲的河道上架桥，每一次架的桥都不一样，这个过程蕴含了对平衡、坚固、距离、长短、宽窄等科学概念的感知与探索

山东省寿光市圣城中学幼儿园

山东省潍坊市峡山区二七一幼儿园

玩具材料既是幼儿游戏的载体，也是幼儿学习的载体；不同的玩具材料带来不同的体验和探索，帮助幼儿习得不同的经验

四川省绵阳市花园实验幼儿园
（图片来自"人文幼学"）

幼儿园的一块户外场地上铺满了大大小小的鹅卵石，幼儿有时在石头上画画，有时修造"战壕"，有时用它们烧各种好吃的"食物"……今天，场地上多了各种秤，于是测量和比较石头重量的活动开始了

第一章　学习与幼儿的自主学习　●　23

（4）在交往与阅读中学习

幼儿喜欢幼儿园生活，很大程度上源于与小伙伴的交往。交往会带来乐趣，也会带来同伴间的相互学习。即使发生矛盾冲突，它也蕴含着学习交往技能的契机。同伴往往还会让幼儿的游戏持续进行并不断深入，进而促进幼儿的全面发展。

案例　百变小帐篷

为解决小班幼儿入园焦虑和哭闹等问题，班级里添加了两顶小帐篷。游戏时间，帐篷成为最抢手的游戏区域。可是，今天游戏开始没多久，帐篷里就满员了，两个孩子来找老师告状说，别人不让他们进帐篷。老师请他们自己想办法解决，其中一个孩子说："再做一个吧！"那么，用什么做呢？

百变小帐篷

老师帮他们在教室里找到一块布，孩子们把这块布搭在桌子上，将它变成自己喜欢的帐篷。参与的幼儿也慢慢从2个变成4个、5个、6个……因为新伙伴的加入，游戏内容也不断翻新，他们还用大熊玩具给自己的帐篷做了一扇很别致的门。

——山东省商务厅幼儿园　孔庆莉

如果说观察、感知、体验、操作、游戏的对象是眼前的世界，那么阅读带领幼儿进入的就是另一个无限遥远、无限辽阔的世界。在那里，真实与想象并存。在那里，有认知、有审美、有创造、有温暖的情感……所以，阅读会给予幼儿终生前进的动力，是间接学习的重要路径。爱阅读的孩子一定是爱学习的孩子。

山东科技大学幼儿园
读书将引发幼儿对更广阔世界的好奇和渴望，爱读书的孩子一定是爱学习的孩子，让书像玩具一样永远陪伴孩子成长

（5）在讨论与对话中学习

在幼儿园一日生活中，除阅读外，与同伴、教师之间的讨论与对话，也是幼儿间接学习的路径。针对游戏和生活中的具体事件及问题进行的讨论和对话，不仅有助于幼儿拓展和提升经验，更有助于他们学习思考问题的不同角度和方法，学习解决问题的多元策略，学习质疑和反思，进而形成批判性思维和创造性思维。

案例1 谁走错了

大班幼儿自制了一种棋类游戏——"运豆子过河"。棋盘由各种颜色的格子组成，骰子用纸盒糊成，各面有各种颜色，上面有大大小小的6个数字。在前期的游戏中，幼儿协商了基本玩法，即根据骰子的数量走相应的步数，当走到与自己棋子一样颜色的格子时，可以得一个豆子，最终根据豆子的数量确定获胜者。

每次游戏时，幼儿都会在基本玩法的基础上自主协商一些游戏规则，以增加游戏难度。比如，设计一些陷阱、障碍等，棋子落在上面时要按照要求后退或前进。参与本次游戏的是元宝和阳阳，他们设计了"炸弹"游戏规则。游戏中的小矛盾，引发了幼幼、师幼之间的激烈讨论……下面是其中一个片段。

讨论的主要问题	讨论与对话	幼儿的自主学习
棋子经过了"炸弹"，但不是落在"炸弹"的位置上，是否应该退回到起点？	元宝：我今天不太开心，阳阳下棋的时候老是犯规，我都和他说了，走过炸弹这个地方，就要退回去，他老是不听。 教师：那我们一起再来听听阳阳的说法。 阳阳：我不同意元宝的说法，我觉得应该和得到豆子的规则一样，只有走到炸弹的格子时才需要退回去，经过的不算。	（1）进一步清晰地了解游戏的玩法和规则，以更好地做出正确判断。

(续表)

讨论的主要问题	讨论与对话	幼儿的自主学习
	元宝：这个和得到豆子的规则不一样，炸弹的威力很大，经过就会引爆。 教师拿来棋盘，向全班幼儿还原了刚才的游戏情境，请全体幼儿一起讨论，并发表自己的观点。 幼1：我同意阳阳的观点，他只是经过了这个炸弹的位置，没有落在这里，所以不应该退回去。 幼2：我同意元宝的意见，如果他们之前协商的规则就是经过炸弹的位置都要退回起点，那就要遵守。 …… 教师：大家说得都有道理。我提醒大家一点，大家需要在下棋前或者下棋过程中制定玩法和规则，两人达成一致意见，并在下棋的过程中共同遵守，只有这样才能玩得更有意思。	（2）尝试表述自己的观点，同时倾听、理解别人的观点，通过相互质疑和对话，再次思考游戏规则的合理性。 （3）逐步理解规则游戏中规则的重要性，了解游戏中双方必须对规则达成一致认识才能玩下去。

——山东省商务厅幼儿园　宫晓萍

案例2　谁来当队长

近期，大班教室里的几个男生创造了军队游戏，每次游戏光远都喜欢找来一顶警察的帽子说："我是队长。"今天，果果也找来一顶有红星标志的帽子说："我是队长。"奇奇却说："你们不能当队长！"……他们围绕着"谁当队长"的问题发生了争执，互不相让。

讨论的主要问题	讨论与对话	幼儿的自主学习
谁来当队长？	教师：你们觉得什么是队长？谁当队长比较合适？ 正正：队长就是一个军队里的领导，要带着大家练习，指挥大家。队长的本领很强，会爬行、射击，跑得很快，还能帮大家做很多事情。 果果：应该让正正当，因为他平时表现好。 光远：这不公平，平时表现好也不能让他当队长，我戴着军人的帽子应该我当队长。	（1）思考队长是一个什么样的角色、应该具备什么能力和发挥什么作用，有助于幼儿深度思考"选队长"的依据，不惧权威，也不盲从。

（续表）

讨论的主要问题	讨论与对话	幼儿的自主学习
	奇奇：我觉得我可以当队长，因为我平时帮小朋友们擦桌子，还整理书包。 果果：大家都可以当队长。 光远：不行，队长只能有一个。 教师：那你们觉得还可以用什么方法选出队长？ 果果：可以比赛，谁赢了谁当。 正正：可以用投票的办法，谁的票多就让谁当队长。 最终，幼儿都表示赞同正正的建议。正正找来了纸和笔，分好格，并在第一个格子里写上了代表自己名字的"正"，其他四个小朋友依次写上自己的名字。大家投票，并进行记录，最终奇奇以3票获胜。	（2）学习解决同伴意见不合的问题。教师在幼儿讨论未果的情况下，引导他们讨论评选队长的方法，这既有助于幼儿形成灵活性思维，又有助于幼儿学习民主解决群体生活中问题的方法。

——山东省商务厅幼儿园 宫晓萍

亲身体验、感知观察或游戏活动之后的讨论交流，因为幼儿有了充分的积累，所以能够激发他们急切表达的愿望，也会让幼儿感受到平等交流的乐趣。这个对话过程能够帮助幼儿反思和梳理自己的经验、体会，更重要的是通过倾听他人的观点以及彼此观点之间的碰撞和质疑，促使幼儿学习再次反思和调整自己，获得经验的增长。在这个过程中，不断输入与输出的既有观点，也有态度、思考方式和价值观。

实践链接：观察和记录一段时间内某个或某几个幼儿的活动，尝试分析他们的学习、学习路径、学习方法以及学习过程中表现出的阶段性特征和独特性。与同事交流你的记录和分析，看看你们是否有不一样的观点，这些观点或许对你很有意义。

三、困境与挑战

幼儿的自主学习是比自主游戏更有难度的一个话题，在教育实践中面临诸多压力，比如，传统教育中教与学的压力，家长对好老师、好幼儿园评判的压力，幼教行政管理与评估的压力，幼儿园自身管理水平的压力，教师专业素养较低的压力，幼小衔接的压力，快速变化的新媒体、新技术的压力……所有这些压力可能带来困境和挑战，但也有可能是教育变革与幼儿园质量提升的契机和动力，需要我们清醒地思考、理智地应对。

（一）对传统教育中"教"与"学"的反思

教师有时需要不断地打破旧观念、重塑新理念，比如，对于幼儿阶段教什么、学什么以及如何学等问题的认识。幼儿是自主、积极、热情的学习者，具有强烈的好奇心和求知欲，但传统的教育教学却扼杀了幼儿自主学习的热情，单纯追求看得见或能让幼儿表演出来的学习成果。这种短视行为导致很多幼儿在今后的学习中表现出"习得性无助"，甚至"习得性愚蠢"（即总是感觉自己不行、不聪明，学不好），从而逐渐丧失学习的动力和自信心。

1. 打破教教材、学教材的固有观念

教师应破除对课程文本的推崇，让大自然和大社会都成为幼儿的"活"教材，让生活和游戏"活化"幼儿园课程。

2. 破除教育的功利思想

"授人以鱼，不如授之以渔。"如果说"鱼"是看得到的学习结果，如认识多少字、会背多少诗歌、会 10 以内数的加减运算等，那么"渔"就是看不见的幼儿的学习品质、学习能力、学习习惯和学习方法。幼儿园教育不是不注重学习结果，而是不要过分追求这种结果，应把它看成幼儿乐学、会学的自然结果。"授之以渔"，虽然有一定难度，但更具有可持续发展的长远价值。

3. 给予幼儿做中学的机会

幼儿的学习不是通过安静倾听进行的，因此教师不应过分强调"安静""认真听讲"等教学纪律，而应给予幼儿充分参与、体验、操作的机会，让幼儿在做的过程中调动思维与语言，提升幼儿思维的品质和解决问题的智慧。

4. 注重开放的、支持性学习环境的创设

从心理层面上讲，尊重、平等、包容、理解的环境氛围会让幼儿感觉安全、温暖，更容易激发幼儿自主学习的愿望，并支持幼儿自主探究的深入和持续，让幼儿的自主学习成为可能；从物质层面上讲，丰富多元且具有层次性、挑战性、适宜性的玩具和操作材料是幼儿自主学习的基础与前提，也是幼儿园课程资源建设的重要组成部分。

5. 给予幼儿更多自由选择和自主活动的机会

当幼儿可以自由选择和自主控制活动时，如户外自主游戏、室内自主区域活动、自主阅读活动等，他们更有可能自主计划和行动，并在行动过程中自主面对问题、解决问题以及调控和规范自己的行为，从而获得自主学习和自主发展。

6. 教师主导的教学活动同样可以支持幼儿的自主学习

现阶段，很多幼儿园教师依然会预设教学活动，注重教学环节、教学语言和问题的设计……需要注意的是，如何在这类教师主导的活动中让幼儿的全感官通道打开和行动起来，打破"教师讲、幼儿听；教师问，幼儿答"的僵化教学模式，支持和推动幼儿的自主学习。

大班科学活动：有趣的滚动

活动目标

1. 发现不同物体的滚动路线是不一样的，感知圆柱体是沿直线滚动的。
2. 能借助辅助材料探索让弧线滚动的物体变为直线滚动的方法。
3. 能与同伴合作探索并交流自己的发现和探索方法，体验探究的快乐。

有趣的滚动

（专家评析：科学活动的内容其实就在身边，是我们周围的物体或现象，物体的滚动就是我们身边常见的物理现象。本次活动目标与幼儿的三次探索紧密相连，包含乐于探究、合作探究的科学态度，凸显了观察、实验、假设、验证等重要的科学探究能力和方法，有助于幼儿科学素养的提升。）

活动准备

1. 斜坡、木质圆柱体、易拉罐、纸筒、纸杯、纸碗、饮料瓶等若干。
2. 毛线绳、棉花、布、空气泥、双面胶、皮筋、剪刀等辅助材料和材料筐若干。
3. 记录单、笔、初次操作步骤演示文稿。

（专家评析：科学探究需要环境和材料的支持，教师和幼儿可以共同围绕探究内容和探究目标准备相关材料。本次探究的材料都是幼儿生活中常见的物体、工具或废旧材料，如斜坡、木质圆柱体来自积木区的积木；易拉罐、纸筒、纸杯、毛线绳等都是废旧材料。）

活动过程

1. 观看同伴户外游戏时让物体在斜坡上滚动的视频，引发活动兴趣师：这两位小朋友在户外自主游戏中玩的是什么游戏？他们把球和PVC①管子放在斜坡上滚动。你们想玩吗？

2. 初次探索，发现不同形状的物体（圆柱体和圆台体）的滚动路线是不一样的

（1）呈现图示，即包含记录单的操作步骤演示文稿，邀请幼儿自主观察并表述如何操作和记录（比如，自由结伴—取1份记录表和笔—拿1个筐子，按照记录表的提示选择材料—每个小组找1个不拥挤的位置进行实验操作）。

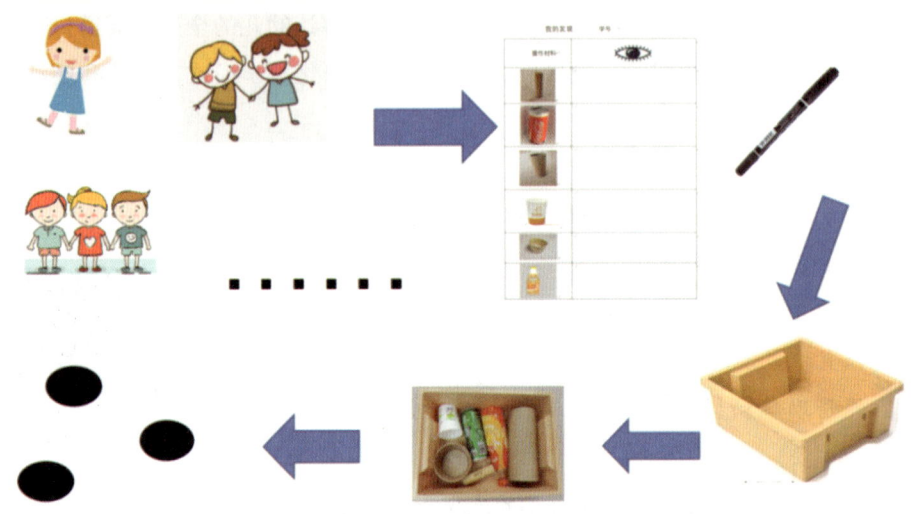

（2）熟悉操作规则：自由结伴、自主取放材料、边操作边记录。

（3）集体交流讨论：你发现了什么？

小结：不同物体的滚动路线不同——两头一样粗的物体（圆柱体）能直线滚动，而一头粗一头细的物体（圆台体）滚动时会拐弯。

3. 一起探索和交流，进一步了解纸杯、纸碗等物体的滚动方向

（1）师：这些不能直线滚动的物体，朝向哪边拐弯呢？邀请幼儿说出自己的假设或已有发现。

（2）鼓励幼儿试一试，重点关注物体向哪个方向拐弯。

小结：不能直线滚动的物体滚动时总是朝向细的一端拐弯。

4. 第三次探索，尝试借助辅助材料让弧线滚动的物体变成直线滚动

（1）师：怎样让一头粗一头细的物体直线滚动呢？

（2）出示橡皮泥、毛线绳、双面胶、皮筋等辅助材料，请幼儿思考如何利用各种辅助材料让弧线滚动的物体变成直线滚动。

---

① 此处指聚氯乙烯。

（3）分组操作和探索。

（4）交流讨论，分享探索经验。

小结：只要让物体两端变得一样粗细就能沿直线滚动。

（专家评析：首先，由幼儿自己的户外游戏视频导入活动，不仅具有亲切感，而且是游戏与教学建立联系的理念反映。

其次，初次探索前，教师并没有直接交代任务和操作步骤，而是请幼儿自己观看演示文稿中的图示。这让我们看到教师对幼儿自主学习的放手。学会观察图示并理解图示内容，也是大班幼儿学习能力的一种表现，对于他们的幼小顺利衔接非常重要。教学过程中，教师还有一点做得非常好，那就是鼓励幼儿自己提出疑问，比如，有的幼儿问："记录单上面画的眼睛是什么意思？""自己取材料时拿几个？""在记录单上画什么？"幼儿敢于提出问题，一方面说明这个班级一直有良好的氛围，另一方面说明幼儿有观察、思考和提出问题的好习惯。

再次，活动过程中的几个步骤循序渐进，且都鼓励幼儿自己操作、自己发现。第二步和第三步可以合并，主要通过外在的操作，引导幼儿发现不同形状的物体滚动路线的不同。第四步是重点，也是难点，不是简单地动手做就能实现的，而是需要幼儿在前面发现的基础上进行改造，让弧线滚动的物体变为直线滚动。在这个有难度的探究活动中，我们看到了幼儿作为自主学习者的学习品质和学习能力。他们专注、投入，即使失败也不放弃，运用不同的材料和方法反复尝试，善于合作……最终呈现的作品，让我们惊叹于他们解决问题的强大能力和创造能力。

此外，本次科学探究活动并没有停留在操作层面，教师还善于在活动中激发幼儿思考，运用关键问题引发幼儿动手的同时动脑，让幼儿在获得探究能力和科学经验的同时提升科学思维能力。）

——山东科技大学幼儿园　施焕玲

（二）"双减"政策与幼小衔接对幼儿自主学习的期待

基础教育阶段的学生作业多、负担重，早已是一个不争的现实，长此以往，难以保障学生的身心健康，也必然损害素质教育改革的成果，对幼儿园教育也有很大的影响。学业负担已经呈现向幼儿园阶段延伸的现象，导致幼小衔接教育的扭曲，即单纯追求小学一年级课程的提前学习。"双减"政策的落地实施有效地改变了这种局面，也让幼小衔接教育呈现出其应有之义。"双减"之后如何提高学习的实效，增强学生的自主学习能力，同样成为我们必须面对的课题。

1. "双减"政策的主要目的：减负与增效

2021年4月，教育部印发《关于加强义务教育学校作业管理的通知》，"坚决扭转一些学校作业数量过多、质量不高、功能异化等突出问题"，同时"严禁校外培训作业……把禁止留作业作为校外培训机构日常监管的重要内容……切实避免校内减负、校外增负"。2021年7月，中共中央办公厅 国务院办公厅印发《关于进一步减轻义务教育阶段学生作业负担和校外培训负担的意见》，"要求各地区各部门结合实际认真贯彻落实"，"有效减轻义务教育阶段学生过重作业负担和校外培训负担（以下简称'双减'）"。之后，国家又陆续出台了一系列文件，落实"双减"目标，巩固"双减"成果。

（1）"双减"的核心目标指向："减负"与"增效"

从教育部长久以来针对基础教育改革发布的一系列文件可以看出，基础教育改革的核心一方面指向减轻学生学业学习的负担，消除在时间上、身体健康上无端消耗学生的现象，保证学生的身体健康和对学习的饱满热情；另一方面指向加强基础教育课程改革，提高学校教育教学水平。"减负"与"增效"必须同步，只有这样才能巩固"减负"的效果，否则用不了多久，各种作业和校外辅导就会"卷土重来"，或者以隐秘的方式"复活"。

（2）"双减"政策对幼儿自主学习的影响

尽管"双减"政策主要指向中小学阶段，但是作为学前教育工作者，我们同样需要思考幼儿阶段的"减负"与"增效"问题，思考如何把幼儿的身体健康放在首要位置，研究如何保护和激发幼儿自主学习的热情，如何让乐学、会学成为幼儿园教育教学的重要目标，如何改革幼儿园课程使之更好地促进幼儿自主学习品质和能力的提升，如何提高教师队伍的专业水平来保障幼儿的健康发展与有意义学习，如何创设幼儿园环境来支持幼儿的自主学习，等等。幼儿园教育是基础教育的重要组成部分，我们应做好幼小衔接工作，与小学教育保持一致的目标，共同促进儿童德、智、体、美、劳和谐发展，为其一生的发展奠基。

实践链接：你认为，幼儿园阶段的孩子是否存在学习负担和压力？主要有哪些表现？对班级 10 名以上幼儿或家长进行调查，了解幼儿参与园外辅导班的情况以及家长对此事的观点，对比园内教师的观点，看看其中的异同，并发表你的看法，谈谈幼儿园教师应该如何看待幼儿的学习，如何做才能真正保障幼儿的健康和谐发展。

2. 幼小衔接：强大的自主学习能力为幼儿的后继学习续航

2012 年，笔者曾和李芳园长合作撰写《幼小衔接——帮孩子轻松上小学》一书。在那本书的序言中，笔者谈到一个基本观点，就是我们不能期待孩子放下玩具、背起书包就变成一个爱学习、守规则、懂自护的小学生；孩子在入学适应上表现出的很多问题不是单纯的学业问题，更多的是学习品质、学习能力以及社会适应等方面的问题；从幼儿园到小学的过渡需要幼儿园、家长、小学的共同关注和共同努力。

2021 年 3 月，教育部印发了《关于大力推进幼儿园与小学科学衔接的指导意见》（以下简称《指导意见》），部署推进幼儿园与小学的衔接工作。《指导意见》强调，"幼儿入学准备教育要以促进幼儿身心全面和谐发展为目标，注重身心准备、生活准备、社会准备和学习准备几方面的有机融合和渗透，不应片面追求某一方面或几方面的准备，更不应用小学知识技能的提前学习和强化训练替代全面准备"。

从幼儿后继学习所需要的素质看幼小衔接教育，应重点关注以下几方面。

（1）*循序渐进*

入学准备教育是一个循序渐进的过程。入学准备教育应渗透于幼儿园三年保育教育工作的全过程，而不是在大班的某个学期开展一个主题活动或者在毕业前的一个阶段专门进行。因为无论是幼儿的专注、坚持、热情等学习品质，还是自我调控、规则意识、社会适应等关键能力，都不是一朝一夕形成的。当然，在大班阶段，教师围绕幼儿即将进入小学的特殊需要，适当做出一些课程和作息时间上的调整，实施有针对性的入学准备教育也是需要的。2022 年 2 月，教育部发布的《幼儿园保育教育质量评估指南》也提出："大班下学期采取多种形式，有针对性地帮助幼儿做好身心、生活、社会和学习等多方面的准备，建立对小学的积极期待和向往，促进幼儿顺利过渡。"

（2）*身心的全面准备*

入学准备包括身心准备、生活准备、社会准备和学习准备，而不局限于学习，更不局限于小学一年级的教材知识点。我们坚决反对围绕小学一年级教材进行的提前学习。

（3）*重视幼儿的学习力*

拥有强大的学习力也就拥有了通向终身学习与发展的强大动力机制。所以，幼小衔接教育的重要内容之一就是培养幼儿的学习力。具体来讲，学习力包括自主学习意识、学习品质、学习能力和学习习惯等诸多方面。

* 拥有学习力的儿童热爱学校生活，不会厌学
* 拥有学习力的儿童有更高的自尊，更自信
* 拥有学习力的儿童更容易获得教师的认可和鼓励
* 拥有学习力的儿童更容易获得同伴的接纳、友谊和推崇
* 拥有学习力的儿童会进入爱学习、享受学习的积极循环圈
* 拥有学习力的儿童往往具有积极、乐观、自制、坚毅、乐群等良好的个性品质

（4）在活动中培养学习力

学习力的培养需要通过多种有趣味的活动实现，而非端坐静听。幼小衔接教育的核心是幼儿学习力的培养，幼儿园应该围绕《3—6岁儿童学习与发展指南》和《指导意见》，以幼儿为中心设计课程，且注重课程的游戏化和生活化，善于利用各种契机培养幼儿自主探究的意识、热情、专注、坚持等学习品质，以及观察、批判性思维、问题解决等学习能力，通过适宜的环境和各种富有趣味的活动实现发展目标，切忌一味地端坐静听的教学方式。

实践链接：你所在的幼儿园是否在进行幼小衔接教育？主要有哪些内容？安排这些内容的依据是什么？请对照上文内容组织一次全园教师的教研活动，寻找幼儿园当下存在的问题，研讨应该如何完善自己所在幼儿园的幼小衔接教育。

（三）对"深度学习"热潮的思考

深度学习和浅层学习是两种并存的学习策略，都会对个体学习产生重要影响，在个体成长和发展过程中有着不可或缺的作用。美国教育心理学家弗伦斯·马顿（Ference Marton）和罗杰·萨尔乔（Roger Saljo）认为，"试图记住事实表达并识记的学习策略为浅层学习，试图理解内在思想和学术内涵、对已有知识进行批判性互动、探寻知识逻辑意义的学习策略为深度学习"[①]。

从上面的表述不难看出，深度学习强调在意义理解的基础上进行批判性思考、迁移应用和创新创造，吻合当下人工智能时代对人才和教育变革的要求。多年来，在基础教育领域，深度学习一直是一个被人们热烈议论的话题。在中国知网输入"深度学习"进行搜索后发现，截至2022年8月5日，共有3.63万篇学术期刊文章和5.48万篇学位论文与此相关。输入"幼儿深度学习"进行搜索，发现有97篇学术期刊文章和60篇学位论文。由此可见，深度学习是学前教育领域方兴未艾的话题。

基础教育领域对深度学习的"热追"，除了时代要求外，还与每个人在应试教育中深

---

① 刘晶波，陈颖娇，贾昊宇. "深""浅"相遇取其衡——谈幼儿园深度学习的偏差与纠偏[J]. 学前教育，2021（17）.

刻体验到的挫败、痛苦有关,与大家对基础教育评估中过度注重记忆大量"死知识"的不满有关。

幼儿阶段的深度学习与基础教育改革有关,更与学前教育领域在满足了规模发展之后对质量的追求有关。自2016年冯晓霞教授在中国学前教育研究会学术年会上分享了《区域游戏中的深度学习》讲座之后,"深度学习"就成为很多幼儿园园长和教师感兴趣的话题,中国学前教育研究会"十四五"课题申报中就有许多课题与此相关,如"一日生活中的深度学习研究""区域活动中的深度学习研究""自主游戏中的深度学习研究""绘本阅读中的深度学习研究""种植课程中的深度学习研究""STEM教育中的深度学习研究"……

关于幼儿阶段的深度学习,幼儿教师需要关注以下几点。

1. 正确理解深度学习的内涵,辩证看待深度学习与浅层学习的关系

幼儿的深度学习,一般表现为幼儿在较长的一个时段内自主探究某些物体或现象,具有强烈的兴趣,高度投入,能自觉迁移和运用已有经验,最终解决实际问题的有意义的学习过程。在认知层面,它强调问题解决能力的培养;在动机层面,它强调积极情绪的激发与维持;在社会文化层面,它强调人际互动中的沟通与支持。因此,幼儿深度学习的过程"以问题解决为导向,以积极情绪为动力,以动手制作为依托,以同伴合作为支撑,以评价反思为主轴"[①]。

关注幼儿阶段的深度学习是教育应该追求的目标,也是教育改革从关注教师的"教"转而关注幼儿的"学"的必然。但是,我们不应过度追捧它,"要意识到深度学习一直存在于幼儿园当中,并不新奇,目前幼儿园教育强调的主动学习取向和深度学习是一致的。应避免对深度学习的概念做过度的解读,规避过度强调深度学习给教师带来的额外困扰和负担"[②]。

此外,幼儿阶段的深度学习与浅层学习并不对立。我们不应一概拒绝浅层学习,因为有些词汇、概念、规则和社会常识需要幼儿识记,它们将有助于幼儿更好地理解某些事物和现象,助推幼儿进行深层次的探究和对话,让幼儿的"深度"思考有基础、有积累,有不断提高的可能。我们反对的是一味地强调静态知识的记忆和背诵,忽略幼儿学习的主动性、情境性和动态性特点以及扼杀幼儿学习热情和积极性的做法。

教师能够领会和深刻把握《幼儿园工作规程》《3—6岁儿童学习与发展指南》《幼儿园教育指导纲要(试行)》等文件的精神,理解幼儿学习的主要特点和路径,并贯彻落实到自己的行动中,即使不提"深度学习"一词,其教学也是对幼儿深度学习理念的践行。

---

① 王小英,刘思源. 幼儿深度学习的基本特质与逻辑架构[J]. 学前教育研究,2020(1).
② 刘晶波,陈颖娇,贾昊宇. "深""浅"相遇取其衡——谈幼儿园深度学习的偏差与纠偏[J]. 学前教育,2021(17).

现阶段倡导以幼儿为中心的自主学习和自主游戏,注重让幼儿通过直接感知、亲身体验和实际操作进行学习,这些都是促使幼儿进行深度学习的路径。无论是新西兰学习故事还是主题活动、方案教学、课程游戏化都有深度学习的影子,安吉游戏和生成课程更是深度学习的代表。

2. 放手与留白,最大限度地保护与支持幼儿的自主学习意愿

深度学习很多时候发生在幼儿的自主活动中,是幼儿追随自己的兴趣持续探究、寻求问题解决方案的过程和结果。冯晓霞教授在谈及深度学习时,引用了山东省青岛市实验幼儿园孩子们的案例。孩子们在参观了青岛市的五四广场之后,自主生成了主题建构游戏——"五月的风"①。刚开始时,孩子们根据以往建构经验搭成一个上下一样粗的建筑,后来对比图片后发现"五月的风"两端细、中间粗、呈螺旋状,于是他们拆除重建,在重建的过程中又遇到平衡和稳定等诸多问题,但他们都通过不断地尝试解决了。幼儿在搭建过程中表现出的积极主动性令人印象深刻,这与游戏来自幼儿自己的兴趣和选择有极大的关系。由此可见,教师只有放手和留白才有可能成就幼儿的深度学习。当然,我们并不反对集体教学活动,认为集体教学活动一样可以促进幼儿的深度学习,关键在于教学的方式方法和教学过程能否引发幼儿学习的自主性和热情,教师不可"满堂灌"。南京师范大学王海英教授指出:"如果我们在陪伴幼儿学习和成长中,没有课程留白、环境留白、策略留白、材料留白的意识,我们很难引导孩子进行深度学习。留白就是留有余地,制造出一种神秘感,这样孩子才会有一种强烈的好奇心,有卷入活动的欲望。"②

3. 幼儿的深度学习需要实践经验的不断积累与沉淀

出于对周围世界的好奇,幼儿会不停地摆弄物品、玩具和材料,并在不断的动手操作中感知和体验物品的特征、空间关系、力与平衡、数量与时间概念,了解物体与现象,获得对外部世界的初步认知。持续地感知、操作和体验可以帮助幼儿积累大量的感性经验,而这些经验是幼儿高阶思维的素材,是幼儿后续进行问题解决和创造的源泉。

---

① "五月的风"是山东省青岛市五四广场上的一座标志性建筑,呈螺旋状,两端细、中间粗。
② 引自"奕阳教育"微信公众号文章《王海英教授:幼儿园一日生活中的深度学习》。

案例　你好，新玩具（小班）

新学期，班级增添了很多新玩具，"磁力贯通"就是其中的一种。这种磁力轨道积木结构简单，造型多变，对小班的孩子很有吸引力。

第一天，孩子们只是用其中的方块垒高，倒了又垒，乐此不疲，而透明的剖面轨道无人问津。

你好，新玩具

第二天，他们通过平铺和垒高的方式使用正方体积木搭建了一座"秘密基地"，并选用透明管道铺了一条通往基地的道路。

第三天开始，他们将这套玩具从桌面连接到椅子面，后来又连接到地面，搭建了斜坡、滑梯，并不断地调整管道和立方体形成通道，探索如何让小球滚落下来。

短短一周的时间，这套新玩具就成为孩子们的"好朋友"。他们从一开始简单地垒高、平铺到痴迷地探索小球的多种滚动路径，不断地体验和探究玩具的新玩法，

感受着多变造型带来的新发现、新惊喜。他们发现问题后会积极地观察思考，不断地试误和调整，寻找解决问题的路径。同时，他们收获的喜悦和知识，也吸引更多小伙伴不断地加入这个探索活动中。

——山东科技大学幼儿园　于雷平

4. 聚焦于问题和情境的探索有助于幼儿的深度学习

幼儿的深度学习强调基于真实问题或情境的自主学习。当面对生活或游戏中的真实困难或矛盾冲突时，幼儿需要调动已有经验，迁移应用新经验，在合作探究中持续深入地思考，反复试误，探寻解决问题的各种策略，直至解决问题或矛盾。

案例　"一波三折"的门牌号

今天在游戏中，大班的几个孩子想开一家太空酒店。他们用桌子当前台，用寝室的床当作房间，开始了他们的酒店游戏。但在制作、设置门牌号的过程中，孩子们遇到了一系列挑战。

"一波三折"的门牌号

游戏之初，工作人员随意写了许多号码，如808、305、202，当作门牌号。但随着参与游戏的孩子越来越多，门牌号也越写越多，很多小朋友找不到自己的房间，引发了顾客与工作人员的纠纷。

第一次游戏结束后，老师请小朋友们一起讨论："怎样才能让顾客更方便地找到对应的房间？"孩子们找到的解决办法是：按顺序写号码，也按顺序贴号码。

第二次游戏时，孩子们发现尽管按顺序贴房间号码，但号码太多了，找起来还是麻烦，而且会出现相同的号码。孩子们迁移生活中的经验，建议酒店按照楼层设置房间号码。接下来几天，孩子们一直津津有味地参与太空酒店的游戏。酒店的门牌号变成101、102、103……201、202、203……这种按照楼层分类设置的号码，从而便于顾客更加迅速地找到自己的房间。

当然，在游戏过程中，问题也不断地生发出来。比如，有3个小朋友都拿到201房卡，那么谁靠窗户、谁在中间、谁靠近饮水机呢？是否需要在房卡上增加图标呢……只有解决了问题，游戏才能继续进行。

——山东省商务厅幼儿园　寻晓光

案例中，因门牌号混乱导致顾客难以找到房间的问题，引起了工作人员与顾客的"纠纷"。这看起来是一个难题，但却促使幼儿关注到房卡号码编写的科学性问题，以及排序、分类、二次分类等数学知识在游戏中的运用。幼儿创造性地解决问题的过程和策略，让我们看到了他们在真实的问题情境和游戏情境中的深度学习。

5. 团体反思和深度对话发展幼儿的高阶思维

团体反思和深度对话有助于幼儿高阶思维的发展，支持幼儿有意义的学习。

> 发现和支持幼儿有意义的学习，采用小组或集体的形式讨论幼儿感兴趣的话题，鼓励幼儿表达自己的观点，提出问题、分析解决问题，拓展提升幼儿日常生活和游戏中的经验。
>
> ——《幼儿园保育教育质量评估指南》

《幼儿园保育教育质量评估指南》在其"考查要点"中提到，教师应"发现和支持幼儿有意义的学习"。"有意义的学习"这一概念最初来自美国认知教育心理学家戴维·奥苏贝尔（David Ausubel），他认为有意义的学习应该与幼儿的已有经验建立连接，学习材料具有内在的逻辑意义，且是幼儿感兴趣的。"采用小组或集体的形式讨论幼儿感兴趣的话题，鼓励幼儿表达自己的观点，提出问题、分析解决问题"，有助于幼儿进行有意义的学习。

《幼儿园保育教育质量评估指南》中提到的"小组或集体讨论"，其目的是鼓励教师与幼儿围绕幼儿感兴趣的话题，尤其是幼儿游戏或活动中遇到的问题，形成反思和对话共同体，从而促成每个幼儿高阶思维的发展。高阶思维是一种基于观察、比较、分析的较高认知水平，包含批判性思维、问题解决能力、决策力和创新能力等。有高阶思维参与的学习，是具有发展价值的有意义学习。在自主游戏中，很多幼儿都会表现出高阶思维能力，令人叹服，但是，更多的时候，幼儿的高阶思维能力的形成离不开团体的智慧和团体成员之间的互助、反思与对话。这种团体可以是参与某项活动的小朋友们，如前文案例《"一波三折"的门牌号》中所有参与"太空酒店"游戏的小朋友，也可以是全班幼儿。游戏结束后的分享交流会，就是一种较好的团体反思和深度对话形式，幼儿可以交流感受和收获，也可以和大家分享自己的作品、创造，还可以提出自己在游戏过程中遇到的难题，请大家帮忙寻找解决策略。这种基于幼儿的真实体验进行的反思和对话，能够引发所有幼儿的兴趣，也能够把个别幼儿关注的问题变成大家关注的问题，把个别幼儿的智慧变成大家共享的智慧。每一次团体反思和深度对话，都将促进幼儿的批判性思维和创新创造能力的发展。

6. 在一日生活中促进幼儿的深度学习

幼儿的深度学习不只存在于教学活动和游戏活动中，一日生活的每个环节都可以促进幼儿的深度学习。幼儿园一日生活的每个环节都蕴含自主学习的契机，都可以成为幼儿自主学习的场域。当教师深入观察幼儿在生活活动、区域活动、游戏活动、教学活动中的各种表现时，他们都可以找到推进幼儿深度学习的机会和元素。

比如，幼儿每天早上入园时都会签到、点名，不同的班级可以根据幼儿的年龄特点选择不同的签到和点名方式，还可以邀请幼儿自主记录和统计每天班级的人数，包括男孩和女孩的人数、各小组的人数，或者比较一周中每天到园的人数。此外，大班幼儿还可以尝试制作统计表。这类活动不仅可以让幼儿学习观察、分类、记录、统计等技能，还可以帮助幼儿习得比较分析、概括抽象、探寻规律等深度学习的策略。

南京师范大学王海英教授在某一次讲座中提到，"要让一次学习的结果成为二次学习的对象，让二次学习的结果变成三次学习的对象"。这个观点，值得幼儿园教师学习和借鉴。比如，前文案例中幼儿的签到表、画的符号、记录的问题都可以成为幼儿后续学习的对象。它们可以用来布置互动墙面，也可以装订成册成为幼儿的读物，还可以作为团体反思的源头和载体，引发幼儿更深入的探究、思考或对话。

此外，教师需要做有心人，能够观察到日常生活中的偶发性事件，并敏锐地把握事件中蕴含的学习价值，推动幼儿的持续探究和思考。教师也需要具备基本的师幼互动策略，善于把"日常的互动"变为"有力的互动"[①]，通过有力的师幼互动拓展幼儿的学习，挑战幼儿的思维。

7. 教师给予持续的关注和高质量支持

幼儿阶段的深度学习需要教师持续的关注及高质量的陪伴与支持。正如幼儿的自主性发展一样，幼儿的深度学习不是简单的日积月累的自然过程，而是需要教师的持续关注、高质量陪伴以及有效策略的支持和推动。"幼儿的深度学习意味着对教师深度教学能力的高水平要求，深度学习虽然指向幼儿学习，但教师的影响至关重要，教师的知识储备、教学能力、教学设计水平、师幼互动的形式等，都影响着幼儿学习的深度和广度（杨一丹，2020）。深度学习如同幼儿园中倡导的方案教学、新西兰学习故事和高宽课程，甚至是蒙台梭利教育提到的'消极的教师'一样，对教师教学能力和教学契机的识别和把握都是非常重视的。"[②]

支持幼儿深度学习的教师具备以下基本特征：

* 具有自主学习的热情与探究欲望
* 设计的活动具有开放性、丰富性和逻辑性
* 具有在变化的现场中灵活引导幼儿学习的较高水平和多元策略
* 懂得利用问题或问题链挑战幼儿的已有经验或思维，促进其批判性思维发展
* 对课程和教育资源具有专业敏感性

---

① 多姆布罗，等. 有力的师幼互动——促进幼儿学习的策略[M]. 王连江，译. 北京：中国轻工业出版社，2021.
② 刘晶波，陈颖娇，贾昊宇. "深""浅"相遇取其衡——谈幼儿园深度学习的偏差与纠偏[J]. 学前教育，2021（17）.

总之，一方面，教师需要理解和把握幼儿深度学习的特征，具有观察幼儿并进行专业思考的意识和能力；另一方面，教师自身要具备深度学习的意识，善于发现日常活动中蕴含的学习价值，推动幼儿层层递进式地探索和思考，使其学习变成具有发展意义的深度学习。

因为对汉语词义的理解，"深度学习"的"深"很容易误导教师，或者让幼儿教师感到困惑和焦虑，所以，我们很欣慰地看到2022年2月颁布的《幼儿园保育教育质量评估指南》并没有使用"深度学习"一词，而是使用"有意义的学习"一词：

发现和支持幼儿有意义的学习，采用小组或集体的形式讨论幼儿感兴趣的话题，鼓励幼儿表达自己的观点，提出问题、分析解决问题，拓展提升幼儿日常生活和游戏中的经验。

——《幼儿园保育教育质量评估指南》

实践链接：在你所在的幼儿园中，是否存在很多浅尝辄止的教育教学活动？是否存在教师设计了丰富的活动环节，并精心准备了多样化的玩教具，活动过程也热热闹闹，但总让人感觉是一种"表面繁荣"，幼儿只有经历和体验，却缺乏真正的思考和创造，也就是缺乏高阶思维的表现。请结合这部分内容与同事就一个活动现场进行讨论，寻找促进幼儿有意义学习的路径。

（四）新媒体、新技术带来的挑战与契机

新媒体、新技术是相对而言的，任何一个时代都有相对于过去的新的媒体和技术。当下社会的新媒体、新技术主要是指以互联网和无线通信网等为传播渠道，利用计算机、手机和数字电视等各种终端的数字技术媒体，它们具有大容量、实时性、交互性、便捷性等特点。

新媒体、新技术对教育的影响不仅表现在教育手段、教学模式和教育信息化建设方面，还表现在教育观念、育人目标、课程内容、课程实施及学生学习方面。首先，知识的来源不再局限于教师和书本，教师的"至尊"地位的改变必然在师生关系方面产生影响。其次，新媒体、新技术的发展让学校在教育中的中心位置发生改变，学习的场域不再局限于学校，而是随时随地。再次，移动互联网技术的高速发展让知识的获取变得更为便捷，学生学习的方式方法发生极大的改变。自从新型冠状病毒肺炎疫情暴发以来，儿童对于线上自主学习的熟悉和接纳就是一个很好的例证。最后，各种新媒体、新技术已经深入当代儿童的生活，对其行为和心理产生了不可忽视的影响，也给教育带来了新的问题和挑战。比如，儿童的手机成瘾行为愈加明显，而且具有低龄化的趋势，学前儿童的手机依赖行为增多。

面对新事物时,我们难免会感到惶恐,缺乏熟练应对的有效策略。新媒体和新技术带来的挑战将一直存在,与其恐惧不如直面,因为所有的挑战都是发展的契机。

1. 学习并掌握新媒体和新技术

教师,尤其是年龄大一点的教师,应积极热情地学习并掌握新媒体和新技术,尤其是与教育直接相关的技术和平台,不盲目崇拜,但也不拒绝、排斥。

2. 研究将新媒体和新技术应用于幼儿教育的路径,提高教育实效和教师专业素质

教师应利用新技术手段进行教育教学,引发幼儿的兴趣,提高教学水平;利用各种技术手段对幼儿进行观察、记录和分析,增强研究幼儿的科学性;利用各种平台建设幼儿园宣传阵地,拓宽家园沟通渠道,如幼儿园微信公众号、各种短视频平台、微信群、QQ群[①]、钉钉群等;利用各种媒体和技术建设幼儿园课程资源库,以减轻教师负担,提高幼儿园课程实效;利用新媒体进行远程培训、教研等活动,提高教师专业素质。

总之,新媒体、新技术将会给教育实践带来巨大改变,所有教育工作者都应以专业研究的视角认真对待,取之长、避其短,充分发挥它对教育的有力推动作用。其实,无论新媒体和新技术如何发展,儿童作为教育的核心是不变的。教师始终要研究儿童具有什么样的发展特点,儿童是如何学习的,以学定教才能从容不迫。

实践链接:请回顾自己周末某一天使用手机的频次和时间,记录和反思自己在哪些方面花费了更多时间,思考以手机为代表的移动互联网带来的双向影响。观察身边的孩子,看看幼儿从幼儿园回到家后都在做什么,或者与家长沟通,请家长记录孩子一周内在家里的主要活动情况,共同分析讨论:电视、图书等传统媒体和手机互联网都在哪些方面影响孩子的发展,我们应该如何取长避短。

本 章 小 结

本章核心内容如下。

- 学习不仅可以发生在课堂上,还可以发生在任何时间和任何场域,学习包括学会求知、学会做事、学会共处、学会做人等更广泛的内容和要求。

- 自主学习就是幼儿按照自己的意愿,带着自己的问题,在自己的感知探索中,按照自己的方式解决问题,并获得发展的过程。学习从本质上讲就是个体的自主学

[①] QQ是腾讯公司推出的一款基于互联网的即时通信软件。QQ群则是基于QQ的一个公众聊天平台。

习。幼儿具有强烈的自主学习动机，但真正学会利用元认知调控和管理自己的学习，对自己的学习负责任，则需要教师的支持和引导。

◆ 幼儿的自主学习需要直接经验和体验的支持，所以自主学习的主要路径是观察模仿、操作体验、游戏与交往等。只有尊重幼儿自主学习的特点并选择适合的路径，才能推动幼儿的自主学习。

◆ 幼儿的自主学习是比自主游戏更有难度的一个话题，在教育实践中面临诸多压力，比如传统教育中教与学的压力，幼小衔接的压力，快速变化的新媒体、新技术的压力……所有这些压力可能是困境和挑战，但也是教育变革与幼儿园质量提升的契机和动力。

山东省商务厅幼儿园

第二章

自主学习中的教师与幼儿园课程变革

第24届冬季奥林匹克运动会于2022年2月在中国北京举行，这届奥运会的成功举办让国人振奋，也让世界看到一个更具竞争力和活力的中国正在快速崛起。2月15日，新学期开学的前一天，某幼儿园43名教师用时至少2小时，用彩泥为新学期来园的孩子每人做了一个"冰墩墩"（本届冬季奥运会的吉祥物），共465个"冰墩墩"，准备第二天开学时赠送给孩子们。此消息一经发布在该市教育局的微信公众号和视频号上后，获得很多人的点赞。

上面案例中，教师的热情和努力让我们感动，但是如果教师不是送给每个幼儿一个现成的"冰墩墩"，而是邀请幼儿参与制作，并在制作的过程中加入幼儿的想象和创造，会不会更有意义？这个案例让我们思考：在幼儿的自主学习中，教师应该扮演什么样的角色和发挥什么样的作用？什么样的课程可以真正推动幼儿的自主学习，帮助幼儿获得能影响一生发展的学习力？

提升学前教育质量，努力让每个幼儿都享有公平而有质量的学前教育，这不仅已成为我国学前教育工作者的共识，而且是我国政府工作的重要目标之一。而幼儿园教育质量提升的关键，在于幼儿教师队伍专业素质的提高和幼儿园课程的变革。

从幼儿自主学习的视角出发，如何看待幼儿教师的角色与素养，如何变革幼儿园课程，如何看待园本课程和课程审议……这些问题正是本章关注的重点。

一、自主学习中的教师：现状与期待

虽然本书强调的核心议题是幼儿的自主学习，但是幼儿阶段的自主学习离不开教师的支持和引导，所以教师对于自主学习的认识、态度和行为具有关键性影响。

（一）现状：教师对幼儿自主学习的认识

虽然幼儿是好奇的、具有强烈求知欲和自主能动性的学习者，但是我们也必须承认，幼儿阶段的自主性发展处于较低层次，幼儿的自主学习需要教师的支持和推动。幼儿教师应具备一定的敏感性和热情以及足够的专业知识与能力，识别和保护幼儿的学习品质，支持他们的兴趣和自发探索，拓展他们的学习视野，挑战他们的已有经验，推动他们的批判性思维和创造性思维发展。

为了更好地了解教师对幼儿自主学习的认识和态度，笔者所在团队于2021年12月进行了一次网络问卷调查，共回收有效问卷6390份。此次调查主要围绕教师对以下内容的认识：如何认识学习与游戏的重要性和难度，什么是幼儿的自主学习，幼儿的自主学习与识字的关系，幼儿自主与教师主导的关系，等等。具体调查结果如表2.1所示。

表2.1　幼儿自主学习问卷调查

序号	调查的问题	调查结果（共6390人）	
		A 是（人数与占比）	B 不是（人数与占比）
1	幼儿园应该以游戏为基本活动，所以学习不重要	606人（9.48%）	5784人（90.52%）
2	让幼儿自由自主地游戏很轻松、很容易，但是让幼儿自主学习很难，几乎不可能	1226人（19.19%）	5164人（80.81%）
3	幼儿的自主学习就是自己读书	136人（2.13%）	6254人（97.87%）
4	幼儿很难进行自主学习，因为幼儿不识字，所以无法进行独立的阅读学习	834人（13.05%）	5556人（86.95%）
5	学前阶段的学习，虽然应该尊重幼儿学习的主体地位，但还是应该以教师指导的学习为主	2821人（44.15%）	3569人（55.85%）
6	对我们教师来说自主学习都挺难，对幼儿来说则更难	1493人（23.36%）	4897人（76.64%）
7	班级中聪明的幼儿经常会自主发起学习活动，但是不够聪明的幼儿很难主动发起学习	1609人（25.18%）	4781人（74.82%）

尽管这个调查问卷很简单，但分析调查结果还是会发现很多问题，值得我们深思和反省。

1. 幼儿的学习与读书识字没有直接关系

在经过了近几十年的幼儿教育"去小学化"历程后,幼儿教师们普遍都能认识到幼儿的学习不只是读书识字,而是具有更广泛的含义。幼儿主要是通过直接感知、亲身体验和动手操作来学习的。不过,我们在调查中发现,仍然有 2.13% 的教师认为"幼儿的自主学习就是自己读书",有 13.05% 的教师认为"幼儿很难进行自主学习,因为幼儿不识字,所以无法进行独立的阅读学习"。这两个问题反映了幼儿教师如何理解幼儿的自主学习,说明还有很多教师把幼儿的自主学习局限于阅读,把自主学习与识字联系在一起,把识字和阅读等同起来。其实,阅读和识字是两回事。幼儿阶段的读物以图画书为主,幼儿的阅读主要是读图,因此不识字一样可以独立阅读。

这个调查结果也让我们明白,为什么在《幼儿园教育指导纲要(试行)》《3—6 岁儿童学习与发展指南》颁布了若干年后的今天,幼儿教育"小学化"现象在很多地域仍然屡禁不止。"为了满足家长的需求,不得已而为之",笔者在很多场合听到园长、教师这样抱怨。实际上,幼儿教师自身的专业素养不足才是制约问题的关键。

2. 游戏有利于学习

学习与游戏并不对立,游戏蕴含丰富的教育契机,是幼儿自主学习的主要路径。"以游戏为基本活动"的幼儿教育原则和理念已经深入人心,被广大幼儿教师接纳,这是令人欣喜和备受鼓舞的进步。但是,对于游戏与幼儿自主学习的关系,很多教师认识不到位。在调查中,有 19.19% 的幼儿教师认为,"让幼儿自由自主地游戏很轻松、很容易,但是让幼儿自主学习很难,几乎不可能"。从这一结果可以看出,很多教师并没有真正理解游戏就是幼儿的学习,而且是最适合 3—6 岁幼儿发展特点的学习方式,游戏中蕴含丰富的学习契机,游戏中充满了探究和解决问题的情境,幼儿可以通过游戏获得认知、动作、情绪情感、个性与社会性等多方面的学习经验和发展。

案例 孤军奋战到底的小女孩

户外游戏时,一个大班小女孩拿了一架合梯,然后努力往上面放一个双折垫。因为梯子高,垫子重,所以她很难一下子就把垫子放上去,前前后后花了十几分钟才成功。但是,她并不满足,又增加一架合梯,结果这架合梯与前一架合梯高度不同,导致垫子倾斜了。当她发现这个问题时,撤掉了这架合梯,重新换了一架一样高的合梯,然后把垫子拉到合梯上。历时近 20 分钟,她终于搭建了一个有屋顶的房子。她躺进去,感到极为满足和惬意!

孤军奋战到底的小女孩

从她身上我们看到，游戏中的孩子也是自主学习的孩子，游戏中蕴含丰富的学习契机。

——山东科技大学幼儿园　于雷平

实践链接：扫描二维码观看上述案例的视频，分析这个案例中的小女孩通过游戏学习了什么，讨论户外游戏中蕴含哪些学习与发展契机。

3. 面向未来的幼儿教育，自主学习与自主游戏同样重要

人类从出生就开始了学习，且持续一生。学习意识、学习品质、学习能力对人的一生发展和幸福至关重要。但是，在调查中我们发现，很多教师对于幼儿学习的重要性在认识上存在偏差。比如，有 9.48% 的教师认为，"幼儿园应该以游戏为基本活动，所以学习不重要"。如果这一观点出自社会大众之口尚且可以理解，因为很多家长到现在依然认为"幼儿园学什么！吃好、玩好就行""幼儿教师就要看好孩子"，他们不懂得游戏中蕴含着学习机会。然而，如果这样的声音来自幼儿教师队伍，就必须引起我们的警惕和反思。

当我们面向未来思考今天的幼儿教育时，我们必须认识到，如何为幼儿一生的学习与发展奠定坚实的基础，以及如何让幼儿具备可持续发展的动力和能力至关重要。当我们面向未来的教育思考今天的幼儿教师时，我们发现，他们在专业素质的提升上还有很长的路要走。

4. 幼儿的自主学习伴随幼儿生活和成长的全过程，与成人的学习不同

从呱呱坠地起，儿童就开始运用各种感官探索这个世界，比如，学习协调动作、说话、吃饭、穿脱衣服、与小朋友建立友谊……自主学习难吗？是的，因为掌握任何一项技能都需要反复地练习，比如，幼儿需要很多年才能学会协调动作和熟练使用语言，学习调控自己的情绪情感和社交技能甚至需要花费一生的时间。但是，好像又不难，因为幼儿是在生活和游戏中自然而然地学习的，学习就是他们的生活。然而，调查发现，高达 23.36% 的教师认为，"对我们教师来说自主学习都挺难，对幼儿来说则更难"。19.19% 的教师认为，"让幼儿自主学习很难，几乎不可能"。这告诉我们，在认知层面，很多幼儿教师把幼儿自主的学习与成人的学习放在一起同等看待。同时，它也反映了幼儿教师的畏难情绪。在幼儿教育实践中，应对幼儿的自主学习问题确实比自主游戏要复杂得多，需要教师持续不断地进行专业学习和开展反思性实践。

5. 幼儿是学习的主体，教师可以指导幼儿的学习，但不应主导

在世界范围内，教育改革的基本趋势是越来越尊重儿童的主体性，认可儿童作为积极、热情、主动的学习者的地位和价值。"每一个儿童天生就是有准备、有能力且有热情的学习者。我们的工作就是致力于帮助不同个性特点、不同家庭背景的儿童开发学习潜能。"[①] 但是，在我国，幼儿教育理念与实践之间的差距仍然很大。本次调查发现，高达 44.15% 的教师认为，"学前阶段的学习，虽然应该尊重幼儿学习的主体地位，但还是应该以教师指导的学习为主"。这说明尽管教师们口头上认可幼儿的主体地位，经常把"教育教学应该以幼儿为本"挂在嘴边，但在内心里并没有真正把幼儿当作学习的主体，并没有认识到自主学习的必要性和价值，所以才会一味地坚持"以教师指导的学习为主"。幼儿教育实践中，那些"尊重幼儿主体地位的教师指导"也很容易变成"教师主导""教师控制"的教学常态。

6. 尊重幼儿的个体差异

幼儿在自主学习方面虽然存在个体差异，但通常会发起学习并积极投入其中。"尊重幼儿的个体差异"，几乎每一位幼儿教师都能随口说出这项教育原则。但是，何为尊重呢？尊重是认可和接纳，是了解和理解，也是欣赏和鼓励。如果我们对幼儿的尊重仅仅停留在口头上，就会把他们分成"聪明"和"不聪明"两类，进而导致对幼儿和幼儿学习的偏见。本次调查发现，有 25.18% 的教师认为"班级中聪明的幼儿经常会自主发起学习活动，但是不够聪明的幼儿很难主动发起学习"。请问下面列举的幼儿行为，算不算幼儿的自主学习？

※ 自己选择阅读区的图书进行阅读

[①] 莫勒特. 有效早期学习的特点：帮助幼儿成为终身学习者 [M]. 王兴华，等译. 北京：北京师范大学出版社，2019.

- ※ 自己打开一盒益智玩具开始玩
- ※ 搭积木
- ※ 尝试把自己的游戏过程画下来，并讲给别人听
- ※ 反复尝试扣上衣服的扣子
- ※ 幼儿之间讨论什么样的汽车最厉害
- ※ 在户外活动时兴致勃勃地观察蚂蚁
- ※ "三八"妇女节时，制作一份礼物送给妈妈

......

如果我们认为以上行为是幼儿自主学习的表现，那么我们就会发现任何一个正常发展的幼儿都会主动发起学习，而且兴致勃勃地投入其中，有自己的体验和收获。如此说来，<u>重塑教师的教育理念</u>，也包括消除教师对自主学习和幼儿的偏见。

实践链接：对班级里你认为最弱的那个幼儿进行半日观察，记录他的主要言行，分析他的兴趣和他在自主学习方面的表现，了解他的优势和弱势，并尝试与家长沟通，共同找到可用于支持和帮助他的具体策略。

（二）期待：教师成为"更多识的他人"

"更多识的他人"一词来自苏联心理学家列夫·维果茨基（Lev Vygotsky）的社会文化理论，他强调儿童学习的社会本质，即儿童的学习离不开环境、文化和周围人的影响，需要身边"更多识的他人"（父母、教师、年长的儿童等）的"指导性参与"。从上文的调查结果不难发现，现阶段幼儿教师关于儿童学习的理念和实践指导智慧与我国的幼儿教育发展目标相距甚远，幼儿教师自身的自主学习意愿和终身学习能力也有待提高。

1. 成为幼儿的示范者和引领者

教育幼儿是一项复杂的工作，需要受过良好教育和具备较高素养的教师来承担。很多人错误地以为，幼儿对世界了解得很少，所以教师对世界的了解也不需要太多。事实并非如此。幼儿教师所应具备的学识水平应该比任何一个学段的教师都高，因为幼儿园不是分科教学，也不存在分科教师，所以幼儿园教师需要通晓幼儿学习的所有领域。另一个原因是，3—6岁幼儿更易受教师的影响，其品德养成、能力提升都需要教师身体力行的示范和引领。

优秀的幼儿教师需要掌握以下知识，才能成为"更多识的他人"。

幼儿发展知识

21. 了解关于幼儿生存、发展和保护的有关法律法规及政策规定。

22. 掌握不同年龄幼儿身心发展特点、规律和促进幼儿全面发展的策略与方法。
23. 了解幼儿在发展水平、速度与优势领域等方面的个体差异，掌握对应的策略与方法。
24. 了解幼儿发展中容易出现的问题与适宜的对策。
25. 了解有特殊需要幼儿的身心发展特点及教育策略与方法。

幼儿保育和教育知识

26. 熟悉幼儿园教育的目标、任务、内容、要求和基本原则。
27. 掌握幼儿园各领域教育的学科特点与基本知识。
28. 掌握幼儿园环境创设、一日生活安排、游戏与教育活动、保育和班级管理的知识与方法。
29. 熟知幼儿园的安全应急预案，掌握意外事故和危险情况下幼儿安全防护与救助的基本方法。
30. 掌握观察、谈话、记录等了解幼儿的基本方法和教育心理学的基本原理和方法。
31. 了解0—3岁婴幼儿保教和幼小衔接的有关知识与基本方法。

通识性知识

32. 具有一定的自然科学和人文社会科学知识。
33. 了解中国教育基本情况。
34. 具有相应的艺术欣赏与表现知识。
35. 具有一定的现代信息技术知识。

——《幼儿园教师专业标准（试行）》

幼儿教师只有具备《幼儿园教师专业标准（试行）》中所提出的专业知识，才能在长期的教育实践中不断地提升自己的专业能力和实践智慧。此外，"更多识的他人"需要教师拥有自主学习的意识和能力，将学习视为自己生活的必需品，就像吃饭睡觉一样不可缺少。

2. 成为主动、热情的终身学习者

《幼儿园教师专业标准（试行）》和《幼儿园园长专业标准》都强调教师和园长应具备终身学习的理念，成为主动、热情的终身学习者。关于这一部分，我们将在本书最后一章进行重点阐述，这里主要谈一谈阅读的重要性。成年人的学习通常指向阅读，因为阅读是最省力的一种学习方式。借由阅读，我们可以与每个时代最伟大的人物"对话"。如果一个人能把阅读作为一种生活方式，那么他将拥有不一样的生命历程和人生状态。构建学习型组织和社会，需要我们每个人的努力。汤勇老师在《致教育：不忘初心，让教育回家》一书中谈到当下教育实践中的一种可怕现象，令人深思。他说："当下教育最大的问题就是教师不读书，最应该读书的教师群体，却成了远离阅读的一个群体，而其

中最该读书的年轻教师，更成了一个疏于读书、荒于读书或者根本不读书的群体。""在学校里最可怕的是一群不读书、缺乏智慧的教师在辛勤甚至忘我地工作着，因为这样的教师会辛辛苦苦地把本来聪明的学生教得不会学习。"①

实践链接： 苏联作家高尔基（Gorky）说："每一本书都是一个小小的梯子，我向这上面爬着，从兽类到人类，走到更好的理想境地，到那种生活的憧憬的路上来了。"请盘点近一年来你的阅读和学习成就，找到一个学习榜样，并为自己制订一份学习计划，每天进步一点点，让自己成为幼儿最好的榜样和"更多识的他人"。

3. 保持对外部世界的敏感和热情

幼儿对外部世界充满了探究的热情，当他们的热情得到教师的爱护、关注和支持性回应时，幼儿原本偶然的好奇就会变成持续的求知和深度学习。关于如何给予幼儿"支持性回应"，我们将在学习品质和学习能力章节中进行具体阐述。《幼儿园保育教育质量评估指南》针对"师幼互动"这一关键指标列出的以下两条"考查要点"，能给我们一些启发：

29. 善于发现各种偶发的教育契机，能抓住活动中幼儿感兴趣或有意义的问题和情境，能识别幼儿以新的方式主动学习，及时给予有效支持。
30. 尊重并回应幼儿的想法与问题，通过开放性提问、推测、讨论等方式，支持和拓展每一个幼儿的学习。

——《幼儿园保育教育质量评估指南》

英国学者海伦·莫勒特（Helen Moylett）指出，"要想让儿童爱上学习，自己首先要爱上学习；要让儿童学会思考，自己首先要善于思考。正如丽莲·凯兹（Lilian Katz）所述：如果教师想让学生习得探究的品质，如调查、假设、实验、猜想等，他必须让学生看到自己就是这样有科学精神、乐于探究的人"②。

总之，受年龄限制，幼儿的自主学习需要一定程度的教师支持和引导。教师应在了解幼儿的愿望、需要和已有经验的基础上，通过保障充足的时间、创设环境、提供材料、协助其参与小组互动、提出启发性问题、引导讨论等方式，支持和鼓励幼儿与环境、材料或人互动，在直接感知、亲身体验与实际操作的过程中获得经验，提升认识和促进发展。

实践链接： 请对照上文审视自己是不是那个能支持和推动幼儿自主学习与发展的"更多识的他人"，反思自己或幼儿园教师团队的现状，写出学习和提升自己的近期（一学期）、中期（1~3年）目标及具体方案。

---

① 汤勇. 致教育：不忘初心，让教育回家 [M]. 武汉：长江文艺出版社，2017.
② 莫勒特. 有效早期学习的特点：帮助幼儿成为终身学习者 [M]. 王兴华，等译. 北京：北京师范大学出版社，2019.

与幼儿一样拥有好奇心和探究热情的教师，会带动更多幼儿一起成为终身学习者

山东省淄博市齐丰幼儿园

二、自主学习视野下的幼儿园课程变革

幼儿的自主学习必定发生在幼儿园课程视野下，受幼儿园课程现状的影响。如果幼儿园的课程仍然执着于课程文本（即教材）的教学，那么幼儿的学习就会局限于课程文本，学习的主要场域发生在课堂，基本方式就是"教师讲，幼儿听；教师问，幼儿答"。这样的幼儿园课程虽然注重幼儿的学习，但违背了3—6岁幼儿身心发展的特点和规律，对幼儿学习的理解过于窄化，忽略了幼儿作为学习主体的能动性，既不利于幼儿健康全面的发展，也会扼杀幼儿主动学习的热情和积极性，不利于幼儿的终身可持续发展。

"新中国成立以来，我国幼儿园课程经历了三轮大规模改革，即新中国成立初期的学习重建、改革开放至20世纪末的课程复生、21世纪以来的多元化实践。幼儿园课程改革的主要特点包括：课程目标从重视社会取向发展为兼顾儿童取向，课程内容从静态分科发展为动态活动，课程实施从外部灌输式转向内部主动式，课程评价从结果性评价转向发展性评价。"[①]

幼儿园课程变革的整体趋势就是遵循幼儿发展的规律和特点，不仅关注教师教什么

---

① 孙蕾蕾. 新中国幼儿园课程改革的历程、特点与展望［J］. 中国教师，2020（02）.

和怎么教，更关注幼儿是怎样学习的。从幼儿学习的视角看幼儿园课程的变革，课程目标应指向对幼儿终身发展更有意义的学习品质与学习能力的提升，课程内容应更强调生活性、整体性、关联性与动态性的活动而非静态的知识，课程实施应更强调让幼儿在行动中学习而非端坐静听，课程评价应更强调过程性与发展性而非固化的结果，不仅要关注预设的课程，而且关注追随幼儿的、更具有园本或班本特色的生成式"活课程"。

（一）课程目标：指向幼儿学习品质与学习能力的提升

就某些方面而言，课程目标就是教育目标的具体体现，简单地说，就是培养一个什么样的人的问题。《幼儿园工作规程》强调，幼儿园应"实施德、智、体、美等方面全面发展的教育，促进幼儿身心和谐发展"。其中，"全面"强调幼儿发展的整体性，不可偏废任一方面；"和谐"强调幼儿身心发展的内在有机联系与各方面发育的相融性。

幼儿园课程目标应指向学习品质与学习能力的提升，因为学习品质与学习能力贯穿幼儿各方面发育和一生发展的全过程，具有内隐性、持续性、广泛性和深入性等特点，是幼儿"乐学""会学"的关键。

> 重视幼儿的学习品质。幼儿在活动过程中表现出的积极态度和良好行为倾向是终身学习与发展所必需的宝贵品质。要充分尊重和保护幼儿的好奇心和学习兴趣，帮助幼儿逐步养成积极主动、认真专注、不怕困难、敢于探究和尝试、乐于想象和创造等良好学习品质。忽视幼儿学习品质培养，单纯追求知识技能学习的做法是短视而有害的。
>
> ——《3—6岁儿童学习与发展指南》

学习品质不是指幼儿要学习的知识或技能本身，它关注的是幼儿如何学习，是隐含在学习过程中影响学习效果的那些基本态度、倾向和素质。《3—6岁儿童学习与发展指南》关于幼儿学习品质的课程目标主要体现在说明部分，也隐含在各领域的"目标"和"教育建议"之中，是各领域课程的主要目标之一。比如：

※ 喜欢接触大自然，对周围的很多事物和现象感兴趣
※ 喜欢接触新事物，经常问一些与新事物有关的问题
※ 能自觉遵守基本的安全规则和交通规则
※ 对生活中常见的标识、符号感兴趣
※ 专注地阅读图书
※ 喜欢与他人一起谈论图书和故事的有关内容

学习能力并不是指单纯的某一种能力，而是学习者适应学习活动、完成学习任务、达成学习目标所需要具备的各种综合能力的总称。它既包括观察力、注意力、记忆力、

思维力、表达力等基本智力要素，又包括问题解决能力、创造与创新能力、自我管理能力、交流合作能力、信息获取与运用能力等现代社会强调的多元综合能力。学习能力不能脱离学习品质而单独存在，学习能力的提升离不开学习品质的支持，积极的学习品质不仅能够推动幼儿学习能力的发展，更有助于幼儿成为优秀的自主学习者。

《3—6岁儿童学习与发展指南》关于学习能力的课程目标，尽管没有像学习品质那样在说明部分重点强调，但却体现在各领域的目标中，而且是各领域目标的核心内容，比如：

* 能较快融入新的人际关系环境
* 能助跑跨跳过一定距离，或助跑跨跳过一定高度的物体
* 能对事物或现象进行观察比较，发现其相同与不同
* 能通过数数比较两组物体的多少
* 能通过实物操作或其他方法进行10以内的加减运算
* 欣赏艺术作品时会产生相应的联想和情绪反应
* 能用多种工具、材料或不同的表现手法表达自己的感受和想象
* 艺术活动中能与他人相互配合，也能独立表现

以科学领域的发展目标为例，《3—6岁儿童学习与发展指南》的科学探究方面仅有三条目标：亲近自然，喜欢探究；具有初步的探究能力；在探究中认识周围事物和现象。其中，第一条目标重点指向学习品质，第二条目标重点指向学习能力，第三条目标指向知识与经验的获得。

认真分析《3—6岁儿童学习与发展指南》对于课程目标的描述，我们就会发现任何一个领域的首要目标就是学习品质，其次是学习能力，之后才是知识技能。这并非指知识、技能的学习不重要，它是学习过程的自然结果。一个具备积极的学习品质和学习能力的幼儿，能够在各种各样的学习活动过程中获得相应的知识和技能。

北京师范大学冯晓霞教授在文章中谈到，"2016 世界经济论坛预测了 2020 年人类最关键的十大能力，分别是：1. 解决复杂问题；2. 批判性思维；3. 创造力；4. 人际关系；5. 协调能力；6. 情商；7. 判断和决断力；8. 服务导向；9. 谈判；10. 认知弹性。而排在第3位的创造力，在 2015 年认为的最关键的十大能力中排在最后一位"[①]。

2020年已经过去，面对日益复杂、加速变化的时代挑战和国际格局，我们必须认真思考：我们是否把培养什么样的人放在了课程的首位？哪些品质和能力能够支持一个人走向未来，应对更复杂的挑战？答案无疑是幼儿的学习品质和学习能力。

实践链接：观察并记录园所同事组织的一次活动，分析活动中幼儿表现出来的自主性、学习品质和学习能力，尝试讨论完善活动的具体策略。

---

① 冯晓霞. 幼儿园课程改革回顾与展望［J］. 学前教育，2019（04）.

（二）课程内容：更强调生活性、整体性、关联性和动态性

课程内容解决的是教什么和学什么的问题，它一直是幼儿园课程的焦点问题，也是近几十年来有关幼儿教育"小学化"老生常谈的问题之一。幼儿园课程内容具有生活性、整体性、关联性和动态性等特点。

1. 生活性

幼儿的学习以直接经验为主，对符号化的书面知识的学习并非幼儿学习的主要任务和内容。陈鹤琴先生认为，幼儿园课程内容的选择应注重幼儿的生活环境，以大自然和大社会为中心。自然环境包括动物、植物和各种自然现象，社会环境强调幼儿经常接触的、与幼儿能产生联结的环境，如家庭、集市、节日、庆祝会等。建构幼儿园课程时反对一味地照搬国外的某些课程模式，也是因为其环境和文化的适宜性问题。幼儿园课程内容应来自幼儿自己的生活和游戏，与幼儿的需要和兴趣紧密相连。

2. 整体性

在编制幼儿园课程的过程中，我们不应盲目追求所谓的特色课程，仅仅凸显某一专长的学习与发展，而应立足于幼儿身心健康和谐发展的总体目标进行设计和规划，既关注幼儿的身体和动作发展、认知发展，也关注幼儿的个性、情绪情感、社会性等方面的发展。

关注幼儿学习与发展的整体性。儿童的发展是一个整体，要注重领域之间、目标之间的相互渗透和整合，促进幼儿身心全面协调发展，而不应片面追求某一方面或几方面的发展。

——《3—6 岁儿童学习与发展指南》

关注幼儿学习与发展的整体性，注重健康、语言、社会、科学、艺术等各领域有机整合，促进幼儿智力和非智力因素协调发展，寓教育于生活和游戏中。

——《幼儿园保育教育质量评估指南》

《3—6 岁儿童学习与发展指南》和《幼儿园保育教育质量评估指南》都明确强调了幼儿学习与发展的整体性，反对片面追求某一方面或几方面的发展。这也是世界各国学前教育课程改革的基本走向，比如，澳大利亚 2009 年颁布的《归属、存在和成长：澳大利亚儿童早期学习框架》提出了"五项学习成果"，亦即儿童学习的预期，共包括五个方面："儿童有强烈的自我认同感；儿童与其周围世界相联系并对其有所贡献；儿童有强烈

的幸福感；儿童是自信和积极参与的学习者；儿童是有效的交流者"[①]。

澳大利亚的儿童早期学习框架更关注儿童的整体发展，强调儿童的自我认同感、幸福感，培养儿童成为积极自信的学习者和交流者，值得我们学习和借鉴。

3. 关联性

课程内容的关联性强调的是课程内容之间的有机联系和相融互补。《3—6岁儿童学习与发展指南》要求"注重领域之间、目标之间的相互渗透和整合"，《幼儿园教育指导纲要（试行）》强调"各领域的内容相互渗透，从不同的角度促进幼儿情感、态度、能力、知识、技能等方面的发展"。既然幼儿的发展是一个整体，那么幼儿的学习也必然是相互关联的，而非割裂的学科或领域。幼儿的任何活动都能体现出这种关联性。比如，当幼儿画画时，他是在进行美术领域的活动，但在这个过程中，他可能会观察想要画的某个物体，发现颜色调配发生的变化，感知上下左右的空间变化，运用几何形状进行创作，与周围的小伙伴进行交流互动，把自己的作品编成一个故事讲给别人听……这个活动涉及美术、科学、社会、语言等多个领域的学习。在游戏时，幼儿更会调动多方面的经验解决遇到的问题和矛盾冲突，获得多个领域的学习。因此，无论幼儿园采用主题课程、单元课程、项目活动、以游戏为中心的课程还是其他模式，都应该注意内容之间的有机联系，不要人为地将它们割裂开。

4. 动态性

课程内容的动态性既强调课程内容的动态变化性，也强调课程内容指向动态的活动而非静态的知识。首先，幼儿园的课程不是固化在书本上的教学内容，教师不应成为"教书匠"。幼儿园选择一套课程文本供教师借鉴，或者探索形成自己的园本课程并通过文本形式将其呈现出来，不是不可以，而是不应该成为课程的唯一，也不应该长期固定不变，忽略了幼儿的生活变化、幼儿作为课程主体的体验、课程的生成性和互动性。其次，幼儿园的课程内容应该是幼儿全身心积极参与的动态活动，只有活动才能给幼儿带来最真切的感知和体验，并让幼儿有多方面的收获和成长。南京师范大学虞永平教授认为，幼儿园"课程的基础是生活，核心是活动，特质是全面性、关联性、协同性和应变性。幼儿园课程没有国家课程，国家要求幼儿园在《幼儿园工作规程》《幼儿园教育指导纲要（试行）》《3—6岁儿童学习与发展指南》的指引下，从本园实际出发，考虑幼儿、教师及环境资源等特点，因园制宜地选择和组织课程内容"[②]。

实践链接：请结合上文关于课程内容的几个要点，对照分析自己所在幼儿园或班级的课程内容是否存在问题，是否需要完善，应在哪些方面做出实质性的改变。

---

① 员春蕊，王小英. 澳大利亚儿童早期学习框架的性质、内容与特点［J］. 学前教育研究，2014（05）.
② 虞永平，朱佳慧. 尊重学前教育规律是推进幼儿园课程改革的根本问题——南京师范大学虞永平教授访谈录［J］. 江苏幼儿教育，2018（02）.

（三）课程实施：更关注幼儿在行动中学习

幼儿园教育应尊重幼儿的人格和权利，尊重幼儿身心发展的规律和学习特点，以游戏为基本活动，保教并重，关注个别差异，促进每个幼儿富有个性的发展。

——《幼儿园教育指导纲要（试行）》

幼儿园的课程既然是动态的活动，就必然关注幼儿的行动，即让幼儿在感知、体验、实验、操作、调查、游戏等丰富多彩的活动中获得经验与发展。"课程就是做事，就是做幼儿力所能及的、能感受挑战的、能感受到趣味的、有思维参与的事。课程是行动的过程，是不断获得经验的过程，也是环境、材料不断被利用的过程，在这个过程中，主要的不是教师说什么和做什么，而是幼儿说什么和做什么。良好的幼儿园课程会不断地促发幼儿的兴趣，催生新的活动，能让幼儿专注地投入当前和不断生发的行动中去。"[1]

1. 课程实施的重点是行动

幼儿园课程实施的重点是行动，就是让幼儿动起来，从做事中学习。在过去的很多年里，幼儿园课程在实施过程中，尤其是在集体教学活动中，教师认为幼儿最好能端端正正地坐着听讲，甚至会在活动过程中反复停下来整顿纪律。"小手放在膝盖上，小眼睛看着老师"成为很多教师的口头语。实际上，教师忽略了幼儿的学习特点，幼儿的有意注意时间短，也并不具备单纯通过倾听词汇和概念进行学习的能力。所以，给予幼儿行动的机会，让幼儿通过动手感知、亲身体验和实际操作来学习很重要。

2. 课程实施应从幼儿出发

幼儿园课程实施应从幼儿的经验出发，遵循幼儿的兴趣，开展幼儿感兴趣的活动。陈鹤琴先生提出，幼儿园课程就是"五指活动"，即健康活动、语言活动、社会活动、科学活动和艺术活动，它们就像人的五根手指，各不相同但又缺一不可，相互关联、相互配合、灵活应变。这"五指"长在幼儿的手掌上而非成人的手掌上，因此，成人需谨记，幼儿园课程来自幼儿的生活且是幼儿感兴趣的活动，只有与幼儿已有经验链接的、有趣味的活动才能让幼儿全身心地参与，并持续地行动下去。

---

[1] 虞永平，朱佳慧. 尊重学前教育规律是推进幼儿园课程改革的根本问题——南京师范大学虞永平教授访谈录[J]. 江苏幼儿教育，2018（02）.

山东省商务厅幼儿园
操作玩具材料是幼儿感兴趣的活动,是幼儿的自主学习方式之一

3. 课程实施应注重鲜活生动、多样化的活动

"鲜活生动"的课程是幼儿感兴趣且积极参与的课程,是在幼儿与环境、材料、同伴不断的互动中生成的。所以,从本园实际和班级幼儿的生活出发,因地制宜开展适合的活动是幼儿园课程的必然;"多样化"的活动是幼儿园课程的基本样态,生活、游戏、教学都是课程的组成部分,感知、体验、操作、参观、调查、实验、阅读、表达、讨论、表演、展览都是幼儿的行动方式和学习方式,不可偏废。

四川省绵阳市花园实验幼儿园
幼儿在观察、记录、交流中学习

广东省广州市番禺区东城幼儿园

幼儿在尝试用管子运水的过程中学习

山东省商务厅幼儿园
幼儿在拍球中学习

4. 幼儿的行动必须与思维建立联系

幼儿的行动只有与思维建立联系，才能走向课程。幼儿园课程实施强调行动和让幼儿做事，但不止于此。现阶段我们去幼儿园确实会看到幼儿热热闹闹的活动景象，但细看之下发现仅此而已，幼儿热闹的活动背后缺乏理念引领，缺乏对行动深入的思考，也缺乏基于对行动反思的继续推进。"幼儿园课程是一个以思考为纽带的和谐的行动结构，而不是知识结构，只有与行动结合才可能是经验的，只有真正转化为行动的知识结构才称得上是真正的幼儿园课程结构。幼儿园课程结构有别于中小学课程结构，它是以幼儿发展为导向，以经验获得为过程和目的的动态结构。"[1] 在行动中投入思考，让思维链接行动与发展才能真正体现幼儿园课程的价值。

5. 幼儿在行动中学习需要环境和资源的支持

摈弃端坐静听的被动学习方式，给予幼儿多样化的充分活动机会，让幼儿在有意义的行动中学习，不仅需要教师转变观念，还需要能满足幼儿需要和兴趣的环境与课程资源的支持。没有图书，幼儿无法通过阅读活动进行学习；没有种植饲养的动植物，幼儿无法通过观察直观地了解动植物的生长变化过程；没有益智和科学玩具材料，幼儿无法通过实验和操作活动建构基本的数量、空间和科学经验；没有攀爬、平衡设备，幼儿就没有机会练习攀爬、平衡等动作；幼儿园或周围环境中没有花草树木，幼儿就没有机会感知大自然的四季变化，无法与大自然建立亲密联结……所以，环境与课程资源的建设是幼儿园课程建设的重要组成部分。

丰富的玩具材料为幼儿通过操作和体验来学习提供了基本保障

---

[1] 虞永平，朱佳慧. 尊重学前教育规律是推进幼儿园课程改革的根本问题——南京师范大学虞永平教授访谈录[J]. 江苏幼儿教育，2018（02）.

四川省成都市第十六幼儿园
玩具材料的品质在一定程度上决定幼儿学习的结果和质量

山东科技大学幼儿园

山东科技大学幼儿园

环境与课程资源的建设不局限于幼儿园内部，还包括对周边自然资源和人文资源的挖掘

一个精心规划的环境应该包括以下内容①：

* 开放式的可访问资源，即材料可以通过多种不同的方式被使用
* 资源应该支持儿童当下的兴趣与热情
* 可以用不同的方式使用空间，这样儿童可以将空间和他们的学习建立联系
* 安静的、看起来平和的区域
* 环境中有儿童熟悉的、最喜欢的资源，但也定期更换新奇的、不常见的资源让儿童去调查和探索，特别是那些与他们当前兴趣有关的资源
* 有激发儿童好奇心和内在动力的资源，促进儿童的深度参与

---

① 莫勒特. 有效早期学习的特点：帮助幼儿成为终身学习者[M]. 王兴华，等译. 北京：北京师范大学出版社，2019.

※ 建立灵活的常规，确保儿童有机会深入参与户外游戏

※ 让儿童在一段时间内重新审视活动

好奇、爱动、乐于探索是每个幼儿的天性，他们需要时间、空间与周围环境中的人和物进行充分互动，进而建构经验，获得学习与发展。英国的《早期基础阶段法定框架》用一个简单的公式来表达这一过程（见图2.1[①]）。

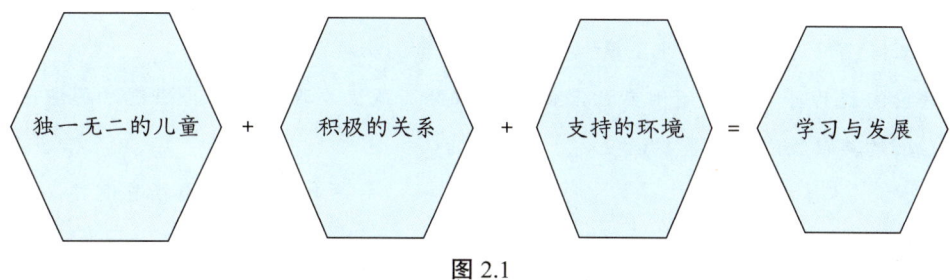

图 2.1

陈鹤琴先生指出，"'活教育'的教学过程，可以分作四个步骤：一是实验，二是参考，三是发表，四是检讨。每个小朋友都应当有一本自己的工作簿，在工作簿上编自己的教材。譬如一个小孩子，他研究一只活的青蛙，这种研究和观察的工作就是第一个步骤'实验'。但是这种实验是不够的，他还需要更多的参考书，什么关于青蛙生活的科学小品呀、故事呀、儿歌呀，他要这一类的书，这是他在做他的'参考'工作，也就是教学过程的第二个步骤。他在参考了这些书之后，可以写一篇关于青蛙生活的报告，或者编一个木偶戏或故事，或者是童话，或者是演一幕自编自导的关于青蛙的小小戏本，这就是教学过程的第三个步骤。在这一步骤之后，老师就和小朋友一起检讨这一个学习过程，这就是第四个步骤了"[②]。

实践链接：请用1小时观察某一个班级幼儿的活动（生活、游戏、教学皆可），分析教师为幼儿提供了哪些动手做或参与活动的机会和条件，并为教师提出建议。

（四）课程评价：更强调过程性与发展性

注重过程评估。重点关注保育教育过程质量，关注幼儿园提升保教水平的努力程度和改进过程，严禁用直接测查幼儿能力和发展水平的方式评估幼儿园保育教育质量。

——《幼儿园保育教育质量评估指南》

[①] 莫勒特. 有效早期学习的特点：帮助幼儿成为终身学习者[M]. 王兴华，等译. 北京：北京师范大学出版社，2019.

[②] 陈鹤琴. 活教育[M]. 南京：南京师范大学出版社，2012.

曾经有很长一段时间，贯穿所有学段的课程评价都是以目标导向的终结性评价为主，即以学生的学习结果来衡量教师的教学水平和学校的教学质量，而且把学习结果窄化为对书面知识的掌握，在学期末对学生进行书面考试或面试，记录每个学生的成绩，并汇报给家长。进入21世纪以后，以儿童为本的教育理念和多元智能理论开始盛行，学前教育评价逐步进入多元化时代。是否尊重幼儿的天性和发展规律，是否有利于幼儿的自主学习和个性发展，成为重要的课程评价标准，评价开始真正成为幼儿与课程之间的桥梁。

教育评价是幼儿园教育工作的重要组成部分，是了解教育的适宜性、有效性，调整和改进工作，促进每一个幼儿发展，提高教育质量的必要手段。

评价的过程，是教师运用专业知识审视教育实践，发现、分析、研究、解决问题的过程，也是其自我成长的重要途径。

——《幼儿园教育指导纲要（试行）》

《幼儿园教育指导纲要（试行）》和《幼儿园保育教育质量评估指南》清晰地指出，评价作为教育手段的主要功能不是给幼儿打分，评出学习成绩的高低，而是帮助教师更好地了解课程、环境及教师指导的适宜性和有效性，以利于后期调整、改进和完善工作。在这个过程中，更重要的是教师要基于对幼儿的跟进观察和对教育现场的分析，寻找自己工作中存在的问题和对策，实现幼儿与教师都能在原有基础上发展的目的。课程评价越来越强调其发展性功能。

1. 课程评价应回归教育现场，体现过程性特点

如果反对专门考核幼儿知识或技能的掌握情况，那么教师如何了解幼儿的知识或能力发展水平呢？答案是，在教与学的过程中和日常生活中进行评估，以观察、谈话、幼儿作品分析为主要手段。现阶段，我们所提倡的教师对幼儿游戏和自主学习的观察、记录，或者对某个幼儿的追踪观察、个案研究，都是这种理念的反映。美国学者芭芭拉·鲍曼（Barbara Bowman）指出，"教师应该成为观察学习、记录学习和发现问题的专家，而不能完全依赖测试"[1]。《幼儿园保育教育质量评估指南》提出，"严禁用直接测查幼儿能力和发展水平的方式评估幼儿园保育教育质量"。

聚焦班级观察。通过不少于半日的连续自然观察，了解教师与幼儿互动情况，准确判断教师对促进幼儿学习与发展所做的努力与支持，全面、客观、真实地了解幼儿园保育教育过程和质量。外部评估的班级观察采取随机抽取的方式，覆盖面不少于各年龄班级总数的三分之一。

——《幼儿园保育教育质量评估指南》

---

[1] 鲍曼，等. 渴望学习：教育我们的幼儿[M]. 王亦东，等译. 南京：南京师范大学出版社，2006.

2. 课程评价应关注幼儿的学习品质与学习能力，体现评价的发展性功能

与以往的甄别功能不同，发展性功能指评价不是为了给幼儿贴标签、划等级，而是为了更好地支持和推动幼儿的全面发展。首先，幼儿园课程评价只有摒弃单一的知识和技能评价，才能把教师从教教材的误区中解放出来，也才能让教师真正关注幼儿学什么和如何学的问题。其次，关注幼儿在活动过程中表现出来的学习品质和学习能力尤为重要，因为这是影响幼儿终身学习与发展的关键要素。最后，教师应以发展的眼光看待幼儿，既要了解幼儿的现有水平，又要关注其最近发展区，思考课程的改革和教学的支架设计。

3. 课程评价应关注幼儿发展的个体差异，避免用一个标准评价所有幼儿

幼儿的发展存在极大的个体差异。《3—6岁儿童学习与发展指南》强调："每个幼儿在沿着相似进程发展的过程中，各自的发展速度和到达某一水平的时间不完全相同。要充分理解和尊重幼儿发展进程中的个别差异，支持和引导他们从原有水平向更高水平发展，按照自身的速度和方式到达《指南》所呈现的发展'阶梯'，切忌用一把'尺子'衡量所有幼儿。"

4. 教师应把课程评价看成自身专业发展的路径

评价是课程建设中的重要步骤，能帮助教师识别教学过程中的问题，提升问题意识。教师应尝试运用自己的专业知识分析教育教学过程，以及班级幼儿的学习与发展，解决教育过程中存在的诸多问题，如环境和材料的适宜性问题、课程资源的挖掘问题、基于幼儿兴趣的课程引发与支持问题、师幼互动的有效性问题等。课程评价不仅指向幼儿的发展，还指向教师的专业发展。

实践链接：记录和分析班级环境的构成要素以及玩具材料的投放，通过观察幼儿的活动状况分析其适宜性，发现存在的问题，并通过教研找到完善的策略。

（五）预设课程、生成课程、园本课程与课程审议

当下，幼儿园课程改革过程中出现了很多概念，如预设课程、生成课程、园本课程与课程审议等。有些概念不需要解释，教师们就能明白，但有些概念，包括它们之间的关系，会令教师们感到困惑。因此，我们有必要澄清这些概念，厘清它们之间的关系，以便更好地践行课程改革的先进思想，提高幼儿园课程质量。

1. 预设课程

预设课程通常是指那些已经明确地出现在各种"教师指导用书"或教学计划中的活

动，也包括幼儿园已经编写成文本的园本课程。课程编排无论是按照领域还是综合，按照主题还是单元，也无论是突出地方特色还是体现传统文化，只要是计划里的活动都是预设课程。

我们虽然强调幼儿园课程应以幼儿为本，追随幼儿的兴趣和需要，但并不反对预设课程，因为本质上幼儿教育属于基础教育的一部分，幼儿园应该对幼儿实施有目的、有计划的教育，包括有目的地规划、设计课程，避免教育教学的随意性和不合理性，也避免因为个别教师的专业知识缺乏导致幼儿的学习与发展受到影响。所以，幼儿园应根据《幼儿园教育指导纲要（试行）》《3—6岁儿童学习与发展指南》的目标制订各年龄段教育教学的学期计划、月计划、周计划，预设课程，让教师做有准备的教师。"备好课"是对教师的基本要求之一。但是，伴随教育理念的转变和课程的改革，人们对于教师"备课"的理解也发生了变化。"备课"不再仅仅是写好教案、制作好教具，更重要的是教师需要从幼儿的现状（即兴趣、需要、目标）出发，反思以往的教育教学问题，有针对性地调整环境与材料，让它们支持和推动幼儿的自主学习，同时思考教学路径和方式方法的变革。教师不应把教学局限在课堂上，外出参观、实地调研、访谈、角色扮演或体验等都是很好的教学活动；教学的方式方法也不仅仅是讲授，观察、实验、操作、游戏、表征、讨论、辩论等都能调动幼儿自主学习的热情，让幼儿学到更多有关学习和思考的方法，提升幼儿的学习品质和学习能力。

此外，不能把各种课程文本当作教材。如果一味地教教材、考教材，就会忽略幼儿的主体地位和自主学习，走入幼儿教育"小学化"的歧途，与现代教育理念相背离。所有与幼儿教育有关的课程文本都只是教师的参考资料和"拐杖"，教师可以选择性地使用，并在使用的过程中加入自己的认识和创造，与自己班级幼儿的需求和经验相连接。在使用过程中，教师还要注意观察幼儿的反应，随时调整活动进程和教学策略，并及时进行反思总结，进而逐渐过渡到理解课程原理，能够追随幼儿灵活地设计和实施课程。

2. 生成课程

生成课程是与预设课程相对的一种课程模式，"是在教师、儿童、课程文本和教育情境等多种因素互动中建构生成的一种非预期、非线性的弹性课程模式"[①]。它反对停留在教材、教案上的"死"的课程，强调对幼儿天性、兴趣、经验和经历的尊重，强调幼儿与教师、幼儿与幼儿、幼儿与环境的交互性作用，具有不确定性、生成性、创造性、体验性等特点。瑞吉欧的方案教学就是典型的生成课程模式。在瑞吉欧的学前教育机构中，没有教材，也没有预设的教学内容和教学方案，课程主要是幼儿在教师的支持下，围绕

[①] 钱雨. 论生成课程的理论与实践 [J]. 教育理论与实践，2012（31）.

自己感兴趣的问题进行研究和探讨，在持续的探讨中建构自己的认知经验。

我国幼儿园生成课程的实践研究源于20世纪90年代的课程改革，在学习借鉴西方最新的课程改革经验的过程中融入陈鹤琴、张雪门、张宗麟等老一代教育家的课程改革理论与实践经验，探索幼儿教育课程改革的中国化道路。

在某种意义上，幼儿园课程发展的最高目标就是每所幼儿园、每位教师都具有课程建设的能力。他们能把《幼儿园教育指导纲要（试行）》《3—6岁儿童学习与发展指南》的目标装进心里，了解幼儿发展和教育的相关专业知识，具备课程设计和实施的专业能力，且能随时关注班级幼儿的活动兴趣和已有经验，生成与幼儿的生活紧密相连的"活课程"，让课程具有推动幼儿全面发展的实效性。

案例　田老师的草坪婚礼①

2019年10月，南京市鹤琴幼儿园的一则课程故事"田老师的草坪婚礼"在网上引起了广泛关注。中班的田老师请假要结婚，引发了孩子们对婚礼的兴趣。孩子们阅读了《天生一对》②《蚯蚓要结婚》③等绘本故事，和爸爸妈妈一起进行了"结婚经验调查"，搜集了一些和"结婚"相关的物品，参与了从婚礼筹备（婚礼现场的设计、剪喜字、做捧花、做请柬、装喜糖等活动）到婚礼现场的全过程，婚礼结束后又兴致勃勃地进行了表征和讨论交流。

这个有趣的课程故事让我们感受到了幼儿的好奇和热情，也看到了教师的课程意识。教师抓住了幼儿的问题"田老师请假去哪里了"，听到了幼儿的呼声"我想参加田老师的婚礼"，从幼儿本位的课程视角出发生成如此有趣、美好、有意义的课程。透过这个故事，我们也领略到教师与幼儿"共同生活、共同成长"的活课程文化，领悟到课程其实可以很美好，课程生成的过程就是教师、幼儿、家长共同参与的幸福生活之旅。

案例　我们和南瓜的故事

周五早上户外活动时，孩子们发现幼儿园北院院墙上挂着十几个南瓜。嘟嘟一个箭步冲了过去，没等大家反应过来，已经快速摘下挂在低处的一个南瓜，他开心地说："快看，这是我的南瓜！"

我问："为什么说是你的南瓜？"嘟嘟说："我发现的，就是

我们和南瓜的故事

---

① 姜佳佳. 田老师的草坪婚礼［J］. 幼儿教育，2020（25）.
② 该书的简体中文版已由少年儿童出版社于2016年出版。
③ 该书的简体中文版已由黑龙江美术出版社于2017年出版。

我的。"我追问道:"谁发现的就是谁的吗?白老师在草地上发现了一个钱包,钱包就是我的吗?"孩子们说:"当然不是。"

这时,小宇说:"可是,它长到我们幼儿园里了,就是我们的呀!""别人种的南瓜,长到我们园里了,就是我们的吗?"我抛出了第二个问题,吸引了更多的孩子。

以"谁的南瓜"为切入点,我们班开始了一系列探索活动:(1)谁的南瓜;(2)寻找南瓜的主人;(3)南瓜成熟了吗;(4)南瓜分男女吗;(5)大南瓜有多重。

南瓜探究小组的专用墙面

——山东省淄博市汇英幼儿园　白黎明

从上面两个案例可以看出,生成课程来自教师对幼儿的关注和观察,也源于教师课程理念的彻底转变,即从关注课程文本到关注幼儿和幼儿的生活。鉴于我国幼儿教师专业发展的现状,为避免幼儿园课程混乱,丢失幼儿教育的底线,建议教师专业水平较高的园所可以适当提高生成课程的比例,教师专业水平有待提高的园所可以降低生成课程的比例。不过,要鼓励教师在运用某些课程文本的时候增加自己的创造,使之园本化、班本化。如此说来,预设和生成不是对立的关系,而是辩证统一的关系,预设的课程可以伴随教学过程中的生成,生成课程也需要教师有一定的预设,如对幼儿的充分了解、对可能发生情况的预期假设等。

3. 园本课程

园本课程是以幼儿园为本构建的课程，它强调基于幼儿园独特的文化、历史、环境和资源，由园长、教师、幼儿、家长、专家以及社区人员共同参与构建，而非简单地选用某些课程文本。园本课程应凸显儿童本位，其目标应该是推动幼儿的全面发展。它不是简单的特色活动的堆砌，也不是本园所有教师所做活动的简单集合。"园长和教师要以科学严谨的态度对待园本课程，深化对课程内涵的理解，夯实课程建设的理论基础，掌握课程建设的方法和技术，按照园本课程的理念、特点和程序建构自己的园本课程，特别是在挖掘和利用当地自然资源和社会文化资源时，要确立儿童立场，立足儿童发展，充分考虑儿童的年龄特点，让园本课程助力儿童的童年幸福和终身发展。"[1]

园本课程既包含预设的课程，也包含生成的课程，会给予班级教师较大的空间去追随幼儿，从而不断生成更具有活力的课程。

4. 课程审议

课程审议是近几年为幼儿教育工作者所了解的一个专业术语，由美国课程专家施瓦布（Schwab）首次提出。课程审议是指课程开发的主体对具体教育实践情境中的问题反复讨论权衡，以获得一致性的理解与解释，最终做出恰当的、一致的课程变革的决定及相应的策略。[2]幼儿园课程审议，特指以幼儿园课程开发与建设为目的的审议。在我国，幼儿园没有统一的国家课程，很多地域也没有地方课程，幼儿园对课程拥有很大的决定权，很多幼儿园正在进行园本课程的建设。因此，课程研发对幼儿园来说是一项重要但却有专业难度的工作，需要园长、教师、幼儿、家长、专家、社区人员等共同参与课程审议，以解决幼儿园课程建设过程中遇到的理论和实践问题，确保课程的高质量。

（1）*课程审议的主体应是多元的*

园长、教师、幼儿、家长、专家、社区人员等拥有不同背景的多元主体参与课程审议，有助于获得更多的课程建议，拓展教师的视野，帮助教师用更多维的视角看待幼儿与课程、环境与资源以及教学与儿童发展的关系，提高课程的质量。

（2）*课程审议的过程和主要方法应是平等对话*

课程审议的本质就是通过对话、沟通和商谈等平和、理性的方式达成对课程问题的共识，对课程出现的问题和认识进行纠偏，探寻解决问题的策略。

（3）*课程审议的主要对象是课程建设和实施过程中的具体问题*

聚焦问题的课程审议才有意义，它是引发理论与课程实践碰撞，并相互沟通建立链

---

[1] 刘占兰. 当今幼儿园园本课程实践的状况与问题思考［J］. 学前教育（幼教版），2021（11）.
[2] 张华. 课程与教学论［M］. 上海：上海教育出版社，2000.

接的过程，不仅有助于课程问题的解决，而且有助于教师专业知识和实践能力的提升。幼儿园课程审议的问题不仅包括课程目标的设计、课程内容的架构、课程实施的方式方法、课程评价等大问题，还包括课程实施过程中教师遇到的具体问题，如班级区域的规划、玩具材料的提供、师幼互动的有效性等。只有贴合教育现场具体问题的对话和研讨，才能调动教师参与课程审议的主动性和积极性。

（4）课程审议是一个动态的过程，贯穿幼儿园教育全过程

课程审议需要借助多元主体的力量对教师、幼儿、课程、环境等要素的相互作用、相互影响的过程进行反复讨论和对话，它是一个动态的过程，贯穿幼儿园教育全过程（见图2.2①），伴随课程建设、课程实践全过程，是"反思＋对话＋决策＋实践"的螺旋式上升的课程研究过程。

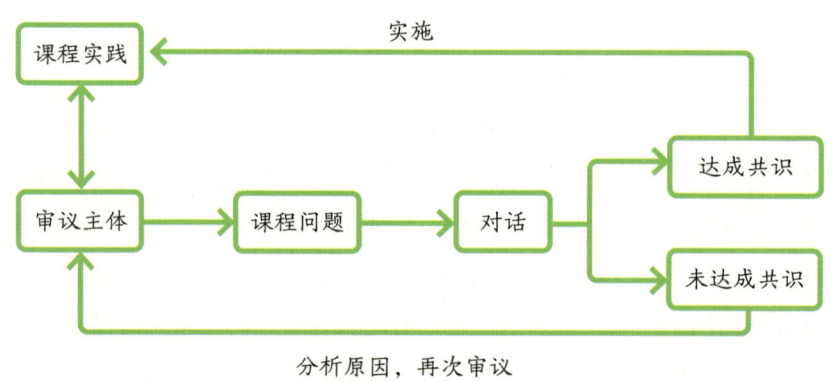

图 2.2　课程审议过程

（5）课程审议分为正规审议和非正规审议

正规审议是比较正式的课程研讨会议，参与人员更多，常常以班级审议、年级组审议、园际审议、地域（如划片教研组、区县、地市）审议的形式进行。非正规审议比较随机，参与对象可多可少，通过教师活动后的反思与交流以及教师与管理者、其他教师、专家、幼儿之间的对话等方式进行。某些幼儿园已经将教师群体课程审议制度化，课程审议已经成为教师的自觉追求和主动行为，这一民主化的环境有利于引起教师思想的碰撞和升华。②

幼儿园课程审议的必要性曾经引起一些学者的争论，其实，在我国的幼儿教育实践

---

① 张家军．论课程审议的内涵、价值取向与过程［J］．课程·教材·教法，2012（06）．
② 王少华．幼儿园课程开发中"课程审议"的实践探讨［J］．陕西学前师范学院学报，2017（07）．

中,课程审议早就存在,只是我们并没有采用"课程审议"一词,更多的时候采用的是"讨论""研讨""教研"等词语。比如,班级教师自主邀请其他班的教师和业务园长讨论班级某项活动计划或方案;业务园长召集全园教师讨论学期教学计划、月计划、周计划;园长邀请专家、家长委员会成员和老师们一起讨论幼儿园环境改造方案;教师就"六一"国际儿童节庆祝活动或毕业典礼与幼儿进行交流,探寻幼儿的意见和建议……虽然我们没有明确提出"课程审议"的概念,但上述这些工作都属于课程审议的范畴。

总之,课程是为幼儿的学习与发展服务的,幼儿园课程具有生活化、游戏化、动态化、多元化等特点,课程变革不是为了玩概念、变花样,而是为了满足幼儿的天性,激发幼儿的潜能,提升幼儿积极的学习品质与学习能力,培养未来社会所需要的、具有自主性和创造力的、身心和谐发展的人。

实践链接: 描述你参与的某一次课程审议活动,谈一谈你最大的收获是什么以及这些收获来自哪里,并对自己所在幼儿园的课程审议提出建议。

本 章 小 结

本章核心内容如下。

- 让每个幼儿都能享有公平而有质量的教育是我国学前教育事业发展的目标和方向,幼儿园教育质量提升的关键在于教师队伍专业素质的提高和幼儿园课程的变革。
- 现阶段,我国幼儿园教师对于幼儿自主学习的认识还存在很多问题,比如,对于幼儿的学习与教师的主导之间的关系、幼儿的自主学习与读书识字的关系、学习与游戏的关系等认识比较模糊,甚至是错误的,这些都会极大地影响幼儿园的课程和教师指导,影响幼儿自主学习的实际效果。
- 幼儿自主学习视野下的幼儿园课程变革,应建立在教师专业素养提升的基础上,课程目标指向幼儿的学习品质与学习能力的提升,课程内容更强调生活性、整体性、关联性和动态性,课程实施更关注幼儿在行动中学习,课程评价更强调过程性与发展性。同时,教师应清晰地了解预设课程、生成课程、园本课程的含义,通过课程审议让幼儿园课程更具有科学性和适宜性。

第三章

来自早期儿童学习理论的启示

> 有一次，在给家长做家庭教育讲座时，笔者分享了大卫·香农的经典作品《大卫，不可以》①，当讲到大卫在客厅里玩棒球，把茶几上的花瓶打碎了的情节时，我问在场的家长："假如你是大卫的妈妈，你会怎么做？"有一位爸爸毫不犹豫地站起来说："当然是揍一顿，而且要揍得狠一点，让他长记性！"有些家长并不同意这样的做法，认为过于简单粗暴，孩子打碎东西已经很害怕了，此时应该给予孩子更多的理解、包容和共情，或者给孩子一些正确的示范和引导。

无论作为家长还是幼儿园教师，我们在与孩子相处时的言行都会折射出我们的教育观念。那个想打孩子一顿的爸爸不是不爱孩子，而是想通过教训手段让他学会一些规矩。不同意这样做的家长并非不想让孩子学习规矩，而是希望基于宽容和共情给孩子一些正面的示范与引导。我们从他们身上都能够看到早期儿童学习理论的影子。

了解有关早期儿童学习的理论，将有助于我们用更多维的视角看待幼儿园的教与学，站在更高的位置审视幼儿教育的实践问题；也让我们更容易理解和接受自主学习的理念，找到突破实践的具体策略。幼儿教师经常感叹，自己的实践经验丰富，但理论水平和高度不够，往往成为制约自己专业发展的"瓶颈"。所以，了解儿童学习的重要理论非常必要。当然，仅仅了解、记忆某些理论的要点没有任何意义，幼儿教师需要学会运用这些理论去阐释幼儿的发展，反省和评估幼儿教育实践中的问题与现象。幼儿教师需要从自己的经验出发，理解理论并驾驭理论，在幼儿园一日生活的鲜活情境中践行学习理论中那些闪光的部分。

早期儿童学习理论可以为教师提供以下帮助：

* 为教师观察和分析儿童的行为提供依据
* 为教师创设适宜的学习环境提供依据
* 为教师设置适宜的课程提供依据
* 为教师恰当地应对儿童的行为、建设良好的师幼关系提供依据

---

① 该书的简体中文版已由河北教育出版社于2019年出版。

※ 为更科学、全面地评估幼儿的学习与发展提供依据

一、行为主义学习理论

注意观察父母和婴儿相处时的情形，你会发现很多父母会不自觉地教婴儿发音和词汇，如"爸爸""妈妈""奶奶""爷爷""水杯""汽车""小猫咪"……想一想，我们是如何学会用勺子或者筷子吃饭的？如何学会写自己的名字的？如何学会过马路时走人行横道的？这里的"教"和"学"行为都可以在行为主义学习理论中找到解释。

美国心理学家华生（Watson）在1913年进行了题为《行为主义者心目中的心理学》的演讲，随后发表了一系列文章，这标志着行为主义心理学的诞生。他和美国另一位心理学家斯金纳被称为行为主义心理学的代表人物。行为主义学习理论一出现就对教育实践产生了巨大影响，同时也饱受争议。自1930年以后，它逐步被新行为主义学习理论取代，托尔曼（Tolman）和班杜拉（Bandura）是主要代表人物。

给我一打健康的、发育良好的婴儿，把他们放在我所设计的特殊环境里培养，我保证，我能够把他们中间的任何一个人训练成我所选择的任何一类专家——医生、律师、艺术家、商人和首领，甚至能变成乞丐和盗贼，无论他的天资、嗜好、倾向、能力、天命和种族是什么（华生，1924）。[①]

行为主义理论主要研究可观察到的人类行为，它描述了人是怎样学习、怎样形成习惯的。华生的这段话，可以比较形象地阐释行为主义学习理论的观点。

（一）关于儿童学习的主要观点

行为主义心理学派的代表人物众多，观点不一。聚焦儿童的学习行为，本书主要介绍以俄国生理学家巴甫洛夫为代表的经典条件反射理论、以斯金纳为代表的操作性条件反射理论和以班杜拉为代表的社会学习理论。

1. 经典条件反射理论

经典条件反射理论是由巴甫洛夫在动物实验中发现的（见图3.1）。他在训练狗的时候发现，实验中的狗不仅在闻到食物的味道时会流口水，而且在听到饲养员的脚步声时也会流口水，所以他有意识地对狗进行训练，在给狗呈现食物之前先发出一个声响，重

[①] 伯格尔. 0—12岁儿童心理学 [M]. 陈会昌, 译. 北京: 中国轻工业出版社, 2016.

复多次之后，即使没有食物出现，狗也会在听见声响时流口水，这就是经典条件反射。

狗的非条件反射

狗对无关刺激无反应

尝试在非条件反射的基础上建立条件反射

在非条件反射的基础上，建立了条件反射

图 3.1　巴甫洛夫狗的实验

经典条件反射理论强调通过多次重复练习，让动物或人建立对某些刺激的反应，进而学习和掌握某些技能。比如，水族馆的海豚表演就来自刺激与反应联结的训练：海豚只要动作正确就能得到食物，重复练习后，海豚就学会了某些动作或简单技能。再比如，运动员也需要长时间的反复训练，让身体与正确或完美的动作之间形成这种刺激—反应联结。通过联结把中性刺激变成条件刺激，以引发某种行为出现。

实践链接：幼儿园教师习惯通过弹琴或播放一段音乐来开启或结束一个活动，或者提示幼儿注意动作。原本这段音乐与教师的要求或活动无关，但因为教师长时间把它们联系在一起，它就成为一个条件刺激。在幼儿园的一日活动中，你还会采取哪些手段帮助幼儿形成这种简单的反应模式？

山东省淄博市汇英幼儿园

琴声响起，幼儿自动坐好并看向老师，琴声与幼儿坐好之间建立了条件反射

2. 操作性条件反射理论

斯金纳的研究发现，在动物或人的动作之后紧跟一个结果，如果这个结果是愉快的，动物或人就会重复该动作；如果结果是不愉快的，动物或人就不会重复该动作。学习只有在多次重复之后才能实现。因此，成人需要通过不断地强化来激励儿童某些好的行为，同时消除儿童某些不好的行为。斯金纳提出，强化分为正强化和负强化。通过强化改变反应的强弱，可以促成行为的改变。

* 强化：一个行为之后跟随一个期望的结果，就会让这个行为持续下去
* 正强化：当儿童表现出某种积极的行为时，他就会得到周围人的奖励性刺激
* 负强化：当儿童表现出某种积极的行为时，他不喜欢的厌恶性刺激就会被撤销

斯金纳的理论被称为操作性条件反射。经典条件反射强调刺激引发了反应，操作性条件反射则正好相反，认为正因为某些反应，才导致某种行为反复出现。比如，孩子唱歌时如果不断地得到父母或周围人的夸奖，他就会喜欢唱歌，而且越唱越好。行为主义者回避使用"惩罚"一词，而是使用正强化和负强化来说明行为之后的结果对于儿童习得某种经验或技能的重要性。实际上，负强化依然属于奖励的范畴，而非惩罚。惩罚是通过给予对方不愉快、不期望的结果（如打骂、罚站、禁止看动画片、剥夺参与游戏的

机会等）来减少或杜绝某种行为的发生。

* 对 6 岁以下儿童起作用的物质性强化物：儿童喜欢的玩具、食品、绘本、彩笔、小贴纸等
* 对 6 岁以下儿童起作用的非物质性强化物：爱的拥抱、微笑、点赞、爸爸妈妈的陪伴、讲故事、自由游戏、与喜欢的伙伴坐在一起、当值日生、当小班长等

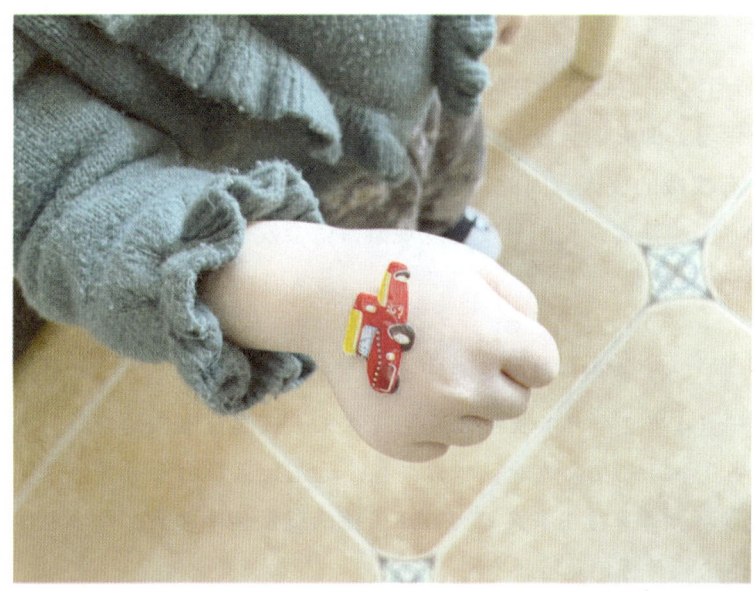

因为进餐礼仪好，幼儿得到了老师奖励的汽车小贴纸，他高兴得一直举着手给别人看

表现好的幼儿会在班级墙面上得到更多的小印章，还可以在周五下午换取一个小礼物带回家，这种方式可以激励幼儿形成良好的习惯和行为规范

斯金纳的研究还发现，强化存在个体差异性和情境性。也就是说，对某一个儿童或者在一种情境中起强化作用的刺激，对另一个儿童或者在另一种情境中不一定能起到强

化作用。比如,给予一个内向、胆小的孩子上台表演的机会,并不一定能让他产生愉快的感受;一个饥饿的人对食物的反应与饱腹的人对食物的反应,肯定也不同。

实践链接:幼儿园教师经常使用小红花、小贴纸等方式强化幼儿好的行为,对此,你怎么看?这样的方式是否会带来一些负面结果?

一些家长为了激励孩子参与家务劳动而奖励孩子钱币或代币,对此,你怎么看?

3. 社会学习理论

社会学习理论是行为主义学习理论的延伸与发展。以班杜拉为代表的心理学家认为,人有时候无须强化就会学习,即人们会复制自己看到的别人的语言和行为,儿童尤其喜欢模仿身边有魅力的、有权威的成人。因此,这种学习也被称为观察学习或榜样模仿。榜样模仿是重要的学习方法。其实,我们只要注意观察,就会发现婴幼儿模仿成人以及彼此之间相互模仿的例子比比皆是。

案例 模仿哥哥的希希

中午睡醒后,哥哥(4岁2个月)长裤还没穿就在床上做起前滚翻的动作,且动作标准。希希(1岁9个月)在旁边看得非常兴奋,这是她第一次看哥哥做这个动作,她想模仿却没成功。哥哥接下来又让大人压着他的腿做仰卧起坐,希希也学着抱着头一起一坐,这次模仿得倒是有模有样。

实践链接:在一次家庭教育讲座结束时,一位家长前来向笔者咨询孩子打人的教育难题,他说:"我儿子在幼儿园经常打人,老师找我谈过,我也揍过他好几次了,可他就是改不了,怎么办?"请你运用社会学习理论解释这个孩子的行为,并运用行为主义的学习理论提出几条教育建议。

(二)对幼儿自主学习的启示

行为主义学习理论从神经生理学的研究入手,通过大量的实验研究,揭示了动物和人的行为是如何发生的,以及对环境的反应是如何形成的。尽管人们从行为主义心理学诞生之日起就对它争议不断,但它对于我们了解儿童的学习行为仍然具有很大的启发意义。

1. 重复练习对于技能学习非常必要

无论是学习使用筷子吃饭、使用剪刀剪纸,还是学习拍球、跳皮筋、骑车……它们都包含一系列的动作,都需要幼儿掌握正确的方法,并经历一个不断熟练直至自动化的过程，而这个过程离不开反复的练习。有时候，即使是社交技能，比如解决同伴冲突的技能，幼儿也需要反复练习才能习得。因此，在强调创造性游戏和学习的今天，教师不必回避重复练习在幼儿学习中的作用。

2. 及时给予幼儿学习上的反馈

成人及时给予幼儿学习上的反馈可以起到强化的效果，有助于幼儿学习兴趣的提高。不过，要注意反馈的时间和频率。

在幼儿出现成人所期待的良好行为时，如遵守规则、谦让他人、自主整理玩具、专注地读书、使用礼貌用语等，成人应立即给予积极的反馈。儿童的年龄越小，成人的反馈越要紧跟幼儿的行为，不能间隔时间太久，否则反馈的效果将大打折扣，甚至无效。

3. 根据幼儿的特点选用适宜的强化方法

成人应根据幼儿的年龄、发展水平、个性和喜好选用适宜的强化方法。年龄小的儿童，往往更喜欢吃和玩的东西；年龄大的儿童，则可能更喜欢拥有自主活动、加入喜欢的小伙伴的游戏、表现自我或获得关注的机会。因此，成人应根据儿童的不同年龄和发展水平选用不同的强化方法。当然，即使同一年龄段的儿童，个性和爱好也可能不同。比如，有的人喜欢小汽车，有的人喜欢布娃娃；有的人喜欢"领导"别人，有的人喜欢追随他人；有的人喜欢看图画书，有的人喜欢摆弄智力玩具……

成人只有了解每一个幼儿的需要、兴趣和发展特点，才能给予他们积极有效的反馈，也才能让强化物真正发挥激励作用。此外，也不要过度依赖物质性奖励，有很多非物质性奖励，如拥抱、微笑、给予机会等，可能更重要。

实践链接： 在幼儿园一日活动中，教师经常这样表扬孩子："嗨、嗨，你真棒！"教师不仅边说边竖起大拇指点赞，还要求全班孩子一起说，同时被表扬的孩子要大声回应："嗨、嗨，我真棒！"有时候，这样的表扬在一天中出现无数次，对此，你怎么看？幼儿的好行为都需要成人给予强化吗？怎样的强化方式可能更有助于幼儿良好行为习惯的养成？

4. 适宜的关注或忽视有助于幼儿学习更多利他的社会行为

每个成长中的儿童都会本能地寻求身边成人的关注，比如，婴儿会主动对妈妈微笑、呼喊、手舞足蹈。孩子的"撒娇"，通常是寻求关注的一种方式。因此，关注可以成为幼儿学习的一种强化物。但有时候，撤销关注，对幼儿的某些行为采用"忽视"的方法而不是一味地关注，也是一种很重要的指导方法。

曾有一个孩子每天在家里都会表现出相当强的攻击性，孩子的照顾者对此忧心忡忡，于是她向一位心理学家求助，心理学家从斯金纳理论的角度提出了建议。首先，孩子的照顾者每天要仔细观察他的行为，连续观察1周，记录这个孩子打别的小朋友或毁坏玩具的次数，同时记录这个孩子没有出现攻击性时的表现。到了第二周，孩子的照顾者要在孩子每次表现出积极行为时给予他关注，当孩子有不良行为时就忽视这些行为，除非孩子的不良行为是伤害他人。如果孩子出现了伤害他人的行为，就让他去"冷静椅"上平静一段时间，直到这个孩子能够重新控制自己的行为。3周之后，孩子的照顾者要对孩子的攻击行为和积极行为进行再次计数。她发现，孩子的积极行为增加了，消极行为减少了。[1]

5. 慎用惩罚，坚决不能体罚幼儿

惩罚的目的是减少或杜绝某种行为的发生，但并没有给予幼儿什么事情能做、应该如何做的指引，所以，行为主义心理学家更主张采用强化而非惩罚的方式对幼儿的行为进行反馈。

在长期的教育实践中，很多教师习惯采用惩罚的方式管理班级，尤其是面对幼儿的"行为问题"时，比如，针对抢玩具、不收整玩具的幼儿，剥夺他玩玩具的机会；针对身体转来转去破坏上课纪律的幼儿，惩罚他站到一边……这样的惩罚效果看似立竿见影，因为幼儿立马变老实了，但从长远来看，幼儿是否真正形成良好的行为习惯，是否具备自我调节、自我管理的能力，是否具有自主学习的意识和能力……并未可知。

在幼儿园中，教师绝对不可以采取以下惩罚行为：
* 对幼儿身体的伤害性惩罚，如推倒、打巴掌、脚踢等
* 公开嘲笑、羞辱幼儿，比如，嘲笑某个孩子很胖、很笨，等等
* 长时间或频繁地取消幼儿的游戏机会，比如，在全体幼儿自主游戏时，惩罚某个幼儿坐在座位上不许动
* 恐吓幼儿，比如，"如果不听老师的话就关小黑屋"或"不让爸爸妈妈接"等
* 在社交上孤立幼儿，比如，不许其他小朋友和他玩，甚至给幼儿贴上"坏孩子"标签，让班级的小朋友都远离他
* 增加额外作业，在某些"小学化"严重的幼儿园里仍然会存在一些抄写的作业，作为惩罚的手段，教师可能罚幼儿抄写拼音、数字××遍，或者做100道口算题等

实践链接： 迄今为止，仍然有许多父母坚信"不打不成才""棍棒底下出孝子"的教育观念，所以，曾经有一段时间"虎妈""鹰爸""狼爸"被捧得很高。对于由这类家长"打"出来的"规矩教育""成功教育"，你如何评价？

---

[1] 查尔斯沃思. 理解学前儿童心理发展[M]. 王思睿，等译. 北京：中国轻工业出版社，2019.

6. 树立榜样

成人要努力做完美的自己，为幼儿提供良好的学习榜样。班杜拉的社会学习理论强调幼儿的观察学习，尤其是对身边人的模仿。3—6岁幼儿最崇拜的人可能就是自己的父母和老师，所以，我们必须随时随地注意自己的言行带给幼儿的影响。如果成人阳光健康、积极向上、爱学习，我们就会将这些特质自然地传递给孩子。所以，做好自己，不断学习并提升自己的素养，是我们能给予幼儿的最好的教育。

实践链接1：俗语，"龙生龙，凤生凤，老鼠的儿子会打洞"。这句话仅仅强调了基因对于人一生发展的影响吗？对于"上梁不正下梁歪"这句俗语，你又是如何理解的？它反映了哪一种学习理论的基本观点？

实践链接2：达娜·萨斯金德在《父母的语言：3000万词汇塑造更强大的学习型大脑》[①]中强调，孩子在3岁之前，大脑的发育会达到85%，而促进大脑建立神经连接的条件恰恰是语言，准确来说，是父母的语言。她对不同的家庭进行观察和记录，得到的数据显示：靠救济金生活的家庭，孩子每小时听到的单词数是616个；在工薪阶层家庭，孩子每小时听到的单词数是1251个；在高收入的家庭，孩子每小时听到的单词数是2153个。分析这些数据可以发现，不同家庭的孩子，听到的单词不仅有数量上的差别，还有质量上的差别，高收入家庭的孩子听到更多的是正面、积极的词汇，而家境不好的孩子，听到更多的是粗鄙和消极的话语。父母对于孩子的发展的影响是全面而深刻的，所以，提升父母的素质就是提升家庭教育的质量，就是提升儿童发展的质量。

二、建构主义学习理论

建构主义是认知心理学的一个重要流派，它强调儿童的学习并非来自传授，而是儿童主体积极建构知识的过程。20世纪上半叶，两位著名的心理学家——让·皮亚杰和列夫·维果茨基——分别从不同的角度阐释了儿童的认知学习与发展，他们的理论对世界很多国家的教育实践产生了极大影响。

（一）让·皮亚杰的认知建构理论

现阶段，幼儿园的班级内大都会布置图书区、益智区、美工区、积木区等各种区域，并投放丰富多元的玩具、材料和图书，供幼儿自由选择、自主操作，从而支持幼儿从积极的互动中自主学习。想一想，为什么要这么做？这一做法与瑞士心理学家让·皮亚杰

[①] 该书的简体中文版已由机械工业出版社于2021年出版。

的认知建构理论有直接的关系。

1. 皮亚杰关于儿童学习的主要观点

皮亚杰一生致力于研究儿童是如何思考、认识世界并获得知识的，被誉为发生认识论创始人。皮亚杰的理论强调儿童是通过积极参与对他们来说有意义的活动来理解周围世界的，他的理论对认知发展的建构主义理论影响深远，所以，他也被称为认知建构主义的代表人物。皮亚杰关于儿童学习的主要观点如下。

（1）**儿童的学习是建立在自然成熟基础上的、主动寻求意义的过程**

在皮亚杰之前的很多年里，儿童的学习一直被成人操控，大多数学者认为婴幼儿没有思维。皮亚杰则通过对自己的三个孩子的科学观察发现，他们有好奇心，也能进行思考，而且是在摆弄物体、建构经验的基础上进行思考的。儿童对世界的认识并不主要靠成人传递的知识，而是靠自我建构的经验和意义。

幼儿通过操作玩具、材料自主建构知识经验

（2）**儿童的思维发展随年龄的增长和经验的丰富而变化**

皮亚杰将人的认知发展分为四个阶段：感觉运动阶段、前运算阶段、具体运算阶段和形式运算阶段（见表3.1①）。

表3.1 皮亚杰的认知发展阶段

年龄范围	阶段	该阶段的概况	该阶段的主要进步
0—2岁	感觉运动阶段	婴幼儿运用感觉和运动能力理解周围环境；学习是主动的，还没有概念思维和反思性思维	婴幼儿知道，一个客体即使不能被看见但仍然存在（客体永存性），开始运用心理动作来思考

---

① 伯格尔. 0—12岁儿童心理学［M］. 陈会昌，译. 北京：中国轻工业出版社，2016.

（续表）

年龄范围	阶段	该阶段的概况	该阶段的主要进步
2—6 岁	前运算阶段	儿童像魔术般或诗歌般地思考，运用语言理解世界；思维是自我中心的，导致儿童从自己的观点感知世界	想象力活跃，语言成为自我表达和接受他人影响的主要手段
6—11 岁	具体运算阶段	儿童理解并运用逻辑运算或原理，客观、理性地解释经验；思维局限于他们能够看到、听到、触碰到和体验到的东西	儿童凭借逻辑能力学会了理解守恒概念、数概念、分类和其他许多科学观点
12 岁—成年期	形式运算阶段	青少年和成人对抽象事物和假设概念进行思考；他们基于分析而不只是情感进行推理，能够对从未经历过的事物进行逻辑推理	伦理学、政治、社会与道德问题吸引着青少年和成人，他们用更宽广、更理论化的方式看待经验

我国幼儿园一般招收 3—6 岁幼儿，他们正处于皮亚杰所说的前运算阶段。按照皮亚杰对这一阶段儿童发展的阐释，幼儿的认知具有以下特点：

※ 对外部世界的理解具有浓郁的童话、诗歌的浪漫色彩，想象力丰富
※ 语言（符号）发展迅速，成为幼儿表达自我以及与外界交流和学习的关键手段
※ 通过亲身体验与互动等有意义的活动获得新知识
※ 思维具有自我中心的特点，以自己的经验、情感和观点感知世界

实践链接：以苹果为例，一个 0—2 岁儿童是通过触摸、嗅闻、品尝等感知觉来了解苹果的；一个 2—6 岁儿童在感知的基础上进行更富有逻辑的思考，了解苹果与苹果树以及苹果树与季节的关系等；一个 6 岁以上的儿童直至成年人，会在更宽泛的领域理解苹果，如数量、重量、价格变化等，甚至从苹果落地到万有引力定律，从苹果价格到世界贸易变局等。分析这个案例，理解皮亚杰关于儿童认知发展的四个阶段的理论。

（3）儿童的智力发展是寻求认知平衡的过程

儿童会不断地经历同化和顺应，以达成"平衡—不平衡—平衡"这一循环往复的过程，如图 3.2[①] 所示。

当儿童能用已有的思维理解当下的情境、问题、经验和观点时，他们就会感觉到一种舒服的认知平衡状态。当儿童无法运用已有的思维解释当下的情境或发生的问题时，就会陷入一种混乱、迷惑的认知不平衡状态。

大多数人都喜欢认知平衡时的舒适感，但只有打破平衡，才有机会扩展自己的认知

---

① 伯格尔. 0—12 岁儿童心理学 [M]. 陈会昌，译. 北京：中国轻工业出版社，2016.

经验，提升自己的思维结构，获得更高一层级的发展。

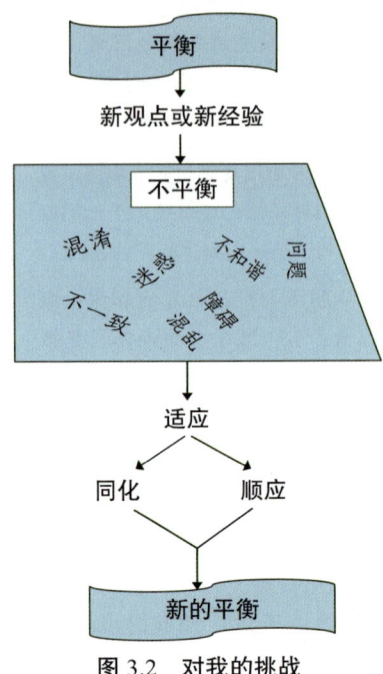

图 3.2 对我的挑战

同化：儿童运用已有的思维对新出现的刺激或经验进行解释，使之符合已有的认知范畴。

顺应：儿童改变思维方式，对原有的经验和观点重新进行建构，实现认识上的新成长。顺应比同化难，但是能促进智力的发展。

实践链接：一个喜欢玩棋类游戏的儿童，对某类棋已经玩得很熟练，如果遇到的对手和他水平相当或低于他的水平，那么下棋时他就会处于一种比较有把握的悠然自得的状态，可以利用已有经验解决遇到的问题，这就是同化的过程。但当他遇到强有力的对手，频频出招"刁难"时，他就很难运用已有经验应对新的挑战，此时他就必须努力思考、重新布局，寻找应对的新招……在这个过程中，他会获得更多玩棋的新方法，思维水平也会有所提高，这个过程就是顺应。所以，可以把顺应理解为应对新挑战而发生的新学习、新成长。

（4）知识类型

皮亚杰根据知识的最终来源和获取方式的不同，将知识划分为三种类型：社会习俗知识、物理知识和逻辑—数理知识。

社会习俗知识是指社会约定俗成的知识。比如，结婚办喜酒、发喜糖。再比如，在不同的语言体系中，同样的东西可以有不同的叫法。儿童获得社会习俗知识，主要靠社

下棋时，幼儿会在与不同对象的对弈过程中不断感受认知上的不平衡

会传递。

物理知识是指事物客观存在的知识。物理知识的获得主要依靠主体作用于客体，并对客体性质进行直接抽象，皮亚杰称之为"简单抽象"。比如，人们若要认识花的颜色、形状和味道，只要对花施加个别动作——看一看、闻一闻、摸一摸等——就可以直接获得。人们若要认识皮球，只要捏一捏、滚一滚、拍一拍、抱一抱就可以直接获得皮球的外形特征和功能特点。这些特征不以人的意志为转移，是固定不变的。

逻辑—数理知识则是有关事物间关系的知识，它不是某一事物自身独立具有的属性。比如，5个苹果中的数字"5"，不是任何一个苹果具有的特征，而是5个苹果在一起构成的数量关系。逻辑—数理知识的获得也需要主体对客体的反复作用，并对一系列动作加以协调和抽象，皮亚杰称之为"反省抽象"。比如，若要知道有几个苹果，儿童需要将每一个苹果与自然数列里从1开始的自然数之间建立一一对应的关系，而且既不能重复也不能遗漏，数到最后一个苹果时所对应的数字就是物体的总数。"物体的总数是从具体的物体之间抽象出来的数量特征。这种数量特征不属于每一个物体，而是物体之间的一种数量关系。"[1]

2. 对幼儿自主学习的启示

皮亚杰的认知建构理论为我们看待儿童和儿童的学习提供了一个全新的视角，具有

---

[1] 原晋霞. 皮亚杰知识分类理论对幼儿园教学的启示［J］. 早期教育（教师版），2012（01）.

里程碑式的意义。幼儿园教师可以从以下几方面尝试改变自己的理念和教育行为。

（1）尊重幼儿的自主性

尊重幼儿的自主性，将之视为学习的主体，并鼓励幼儿努力尝试建构自己的知识，而不是提供一个标准答案。儿童从一出生就开始了对外部世界的求知和探索，一刻也没有停歇过。他们运用自己的眼、耳、鼻、舌、身去感知，运用自己的手脚和身体去行动，所以，儿童自始至终都是积极、热情、无限投入的学习者。在过去很多年里，我们的教学忘记了这一点，把教师的"教"看得无限重，甚至把教师的"教"等同于儿童的"学"。其实，幼儿才是学习的主体，只有当他们主动、积极参与活动时，才会有真正的学习发生。教师的使命不是准备若干标准答案和知识点传递给幼儿，而是给予幼儿充足的机会去动手尝试，自主建构自己的知识。

（2）清晰把握幼儿发展的阶段性特点

幼儿的学习与发展具有清晰的年龄发展阶段性特点，教师只有掌握不同阶段的特点，才能因材施教。根据皮亚杰的研究，儿童的认知发展经历了四个不同的阶段，从依赖感觉动作认识事物到慢慢建构复杂的逻辑思维。任何一个学段的教师都需要了解自己所面对的教育对象的发展特点，尤其是他们的学习和思维发展特点，从而提供适宜的课程、环境与指导。当然，对幼儿教师来说，不仅要了解这一年龄段幼儿普遍具有的学习特点，还需要通过观察、家园沟通等方式更为细致地了解每一个幼儿的兴趣和特点，做到真正意义上的因材施教。

（3）支持幼儿进行有意义的建构

皮亚杰的认知理论强调儿童的自我认知，而其自我认知的过程就是不断地与外部物体、现象进行互动，即通过一系列的感知、体验、操作活动建构自己的认知经验。所以，幼儿园需要重视科学的一日活动安排，创设丰富的室内外环境，提供多元的玩具材料，只有这样才有可能促成幼儿自主进行有意义的建构，获得有效的发展。

（4）尊重和接纳6岁以下幼儿以自我为中心的特点

6岁以下儿童的学习仍然具有自我中心的特点，并具有童话色彩，科学和艺术、现实和想象的界线在幼儿的头脑中可能并不那么清晰，所以教师不必急于纠正幼儿有时候不那么科学或准确的认识。

当发现一个3岁的幼儿用热水浇花、用剪刀剪掉叶子、把金鱼放进毛巾里包起来时，你会做何反应？当幼儿说狼是坏蛋，不应该吃兔子，你又该如何和他谈论食物链的知识？当幼儿说月亮里面有嫦娥、玉兔和桂花树时，你是否需要和他查找有关月球的科学书籍，并给出一个更科学的解释……理解3—6岁儿童的认知特点，也意味着教师需要接受其自我中心的特点，接受其对世界的童话般的理解，让他停留在自己的艺术、假想和想象的世界里，不急躁、不超前、不盲目拔高，让儿童的科学具有儿童的特点，而不是成人的标准。

（5）打破平衡的认知冲突会给幼儿带来新的发展

同化会带来认知上的舒适感，但仅仅停留在同化层面则无法实现幼儿园作为保教机构引领幼儿发展的目标，所以，在幼儿园一日活动中，教师需要不断打破幼儿认知上的平衡，通过问题情境、生活情境、学习情境的营造，借助环境和材料引发认知冲突，把幼儿带出思维的"舒适区"，让幼儿经历顺应的过程，从而获得更高层级上的认识发展。

（6）清晰地了解需要幼儿学习的知识类型，明确学习方法

社会习俗知识不可能靠幼儿的自主探究获得，必须由教师教授给他们，但是教师需要根据幼儿的年龄选用适宜的方法；物理知识和数理—逻辑知识则不是教师讲、幼儿认真听讲就能获得的，必须让幼儿有机会直接作用于物体或现象，通过自己的感知、体验、操作来建构认知，也需要教师引导幼儿基于直接经验进行概括、抽象、演绎、推理等一系列思维活动。

实践链接：在幼儿园的教学中，教师经常会组织幼儿排排坐好，要求幼儿"小手放在膝盖上，小眼睛看着老师"认真听老师讲课。可是，对6岁以下的幼儿来说，当他们缺乏相关感性经验时，通过听老师的词汇、概念讲解，很难实现真正的学习。观察或反思班级一天中的活动，看看幼儿学习的主要方式方法有哪些？想想应该如何追随幼儿进行调整？

（二）维果茨基的社会文化建构理论

尽管我们强调尊重幼儿自发的游戏和学习，支持幼儿自主地与外部世界、环境、材料互动，从而建构自己的知识经验，但我们仍然强调：教师非常重要，教师是影响幼儿发展的"重要他人"，教师在引导幼儿的游戏和学习时应懂得如何为幼儿搭建"支架"，教师设计的教学应该落脚在幼儿的"最近发展区"。这些为大家所耳熟能详的观念，都与苏联心理学家列夫·维果茨基的社会文化理论有直接的关系。

在康德（Kant）、杜威（Dewey）和马克思（Marx）等人的哲学思想，以及皮亚杰、布鲁纳（Bruner）等人的心理学思想影响下，维果茨基创造性地提出了社会文化历史和心理发展理论、思维与语言的关系理论、最近发展区理论。他的一生虽然短暂，但却架构了伟大的社会建构主义思想，对当代教育理论和教育实践产生了巨大影响。社会文化理论认为，人的发展是人与周围的社会文化动态作用的结果。维果茨基和皮亚杰同属建构主义心理学的代表人物，皮亚杰被称为个体建构主义或认知发展建构主义，维果茨基则被称为社会文化建构主义。

1. 维果茨基关于儿童学习的主要观点

维果茨基关于儿童学习的理论核心可以归纳为以下几点。

（1）儿童的学习是儿童积极参与建构的过程，语言发挥了重要作用

同皮亚杰一样，维果茨基也认为儿童在学习中并不是一块"白板"，而是知识的主动创造者。但是，维果茨基认为语言在儿童的学习和思维发展中起着至关重要的作用。儿童会用语言表达自己的想法，形成观点，然后内化。当然，能够自如地使用语言，也有助于儿童与伙伴、成人交往，推动儿童通过互动进行更广泛的学习。

（2）儿童的学习与文化、他人的影响密切相关

维果茨基强调儿童不仅仅通过动手操作来建构认识，更重要的是需要"借助他们的文化工具，通过积极参与社会互动来建构自己的知识。这就意味着他们需要动手操作的经历以及教师的支持来建构自己的知识"[1]。

维果茨基强调学习的社会本质，即儿童的学习和发展与他们所处的社会和文化环境紧密相连、不可分割。他认为，人的高级认知能力是在社会实践活动中发展起来的，儿童的学习需要身边"更多识的他人"的"指导性参与"。他提出的"思维学徒制"具有一定的参考意义。

* 指导性参与：维果茨基强调教师不仅应该提供指导，而且应该和他们（学生或学徒）共同活动，一起参与到重要的文化实践中；全社会都可以采用这种方法把该文化所期望的知识、技能、习俗教给学生

* 思维学徒制：维果茨基强调，认知的发展需要在技能、水平更高的社会成员的激励、指导下进行

广东省广州市番禺区东城幼儿园

幼儿的学习需要教师作为"更多识的他人"的"指导性参与"

---

[1] 别洛戈洛夫斯基，等. 让早期学习理论看得见［M］. 赵红霞，译. 南京：南京师范大学出版社，2016.

（3）最近发展区与支架式教学理论

作为维果茨基社会建构主义思想的精髓，最近发展区理论认为，实际发展水平与潜在发展水平之间存在一定的距离，这两个水平之间存在的差距就是每一个人的"最近发展区"。其中，实际发展水平是指儿童独立解决问题的现有水平，潜在发展水平则是指儿童在成人指导下或同伴的帮助下解决问题的水平。一个人的最近发展区并不是一成不变的，而是伴随着他的社会实践和认知能力的提高不断改变。

图3.3①可以很好地阐释最近发展区理论。

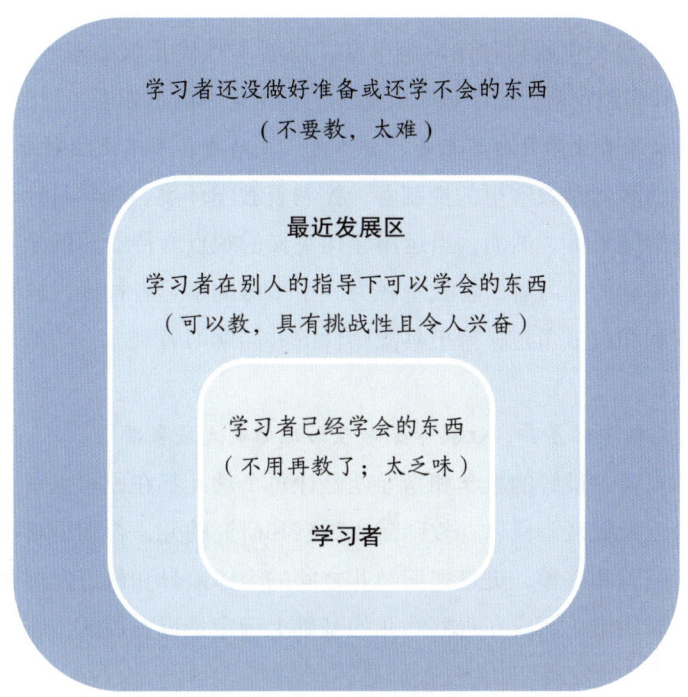

图3.3 神奇的中间地带

最近发展区理论指出，教学不是关注学生已经掌握了什么，而是关注学生能够掌握什么，教师应该为学生提供"支架"，通过与学生的互动实现学生最近发展区的发展。

支架式教学理论，是维果茨基的最近发展区理论在教学理念和教学策略中的具体体现。"支架式教学理论认为，教学活动是通过搭设'支架'、创设问题情境、独立探索、协作学习和效果评价这几个环节完成的，其中搭设'支架'是判断学生现有水平的重要步骤，教师可以根据学生的不同情况，从不同角度搭设认知支架、情感支架、能力迁移支架等。"②通俗地讲，支架就像盖房子时用的"脚手架"，可以帮助学生小步递进式学

---

① 伯格尔. 0—12岁儿童心理学［M］. 陈会昌，译. 北京：中国轻工业出版社，2016.
② 张铁山，等. 论利维·维果斯基的社会建构主义思想及其当代价值［J］. 郑州轻工业学院学报（社会科学版），2020（01）.

习。学生通过这些支架一步一步地攀升，逐渐发现和解决学习中的问题，达成学习目标，提高问题解决能力，成长为独立的学习者。

实践链接：在设计幼儿园教学活动时，我们都强调应该从幼儿的兴趣和已有经验出发设计适宜的目标，并为幼儿搭设支架，如层层递进的问题支架、环境和材料支架、游戏情境支架、故事情境支架等。观察记录某位教师的一次教学活动，分析他在其中使用的支架及其实效。

2. 对幼儿自主学习的启示

维果茨基的社会文化建构理论内容丰富，发展了当代儿童心理学和教育学的思想，具有重要的理论和实践价值，对于现阶段幼儿的自主学习启示如下。

（1）*教师是幼儿自主学习的参与者、合作者、支持者，而不是控制者*

传统教育中的教师是教室里的控制者，控制着教学环境、教学目标、教学进程、教与学的方法、教学结果等。然而，当运用建构主义的观点看待幼儿的学习时，教师必须承认幼儿是积极主动的学习者，将教室视为一个平等的学习者社区，放弃多年来固守的知识拥有者的权利和权威角色，持更具激励性的共同学习者观念，与幼儿分享权利、相互尊重、共同探索。

（2）*关注幼儿的个体差异，让教学落脚在幼儿的最近发展区*

对幼儿教师来说，最好的教学和指导就是让每个幼儿都在原有水平上获得发展，都能到达自己的最近发展区。所以，教师需要观察和研究幼儿，否则很难明确班级幼儿的现有水平、已有经验和兴趣，更难把握幼儿之间的个体差异和最近发展区。教学目标不应局限于教师指导用书，而应在观察幼儿的基础上确定最近发展区，照顾到幼儿的个体差异，推动每个幼儿的发展。

（3）*善于利用园内外资源，尤其应关注社会文化资源在幼儿学习中的作用*

幼儿园在教育教学方法上长期停留在"说教"层面的现象，既与教师的观念陈旧有关系，也与幼儿园教育资源的匮乏有关系，尤其是缺乏支持幼儿依靠动手操作进行学习的环境、玩具和材料，因为幼儿的学习很难脱离环境和资源凭空进行。所以，关注幼儿园课程变革，支持幼儿的自主学习，教师需要基于幼儿学习的基本特点，因地制宜进行幼儿园课程资源建设：

* 关注园内自然资源建设，花草树木、山坡、草地、沟渠、池塘等都是很好的学习资源
* 关注园内玩具、材料和图书的配置，这是幼儿通过操作和互动进行学习的主要物质基础
* 关注园内所有人员作为课程资源的利用，如教师、保育员、管理人员、门卫、厨师、保健医生等，他们都是幼儿学习的社会资源

* 关注家长、社区人员作为课程资源的价值，如医生、警察、清洁工、军人、消防员、科学家等，他们都能给幼儿带来独特的学习经验
* 关注当地戏曲、建筑、名胜古迹、民俗、节日、文化主题活动、民间游戏等社会文化资源，它们会让幼儿园课程更具有文化的厚度
* 关注园外各种机构作为课程资源的价值，如蛋糕店、超市、邮局、银行、饭店、超市、理发店等，它们都对幼儿具有吸引力，会给幼儿带来不一样的体验
* 关注园外自然资源的开发和利用，如田野、河流、山川、公园、社区绿地等，它们都具有学习和探究的价值

案例　我们的聂师傅[①]

2016年建园时聂师傅就来到了幼儿园，那一年他58岁。刚来园时，他是幼儿园门卫、保安，现在负责幼儿园种植、绿化和维修工作。聂师傅说："在鹤琴幼儿园，是我最后一份工作，也是最有意义的工作。"

聂师傅在孩子们眼里是"最聪明""最善良"的人，备受孩子们喜爱。聂师傅在幼儿园园长、老师眼里是"最美教师"。我们来看看鹤琴幼儿园的老师和幼教专家们是如何评价聂师傅的。

杨柳老师：聂师傅是活教育的一张名片，是播种希望的活园丁，是鹤琴幼儿园行走的"百科全书"。

田浦老师：在老师们心中，聂师傅是"全能"的。聂师傅是我们种植课程的合伙人，也是我们幼儿园的大管家！

林琳老师：聂师傅在我眼里是万能的人，十八般武艺样样精通，会修电器、会种植、会搭兔笼、会养鸽子等，就像《爷爷一定有办法》[②]里的爷爷一样让我们和小朋友们信赖。

姜佳佳老师：在孩子们心里，聂伯伯是百科全书式的存在；在鹤琴老师们的心里，聂师傅更是我们课程的参与者、支持者和合作者，是我们大家都喜欢的聂伯伯呀！

华希颖老师：让孩子们体验种植的乐趣，提供不同材料让幼儿探索测量的方法、发现蚯蚓的秘密……聂师傅的课程意识连我们幼教专业人员都要学习。他不仅是一名百科全书式的园丁，更是幼儿园的课程合伙人。

虞永平老师：聂师傅就是孩子们心目中的百科全书，他们遇到问题喜欢从聂师傅那里找到答案。我觉得当一个人如此被孩子需要的时候，说明这个人有他的特殊

---

① 引自"南京市鹤琴幼儿园"微信公众号文章《我们的聂师傅》，略有改编。
② 该书的简体中文版已由明天出版社于2013年出版。

性和特殊价值。我们都要向聂师傅学习，包括我自己。

张俊老师（南京市鹤琴幼儿园园长）：幼儿园为每位老师都配了一本有关活教育的书，聂师傅真的会认真阅读。渐渐地，他就成为我们幼儿园的接待员了。有时候，外面参访的老师比较多，或者幼儿园领导不在，他就带着客人一路参观我们的环境，一路介绍我们幼儿园是怎么践行活教育思想的。他真的成为我们幼儿园的一张"名片"。

（4）关注幼儿自主学习过程中的语言使用

维果茨基认为，语言与思维是相辅相成的，思维是内部心理过程，但需要语言作为基础。外部语言是儿童与别人交流的工具，帮助协调他们与其他人的行为，在此过程中，儿童将逐步学会使用内部语言（即思维）来调整自己的想法和行为。

因此，教师应关注幼儿在自主学习过程中的语言使用，比如，在自主活动前，鼓励幼儿思考自己的想法或计划，并用语言表达出来；活动过程中遇到困难时，鼓励幼儿用语言描述自己遇到的问题、使用工具的方法或探究过程，自主发现问题的症结所在；活动结束时，鼓励幼儿用语言概括自己的活动过程和方法，总结自己的问题和收获，引导幼儿运用语言把操作、体验、探究的过程转化为内在思维，提高其思维能力。

案例　轨道游戏

户外自主游戏时，铭铭和两个小伙伴一起将三根粉红色半圆管拼接起来搭建轨道，探索木球滚动。他们成功地撞倒了下面的一块黄板，很高兴。但是，他们并不满足，继续延长管道，又增加了三根红色的半圆管，将轨道的长度增加了一倍，之后继续滚动木球，但是没有一个人能成功地撞倒下面的黄板。

轨道游戏

游戏结束后，孩子们通过绘画表征自己的游戏故事。

铭铭：我们三个人在三根管的轨道上滚球，一下子就把黄板撞倒了。我就跟她们说："这个轨道太短了，再加点。"我们又加了三根半圆管继续滚球，球刚开始滚得很快，到后面就慢了，怡怡的球没有碰到黄板，我和涵涵的球也只轻轻地碰了一下黄板，我们三个人的球都没有把黄板撞倒，一定是我们的管道加得太多了。

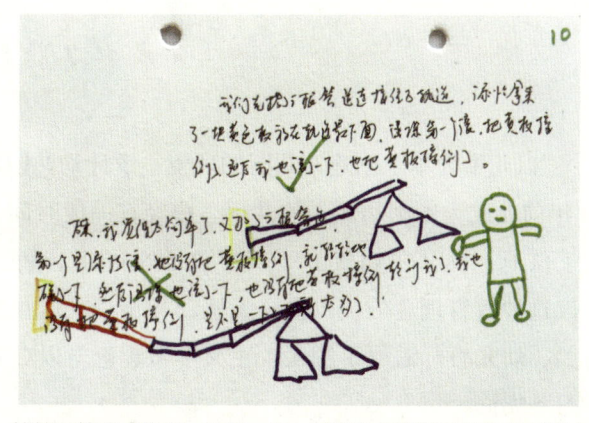

铭铭画的游戏故事，教师一对一倾听并如实记录他的语言表达

——浙江省慈溪市宗汉街道星光幼儿园实验园区　施红央

上面案例中，幼儿在游戏结束后绘画自己的游戏故事，又与教师一对一叙述自己的游戏过程和问题，这个过程既是幼儿个体的回顾和反思，又是幼儿运用绘画和语言把操作、体验、探究转化为内在思维的过程，从幼儿说"一定是我们的管道加得太多了"这句话中，我们可以清晰地看到其内在的思维。

（5）**掌握支架幼儿自主学习的基本策略**

根据维果茨基的理论，后继的研究者提出了"支架式教学法"，它在幼儿教育实践领域备受推崇。幼儿教师可借鉴其步骤掌握支架幼儿自主学习的基本策略：

1. 围绕幼儿的最近发展区搭建幼儿学习的关键经验框架，并进行步骤分解；
2. 观察或吸引幼儿进入一定的问题情境（反映关键经验框架中的某个节点）；
3. 支持幼儿独立探索，巧借有能力的伙伴进行推动；
4. 帮助幼儿联系以前的经验，阶梯式推动幼儿经验的扩展；
5. 通过质疑、追问等方式挑战幼儿的既定思维和认知；
6. 在活动室投放更多开放性材料和工具，支持幼儿创造性地解决问题；
7. 不提供答案，也不直接帮助幼儿解决问题或冲突；
8. 活动结束后的小组或集体分享与对话有助于幼儿进行反思，也有助于同伴间的互动学习。

本书第四章专门阐述了推动幼儿持续深入地探究玩具的支架搭建策略，如任务支架、图示支架、材料支架、经验支架等。

三、人本主义学习理论

"以儿童为本"创建幼儿园的环境、设计幼儿园课程、引导幼儿的发展等理念,早在30年前就成为中国幼教人的共识。曾经有一段时间,很多幼儿园旗帜鲜明地高喊"一切为了孩子""为了一切孩子""为了孩子的一切",暂且不论它们在实践中的真实状态如何,仅仅这种教育理念的提出就令人感动和振奋。这些教育理念都与人本主义心理学的兴起有关,幼儿教师需要了解人本主义学习理论,以更好地在实践中支持幼儿健康、快乐地学习和成长。

人本主义心理学兴起于20世纪50年代,美国心理学家亚伯拉罕·马斯洛(Abraham Maslow)是人本主义心理学的创始人之一,他提出的需求层次理论阐释了个体成长的内在动机。同为美国心理学家的罗杰斯(Rogers)是人本主义心理学的另一位重要代表人物,他极为关注儿童学习过程的氛围和感情投入。

(一)关于儿童学习的主要观点

人本主义心理学推崇"以人为本"的理念,关注人的学习动机、潜能和情感力量,其关于儿童学习的主要观点如下。

1. 马斯洛的需求层次理论

马斯洛认为,个体学习与发展的内在力量是动机,而动机又来自人的多种需求。所有人,无论其民族、宗教、性别或成长背景如何,都有大致相同的需求和内驱力。马斯洛认为,人的需求大致分为五个层级,即生理需求、安全需求、归属与爱的需求、自尊需求、自我实现需求,低一级的需求得到满足后才会产生高一级的需求(见图3.4)。儿

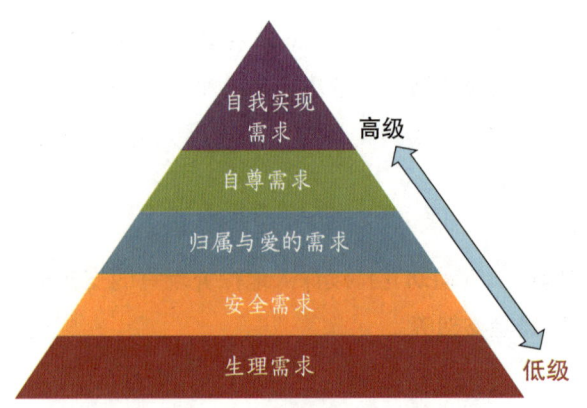

图3.4 马斯洛的需求层次理论

童的学习需求包括满足好奇心、认知、解释和理解的欲望。人的学习需求与人类的基本需求紧密相连，与人的基本需求一样迫切需要得到满足。

马斯洛关于儿童的需求与儿童学习的理论可以用表 3.2 说明。

表 3.2

层级	人的需求	含义	儿童的感觉	对学习的影响
第一层级	生理需求	生存所需要的阳光、空气、水、食物、住所等	我感觉很健康、很舒服	是儿童学习的基本生理准备
第二层级	安全需求	主要指向心理上的安全感，感觉到被保护，有信任感，没有恐惧和担忧	环境和周围的人都让我感觉到安全和信任	是儿童学习的基本心理准备
第三层级	归属与爱的需求	被家人和教师接纳与喜爱，有相对稳定的同伴关系	我是家庭和团队中被爱的一员	能更好地提高儿童学习的效果
第四层级	自尊需求	自尊、自信，被尊重、被信任	我很好，别人也认为我很好	能成为儿童学习和自我调控的动力
第五层级	自我实现需求	意识到自我潜力、创造力，具有更高层面的理想和追求	我就是了不起的我，我能实现理想和抱负	能让儿童愿意付出毅力和智慧，创造性地实现自己的理想

2. 罗杰斯以儿童为中心的学习理论

罗杰斯认为，儿童必须在充满爱和感觉到安全的环境中成长，他非常关注情感和学习氛围对儿童学习的影响。他强调以儿童为中心的学习，其主要观点可以归结为以下几点。

（1）**人生来就有学习的潜能**

学习不是外部刺激的结果，而是每个人具备的内部潜能。儿童的学习是主动的，他们好奇，喜欢探究，渴望学习。

（2）**在民主、安全、尊重的氛围中学习效果更好**

罗杰斯认为，心理上的自由和安全是儿童学习与创造的重要条件。当儿童在一种被理解和支持的环境中学习时，他们较少感到紧张和压力，更容易投入学习和创造性活动。

（3）**与个人经验和发展意义相链接的学习，能产生更持久的结果**

罗杰斯反对让儿童死记硬背教材等学习材料，认为它只涉及心智训练，是抹杀个性的无意义学习。学习应该与每个人的经历、经验和发展相关联，生成有意义的学习。"有意义的学习把逻辑与直觉、理智与情感、概念与经验、观念与意义等结合在一起。当我们以这种方式学习时，我们就会成为完整的人。"①

（4）幼儿的有意义学习是直面问题、直接参与的全面学习过程，以儿童的自我评价为主

罗杰斯认为，最有效的学习就是让儿童直接面对真实的问题情境，在解决问题的过程中结成研究小组，经历做中学，直至创造性地达成目标。这样的学习过程能促使儿童在行为、情感态度、能力、个性等很多方面发生变化，而不仅仅获得知识。学习的结果最好由儿童自己评价，以降低外部评价带来的压力，并促成儿童自主学习意识的提升。

（二）对幼儿自主学习的启示

人本主义心理学理论让我们回归教育的原点审视教育，从尊重人、培育人、成就人的原点出发思考幼儿园里教与学的问题，它对幼儿自主学习的启示如下。

1. 将儿童视为具有求知渴望和潜力的个体

人本主义学习理论强调学习不是外部刺激的结果，而是来自幼儿强烈的求知本能，这种本能与他的生理需求、安全需求一样强烈地存在着。一个满足了基本生理需求的幼儿，一定是一个生机勃勃地探索外部世界的学习者。有些成人之所以认为自己的孩子不爱学习，是因为他们把学习狭隘地界定为知识学习，甚至是书本知识的学习，而这种语言文字符号的学习并不符合这个阶段幼儿的学习特点和水平，也不是学龄前儿童学习的重点。幼儿的学习从感知外部世界，感受自身的存在和力量开始。

2. 营造一个安全、包容、民主、激励的班级氛围

年龄越小的儿童，其学习过程越具有情感色彩。人本主义学习理论强调人的安全、爱、归属和尊重的心理需求，认为宽容、民主、接纳的氛围更有利于幼儿的学习和探究。幼儿只有不必担心教师的惩罚、苛责和批评，才有可能大胆地探索外部世界，创造性地利用环境和材料，专注于

一个满足了基本生理需求的幼儿，一定是一个生机勃勃的学习者

---

① 陈帼眉，姜勇. 幼儿教育心理学［M］. 北京：北京师范大学出版社，2007.

感兴趣的事物或游戏,也才能进行真正的自主学习和自主游戏。

3. 放手让幼儿面对问题、自主经历探究过程,在做中学

人本主义学习理论强调,与个人的经验和发展意义相链接的学习,能产生更持久的结果。因此,教师应放手让幼儿直面自己遇到的问题和矛盾冲突,自主经历探究过程,在生活和游戏体验中生成有意义的学习。

幼儿在生活和游戏体验中学习

山东省济南市童林堡幼儿园

幼儿在操作中,在面对和解决问题的过程中学习

四川省绵阳市花园实验幼儿园

第三章 来自早期儿童学习理论的启示 • 97

4. 减少外部评价，以儿童的自我评价为主，以更好地激励和强化幼儿的自主学习意识与反思能力

人本主义学习理论强调幼儿学习的内部动机，在学习过程中如果存在过多的外部评价，必然会导致幼儿关注外部的奖励或成人的态度，逐步丧失自主学习的热情和动力。不应该对幼儿的学习进行测试，也不应该对幼儿的学习结果进行批评和否定，或给予过多的、不适宜的表扬和奖励。现阶段，幼儿园实践中存在教师的表扬泛滥、缺乏实际意义的现象，值得所有教师警醒和反思。活动结束时，教师可以给予幼儿机会对自己的活动进行回顾，如绘画表征、符号记录、与同伴交流等，也可以引导幼儿对活动过程中付出的努力、想出的好点子、表现出的谦让友好行为等进行自我评价和相互激励。

实践链接：从儿童的视角审视班级一日活动安排、班级环境、玩具材料投放、师幼互动等，找到存在的问题，并思考改进的可能性和具体改进步骤。

四、认知主义学习理论

在谈到幼儿的学习时，我们会说"高质量的输入才会有高质量的输出"；我们也会强调基于幼儿的已有经验设计教学活动，引导幼儿将新经验与已有经验建立联系；对于3—6岁幼儿，我们更强调通过"直接感知、实际操作、亲身体验"进行学习……这些理念都与20世纪下半叶兴起的认知主义学习理论有关，了解这些理论有助于我们更清晰地把握幼儿园的教与学，为幼儿的自主学习提供更有效的支持。

认知主义学习理论产生于20世纪60年代中期，强调在对学习进行研究时，必须研究个体获取信息的整体内部过程。它不是一家之言，而是汇集了众多派系的理论观点。其中，最具代表性的是信息加工理论和认知结构学习论，前者的代表人物有加涅（Gagne）、斯滕伯格（Sternberg）等人；后者的代表人物有奥苏贝尔、布鲁纳等人。

（一）关于儿童学习的主要观点

本书主要介绍加涅的信息加工学习理论、奥苏贝尔的有意义学习理论和布鲁纳的发现学习理论。

1. 加涅的信息加工学习理论

信息加工理论解释了儿童是如何获取、记忆、保持和加工信息的，在20世纪七八十年代具有很大的影响力。加涅提出的信息加工模型如图3.5[①]所示：

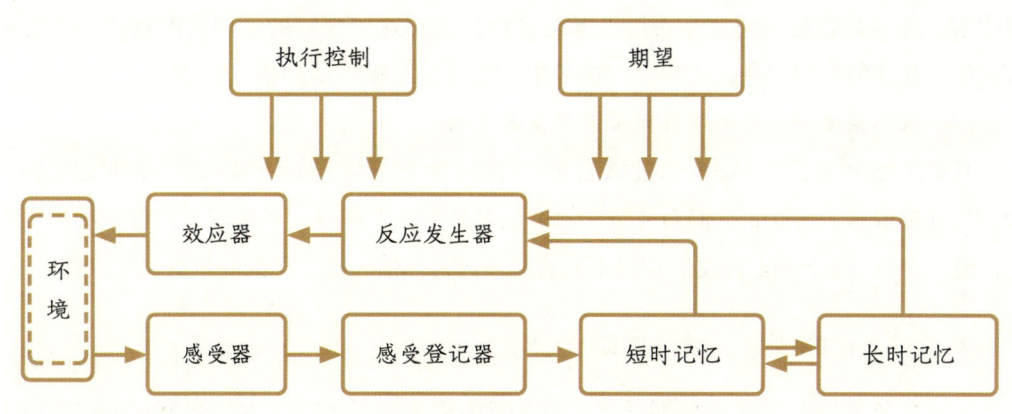

图 3.5　加涅的信息加工学习过程

外部环境刺激首先作用于学习者的感受器，并通过感受登记器进入人的神经系统，有些被登记，有些则可能消失，即每个人都会进行选择性注意或选择性知觉。被感觉登记了的信息之后进入短时记忆，若经过复述、精细加工和组织编码等过程，则进入长时记忆。所谓编码，不是把信息收集在一起，而是用各种方式对信息进行组织。

当需要使用某些信息时，大脑经过检索从长时记忆或短时记忆中提取信息，被提取的信息通过反应发生器，使效应器（肌肉）活动起来，产生一系列可观察到的操作行为，即让教师观察到儿童学习行为的发生。

理解加涅的信息加工学习过程，还需要关注以下几点。

（1）**儿童对信息的加工水平影响信息的记忆、保存和提取**

例如，在观察花时，教师不仅要提示幼儿看一看，还要鼓励他们摸一摸、闻一闻，运用多种感觉器官感知它，同时持续一段时间观察和记录它的变化，运用各种方式表征自己的观察结果，经常交流讨论自己的发现等，这样的精细加工有助于幼儿对花形成深刻的认识和记忆。

（2）**使用两种记忆方式好过使用单一方式**

信息在长时记忆中有两种基本编码方式，即表象的和言语的，分别对应情景记忆和语义记忆。使用两种方式记忆好过使用单一方式。比如，对于《咏鹅》这首诗，听录音的同时伴随带有画面的图画或视频，将更有助于儿童的理解和记忆，信息被编码之后更容易进入长时记忆，也更容易被提取。

[①]　陈帼眉，姜勇. 幼儿教育心理学［M］. 北京：北京师范大学出版社，2007.

（3）期望会影响儿童的学习

儿童期望达成的学习目标，将作为学习的动机影响儿童学习的全过程。面对一个学习内容，儿童是否感兴趣、是否愿意参与其中，并对这个内容的学习有所期待，将会极大地影响儿童的学习状态，积极学习的效果肯定好过消极被动的学习。

（4）认知策略对儿童的学习效果具有重要影响

认知策略决定了哪些信息通过感觉登记器进入短时记忆，如何编码进入长时记忆，以及如何被提取等。因此，它们对儿童学习的效果具有重要影响。教师需要掌握一些集中儿童注意，引导儿童学习、记忆，以及对儿童学习进行评估、提供反馈的基本教学策略。

2. 奥苏贝尔的有意义学习理论

美国认知教育心理学家奥苏贝尔，对儿童的概念学习进行了大量研究。他在有意义言语学习的基础上提出了有意义学习理论，认为有意义学习"就是符号所代表的新知识与学生认知结构中已有的适当知识建立非人为的、实质性的联系过程"[①]。比如，一个儿童在看一本图画书，书里有很多小动物的形象，他只有把"猫""虎""狼"等词汇与他以前见过的动物形象、图画书里的形象建立联系，才有可能真正理解这些词汇的意义，这样的学习也才有意义。

奥苏贝尔从主客观两方面提出了有意义学习发生的条件[②]：

* 主观——学习者必须具备有意义学习的心向以及认知结构中必须具备适当的知识基础
* 客观——有意义学习的材料必须具备逻辑意义

奥苏贝尔认为，有意义学习首先是学习者自身要有积极主动学习的倾向并具备一定的知识经验的积累，而且提供给学生的学习材料本身也应该是有意义的，并具有一定的内在逻辑性。

另外，奥苏贝尔并不反对接受学习。他认为，无论是接受学习还是发现学习都可能是无意义的学习，也可能是有意义的学习，关键是教师的教学方法。为使接受学习变成有意义的学习，教师在讲解式教学中需要注意[③]：

* 师生之间有大量的互动——虽然以教师讲解为主，但在课堂上应始终要求儿童做出反应
* 大量运用例证——由于儿童认知结构中的已有经验以形象为主，教师应大量采用图解或图画

[①②] 洪显利，等. 教育心理学的经典理论及其运用 [M]. 北京：北京大学出版社，2011.
[③] 陈帼眉，姜勇. 幼儿教育心理学 [M]. 北京：北京师范大学出版社，2007.

※ 运用演绎方法：先呈现儿童在生活中常见的一般概念，然后引出特殊的概念
※ 逐步深化：材料的呈现要由浅入深

3. 布鲁纳的发现学习理论

布鲁纳是美国认知心理学家，在教育心理学上享有极高的声誉。他对认知过程进行了大量研究，认为儿童最佳的学习方式是发现学习。所谓发现学习，不是让儿童去发现人类未知的知识，而是让他们运用自己的手脚、眼耳、头脑去探索，经历探究过程从而获得知识。20世纪80年代后，布鲁纳的观点更倾向于建构主义主张。

布鲁纳的发现学习理论重点体现在以下几个方面。

（1）*关注学习的内在动机*

布鲁纳认为，儿童的学习应该是他们主动求知的过程，所以成人应激发儿童的好奇心，让儿童受好奇心的驱使进行学习，并不断感受学习过程中探究发现的乐趣，而不是受奖励、惩罚、竞争等外在动机的驱使。

（2）*强调经历探究过程的学习*

布鲁纳认为，"认识是一个过程，而不是一种产品"[①]。儿童是主动学习者，需要经历探索、体验和发现的过程，所以，学习就是儿童自主参与建立知识体系的过程。当然，儿童的学习也需要教师的引导，教师应为幼儿的学习创设探究情境，而不是提供现成的知识和答案。

（3）*强调直觉思维的价值*

与分析思维所要求的严密逻辑性不同，直觉思维更具有直觉性、跳跃性和模糊性。布鲁纳认为，直觉思维是儿童发现学习的重要特征。"机灵的推测、丰富的假设和大胆迅速地做出试验性结论，这些是从事任何一项工作的思想家都应该具备的极其珍贵的财富。我们应该引导儿童掌握这种天赋。"[②]

（二）对幼儿自主学习的启示

认知主义学习理论不仅丰富了教育心理学的内容，让我们对于儿童认知的发展有了更多维的视角，而且对幼儿园教师引导幼儿的自主学习提供了理论依据和实践指导。

1. 内在动机引发幼儿真正的自主学习

奥苏贝尔强调动机因素在学习中的重要性，并提出了应在学校情境中促进学生学习的成就动机。布鲁纳主张，真正对儿童学习发挥作用的是内在动机，尤其是好奇心引发

[①②] 陈帼眉，姜勇. 幼儿教育心理学 [M]. 北京：北京师范大学出版社，2007.

的探究发现。所以，如果我们把儿童视为主动的学习者，就应该关注儿童内在学习动机的激发，谨慎使用表扬、奖励、惩罚等外在控制手段，让幼儿自主感受好奇心的满足，以及体验、探究、发现的乐趣。

2. 让幼儿亲历探究发现的全过程，避免知识的单向灌输

在传统的教学中，教师的"教"聚焦于现成的知识，"教"的过程成为教师单向传递现成知识的过程，幼儿处于被动地接受和记忆知识的角色。其实，这样的学习极易扼杀儿童的好奇心、学习的热情和自主获取知识的能力。我们强调"学会学习"，就是强调让幼儿亲身经历探究发现的全过程。《3—6岁儿童学习与发展指南》明确提出，教师应"最大限度地支持和满足幼儿通过直接感知、实际操作和亲身体验获取经验的需要"，这也是布鲁纳发现学习理论强调的核心观点。

3. 尊重幼儿学习的直觉性、随意性、变化性，不盲目追求知识学习的系统性和逻辑性

6岁以下儿童的学习具有典型的直觉性、情境性和随机性特点，大量的学习发生在生活和游戏中，尤其是幼儿的游戏具有千变万化的特点，随幼儿的兴趣和周边环境中的玩具材料而变。正是游戏的即时性、不确定性、模糊性和变化性特点，带给幼儿无限的乐趣，在充盈幼儿生命的同时，促进幼儿的创造性思维和思维灵活性的发展。所以，幼儿园教师不应该过于追求学科知识学习的系统性和逻辑性，尤其是在面对低幼儿童的学习时。

4. 打开幼儿的多感官通道，让知识输入和提取的过程更具有实际意义、更高效

加涅的信息加工理论告诉我们，信息输入的过程和质量至关重要，它能决定信息能否进入长时记忆，能否在需要时被提取出来。对6岁以下的幼儿来说，打开多感官通道接收信息，让视觉、听觉、嗅觉、味觉、触觉、运动觉等所有感觉器官全部参与到学习中，获取关于外部事物的多种信息和体验，必然有利于建构更全面、更深刻的认知经验，也有利于更高效地提取这些经验，并迁移和应用它们解决问题。

5. 将新经验与已有经验链接起来，支持幼儿的学习不断螺旋式上升

幼儿的学习过程是一个螺旋式上升的过程，每一次新经验的学习都需要与已有经验建立链接。所以，无论是预设的教学设计，还是幼儿的自主探究、自主学习，教师都应该清晰地把握支架幼儿与已有经验链接的具体策略，帮助幼儿构建一个个明晰的"生长点"，以逐步达成助推幼儿发展的目标。

给幼儿园的柚子编上号码，蕴含观察、记录和点数等丰富的学习内容

四川省绵阳市花园实验幼儿园

案例　游戏前的师幼互动（小班）

幼儿1：我想到搭建区搭一个连体楼。

教　师：连体楼是什么样子的？

全体幼儿：楼和楼是连起来的。

教　师：搭建连体楼要注意什么？

幼儿1：要特别小心。

教　师：对的，因为连体楼之间隔得太近，所以小朋友在搭建的时候要格外小心，以免撞倒。

教师出示连体楼的搭建作品照片，请幼儿观察，接着播放各种连体楼的建筑图片供幼儿欣赏。

——山东省商务厅幼儿园　姜文婷

上面案例中，教师在游戏前与幼儿交流游戏计划时，不仅能运用问题和对话帮助幼儿提取之前的生活经验与游戏经验，还能运用建构作品图片和建筑实物的图片帮助幼儿拓展经验，从而有效地支架幼儿与已有经验的链接，并拓展幼儿的经验和视野，为幼儿后续的游戏和创造提供了很好的基础。

第三章　来自早期儿童学习理论的启示　● 103

实践链接：2022 年 2 月，教育部颁布的《幼儿园保育教育质量评估指南》强调幼儿的"有意义的学习"，请结合人本主义学习理论和认知主义学习理论的主要观点，谈谈你是如何理解"有意义的学习"的？请列举一个班里的实例分析幼儿的有意义的学习，并与园内教师进行研讨交流。

本 章 小 结

本章核心内容如下。

- 了解有关早期儿童学习的理论，将有助于教师从更多维的视角看待幼儿园的教与学，站在更高的位置审视幼儿教育的实践问题，也更容易理解和践行自主学习的理念。

- 行为主义学习理论包括经典条件反射理论、操作性条件反射理论以及班杜拉的社会学习理论，它提示我们重复练习、反馈强化、榜样示范等方法对于幼儿学习非常重要。

- 皮亚杰和维果茨基都属于建构主义学派，都主张幼儿的学习是主动建构意义的过程，而非传递接受的过程。皮亚杰强调儿童的思维发展主要经历四个发展阶段，儿童通过同化与顺应不断寻求平衡的过程就是其认知发展的过程。维果茨基认为儿童的学习与文化和他人的影响密切相关，他提出的最近发展区理论以及后来的支架式教学理论对于我们理解教师的教与幼儿的学具有重要的借鉴意义。

- 人本主义心理学的代表人物是马斯洛和罗杰斯。马斯洛的需求层次理论和罗杰斯以儿童为中心的学习理论都强调动机在儿童学习中的关键作用，也提示我们应将儿童视为具有求知渴望和潜力的个体，在班级营造安全、包容、民主、激励的环境，放手和尊重幼儿的自主探究，尽可能减少外部评价，以更好地激励和强化幼儿的自主学习意识与反思能力。

- 认知主义心理学包含加涅的信息加工学习理论、奥苏贝尔的有意义学习理论、布鲁纳的发现学习理论等，研究儿童学习的发生和发展过程，提示我们如何吸引幼儿的注意，如何帮助幼儿输入、记忆、加工和输出信息，如何支持幼儿将新经验与已有经验链接以促进有意义的学习，如何激励幼儿自主地探索以促成发现学习。

山东省寿光世纪教育集团东城幼儿园

第四章

玩具与幼儿的自主学习

自主学习活动时间,三组幼儿选择了"五子棋"玩具。

第一组的两名幼儿了解五子棋的基本规则,每次发现对方有三颗棋子连成一排时都知道要堵住对方。玩了一会儿,持黑子的幼儿说:"我赢了!"持白子的幼儿马上根据对方所指的棋子进行验证,说:"不对,第四个是我的白子,你看错了方向,把我的棋子算进去了。"持黑子的幼儿也发现了自己的问题,企图改变棋子方向,结果被持白子的幼儿制止:"不可以耍赖,不是这样下的,你还没有赢。"之后,游戏继续进行。

五子棋

第二组的两名幼儿对五子棋的规则非常熟悉,战术水平较高。其中,一方明显略胜一筹,采用"三角战术"一直在赢。另一方发现了"三角战术"的厉害,开始使用各种办法围堵,在失败了很多次以后,无意中发现了破解"三角战术"的方法,趁对方不注意,赢得一局。

三角战术

第三组的两名幼儿在玩过一局之后,一方发现另一方不会下五子棋,就开始介绍五子棋的玩法。当玩到第三局时,会下五子棋的一方对另一方说:"你赢了,你仔细观察1、2、3、4。"对方恍然大悟:"这是五子棋啊。"于是,扳回一局。

从这个案例中能看出，五子棋是幼儿非常喜欢的玩具，它能够激发幼儿的游戏兴趣和热情，培养幼儿的投入、专注、坚持、勇于挑战等学习品质，发展幼儿的观察、推理、判断、快速反应以及解决问题和抗挫折能力，是幼儿自主学习的重要媒介。此外，它还适合不同能力水平、不同性格特点的幼儿玩耍，支持幼儿自主组建合作学习的共同体，让幼儿在与高手"过招"的过程中观察与反思，在出现规则问题时纠错和协商，在同伴的指导下主动学习与发展。

《现代汉语词典》（第七版）对"玩具"的解释为"专供玩儿的东西"。因此，广义的玩具，指可供幼儿在游戏中玩耍的所有东西，既包括专门制作或买来的成品玩具，也包括自然材料、生活中的物品和废旧材料，如一片树叶、一个纸盒等。在本章中，我们所探讨的玩具主要指成品玩具。同时，我们将自然材料等可以在幼儿的游戏中变成玩具的东西，称为"材料"。

一、玩具是幼儿自主学习最好的"教科书"

"玩具，尤其是幼儿园的玩具，虽以游戏玩耍为主要目的，但同时渗透着成人希望通过玩具让幼儿学习并有所收获的意图，即附带教育目标。"[①] 幼儿玩玩具的过程常常蕴含着学习，是3—6岁幼儿寓教于乐的学习方式，因此玩具不仅是幼儿的"玩物"，还是幼儿自主学习最好的"教科书"。

（一）玩具符合幼儿的发展特点和学习方式

幼儿期具体形象思维占优势，玩具具有的趣味性、直观性特征既符合幼儿的这一思维发展特点，又符合幼儿通过直接感知、实际操作和亲身体验来学习的方式与特点。苏联教育家苏霍姆林斯基说："儿童的智慧在他的手指尖上。"当幼儿玩玩具时，手指探索所获得的信息将传递给大脑，形成更多的神经连接，促进大脑的积极活动，从而更好地认识和理解事物。因此，注重操作玩具的自主学习，能从根本上转变以往"教师讲，幼儿听"的教学方式，为幼儿提供充分的"做中学，玩中学"的机会，让每个幼儿按照自己的意愿和节奏操作，获得更具个性化的经验，以及更广泛和更具有创造性的发展。比如，玩球时，幼儿会拍、踢、滚、传球等，获得以下发展：

* 掌握向上抛接球、连续拍球等技能，动作的协调性和灵活性也得到提高
* 体会玩球的乐趣和合作的重要性

[①] 郭力平，谢萌. 幼儿园玩教具：配备、设计制作与应用［M］. 北京：中国轻工业出版社，2014.

* 感知和发现球的结构、弹性、滚动等特征，并探究一些有意义的问题，比如，怎样让球弹得更高？球滚动时都走直线吗？如何让球滚进洞里……从而提升观察和探究能力
* 手口一致地点数，并通过数数、测量方法确定名次，体会数学的作用

……

（二）玩具蕴含促进幼儿多元发展的价值

玩具对幼儿来说具有深远的教育功能，能促进幼儿多方面的发展。比如，体育类玩具不仅可以促进幼儿的走、跑、跳、钻、爬、平衡等基本动作技能的发展，还可以培养幼儿的抗挫折能力、合作能力；积木类玩具不仅有助于发展幼儿的手眼协调能力，培养幼儿的观察力、想象力、创造力，促进大脑机能和手脑并用能力的发展，还对幼儿的交往能力、合作能力发展有帮助，让幼儿获得自信心和满足感；益智类玩具既有助于幼儿的智力发展，又能提高幼儿的观察力、想象力、记忆力及解决问题的能力，帮助幼儿了解事物之间的关系，理解和掌握基本概念等。

一些研究者将玩具的作用以及玩具对儿童身心发展的特有意义，归纳为以下10个方面[①]：

1. 促进幼儿身心发展
2. 引起幼儿的兴趣与集中幼儿的注意
3. 激发幼儿的创造性思考能力
4. 提供正确的指导与规范
5. 促进幼儿的社会技能与认知技能
6. 帮助幼儿建立正向的自我概念
7. 促进幼儿运动技能的发展
8. 增进幼儿的差别判断能力
9. 为幼儿提供能力所及的想象世界
10. 可在妥善安排与组织中学习知识

（三）玩具是同伴交往的媒介

玩具是幼儿学习的重要资源，也是幼儿进行同伴交往、形成"学习共同体"的媒介。有人做过实验，把两个互不相识的幼儿放在一起，在没有玩具的情况下，他们的接触并

---

① 许政涛. 幼儿园游戏与玩具[M]. 北京：北京师范大学出版社，2001.

不密切。但在出现玩具的情况下，他们的交往明显活跃起来，会交换玩具，一起玩玩具，互动的时间明显延长。[1] 观察幼儿的游戏，我们会发现玩具可以为幼儿提供更多的交往机会，帮助幼儿建立良好的同伴关系。当幼儿和同伴（尤其是更有能力的同伴）玩玩具时，彼此之间的互动可能引发幼儿产生认知冲突，促使幼儿注意他人的观点和做法，进而重新思考、调整自己的观点和做法，实现自主学习与发展。

两个幼儿将剖面管当作水渠运水

（四）玩具有助于培养幼儿良好的学习品质

玩具对于幼儿需要培养而非"教授"的学习品质具有特别重要的意义。玩玩具是幼儿积极主动、真实自然的学习过程，幼儿对玩具的好奇、兴趣、探索、想象、假设、发现等都有助于良好的学习品质的形成。比如，当幼儿玩轨道小球玩具时，他们发现不同的积木模块中隐藏的轨道不同，小球运行的轨迹也自然不同。这一有趣、好玩的现

轨道小球趣玩

---

[1] 徐则民，洪晓琴. 走进游戏　走近幼儿 [M]. 上海：上海教育出版社，2021.

象引发了幼儿的好奇和兴趣，促使他们持续探究：小球为什么会从这个方向滚出来？如何让小球滚过轨道，从出口滚出……在这个过程中，他们积极主动、认真专注、不怕困难、敢于探究和尝试，也乐于想象和创造。

山东省商务厅幼儿园

两个大班幼儿运用柜子、筐子等材料搭建轨道

（五）玩具是文化的物质载体

玩具的设计、生产、消费和使用，一方面体现了人类社会物质文明发展和科技进步的成果，另一方面体现了社会的信仰、习俗、观念和审美心理，反映了特定文化对儿童的期望，传递了特定的文化价值取向。比如，空竹、拨浪鼓、陀螺、万花筒、风筝、不倒翁等，既给幼儿带来了乐趣和美的享受，又让幼儿在游戏中感悟文化意蕴。

玩具作为人类社会现实生活物品的模拟物，其传承作用还表现在帮助幼儿学习和掌握凝结在玩具中的人类文化历史经验。比如，积木、乐高等建构玩具帮助幼儿模仿建构各种类型的建筑，了解建筑物的主要特征。

实践链接：选择幼儿园或班级里几种比较常见的玩具，尝试分析每一种玩具为幼儿的学习提供了哪些帮助。

布老虎是中国北方民间十分常见的一种儿童玩具,其产生与中华民族对虎图腾的崇拜有关;按照民间习俗,端午节期间或者婴儿出生、百日、生日时,成人会送给孩子布老虎玩具,希望孩子像老虎一样勇猛、健壮

二、好玩具支架幼儿的自主学习

玩具虽小,但承载着我们的文化和教育观念,是有效的教育手段之一。好玩具不仅给幼儿带来快乐,还可以支架幼儿的自主学习。

(一)什么是好玩具

陈鹤琴先生认为,好的玩物应符合以下五个标准[①]:
1. 好的玩物是有变化而活动的,小孩子玩了不容易生厌的;
2. 好的玩物是可以引起兴致的,如小娃娃、猫、狗之类;
3. 好的玩物是可以刺激想象力和发展创造力的,如积木之类;
4. 好的玩物是质料优美,构造坚固不易损坏的,如木类、橡皮类;
5. 好的玩物能洗濯而颜色不变,形状不丑陋,足以发舒美感的,如松香做的玩具。

---

① 陈鹤琴. 儿童游戏与玩具[M]. 南京:南京师范大学出版社,2013.

在现代社会，玩具已成为童年生活的重要组成部分，承载了高品质学前教育的发展目标。所以，人们对于好玩具的要求也越来越高。

1. **好玩具应安全卫生**

安全卫生是好玩具的基本条件，也是首要条件。在幼儿园一日活动中，幼儿有大量的时间接触玩具，如果玩具存在安全、卫生隐患，将会给他们带来不同程度的伤害。举例如下：

- 铅中毒或其他有害物质的伤害
- 烧伤和烫伤
- 窒息或勒死
- 吞咽
- 跌倒
- 电击
- 溺水
- 切伤、撕裂、擦伤等其他机械伤害

那么，什么样的玩具是安全卫生的好玩具呢？它们必须符合国家质检总局和国家标准委发布的 GB 6675-2014《玩具安全第 1 部分：基本规范》《玩具安全第 2 部分：机械与物理性能》《玩具安全第 3 部分：易燃性能》《玩具安全第 4 部分：特定元素的迁移》，也必须通过 3C[①]认证，上面印有 3C 安全标识。当然，不同的国家把不同的安全标识印在玩具上，比如，欧盟国家的玩具采用 CE[②]安全标识，英国的玩具采用狮子标识，日本玩具使用 ST 标识[③]。

此外，针对不同材质的玩具，幼儿园应采用不同的消毒方法（见表 4.1）。

表 4.1　玩具类型与消毒方法一览表

玩具类型	消毒方法
图书类玩具	通风晾晒
毛绒玩具	清洗干净，消毒柜消毒
塑料材质玩具	在 250mg/L 含氯消毒液中浸泡 10～30 分钟
木质玩具	使用 250mg/L 含氯消毒液擦拭表面

[①] 即 China Compulsory Certification 的英文缩写，指"中国强制性产品认证"。
[②] 即 European Conformity 的英文缩写，指"欧盟认证"。
[③] 即 STMARK——日本玩具安全标识。S 代表安全 safe，T 代表玩具 toy，mark 为标识。

2. 好玩具应结实耐用

在幼儿园中，玩具的使用频率远远高于家庭，因此结实耐用是好玩具的重要条件之一。很多幼儿园因经费不足而购买一些价格便宜、非正规厂家生产的玩具。这样的玩具既质量得不到保证，也不结实耐用，非但无法达到省钱的目的，反而事与愿违。此外，这种一玩就坏的玩具如果太多，就容易让幼儿在使用过程中产生挫败感，久而久之还容易养成不爱惜玩具、无法专注于玩玩具的不良习惯。

3. 好玩具应具有年龄适宜性

不同年龄阶段的幼儿具有不同的生理、心理特点，因此，玩具应具有一定的年龄适宜性。如果把难度过高的玩具投放给年龄小的幼儿，或把难度较低的玩具投放给年龄大的幼儿，就会影响幼儿的学习兴趣。当然，也有一些玩具因其结构性低、操作简单、富有创造性特点等，可以为不同年龄和不同发展水平的幼儿带来不同的游戏体验。比如，乐高积木有1300多种形状，可以供幼儿拼插出变化无穷的造型，适合不同年龄的幼儿玩耍，被称为"魔术塑料积木"。

山东省商务厅幼儿园

中班幼儿的乐高作品"雪龙2号科考船"——"雪龙2号科考船遇到暴风雪被冻住了，无法前进，破冰船来了，撞开冰面；科考船发现灯塔，安全靠岸"

4. 好玩具应具有趣味性

趣味性决定了玩具能否吸引幼儿主动使用它们进行游戏活动。如果玩具缺乏趣味性，即使它蕴含重要的发展价值也无法激发幼儿的兴趣，充其量只能算是学具或教具。

玩具的趣味性体现在以下三个方面：

* 能激发幼儿游戏的兴趣
* 能吸引幼儿专注地玩，并沉浸其中
* 具有持久的吸引力，让幼儿玩不够

比如，磁力片玩具颜色各异，形状多样，除了正方形、长方形、三角形、梯形、六边形、菱形、拱形外，还有类似管道的造型，可供幼儿进行各种平面或立体造型活动，构造出不同形态的物体形象。它们不光自带磁性，有些还加入了声、光、电元素，给玩法增添了更多想象和创造的空间。因此，与普通积木相比，磁力片玩具更有趣味性，也更容易操控，所以更适合年龄小的幼儿使用。

5. 好玩具应具有可操作性

可操作性是幼儿玩具的重要属性,如果玩具只能看不能操作,如泥人、瓷娃娃等,就无法满足幼儿主动探究和摆弄的愿望,幼儿也就很少选择它们或长时间地把玩。因此,好玩具应能促使幼儿在玩的过程中,不断地围绕问题积极寻找解决方法,在亲身感知和实际操作中主动学习,获得真正内化的知识经验。

比如,同样是陀螺玩具,电动陀螺玩具虽然也能吸引幼儿,但与传统陀螺相比,其可操作性和挑战性都明显不足;幼儿自制的陀螺玩具相较于前两种玩具,则蕴含更加丰富的游戏可能性和更多支持幼儿多元发展的价值。

山东省商务厅幼儿园

自制陀螺

山东省商务厅幼儿园

6. 好玩具应具有可变性

陈鹤琴先生说:"活的玩具儿童玩之不会生厌的,死的玩具儿童一玩就不要玩了。"因此,玩具应具备可变性和可创造性特点。当一种玩具玩法多样时,它就可以充分调动幼儿动手操作和想象创造的积极性。

可变的玩具让幼儿在每一个成长阶段,因想法不同而产生新的玩法,支持幼儿独具个性的表达和表现。

(二)如何选择和配备好玩具

好玩具是幼儿园教育的物质基础,是幼儿园质量和内涵发展的重要影响因素之一,所以,每所幼儿园都应重视玩具的选择和配备。

木质积木形状多样、功能多元、可变性强,能够不断地激发幼儿的探究兴趣,满足幼儿持续游戏的需要

山东省商务厅幼儿园

1. 根据国家和地方政府的相关文件配备基础性玩具

潘月娟、刘焱和杨晓丽选取了来自5个省市的212名园长进行问卷调查,调查发现,"35.62%的园长认为本省没有玩教具配备规范,60.27%的园长表示不清楚本省是否出台了玩教具配备规范"[1]。这一调查结果在一定程度上表明,相当一部分幼儿园管理者对玩教具配备规范等相关文件了解较少,在玩教具的选择和配备上比较盲目,没有利用国家和地方政府部门的文件来规范、指导自己幼儿园配备玩教具的意识。

虽然原国家教育委员会于1986年3月颁布、1992年修订的《幼儿园教玩具配备目录》已经在2011年被废止,新的《幼儿园教玩具配备目录》一直未正式公布,但是近20年来,北京、浙江、江苏、湖北、海南、山东、福建、陕西、河北等地先后出台了一系列教玩具配备目录、装备规范、建设标准、质量评价标准等文件,对幼儿园的教玩具配备提出了要求,如《北京市幼儿园玩具配备目录》(2010)、《浙江省幼儿园装备规范》(2009)、《江苏省幼儿园户外活动器材装备规范》(2011)等。

---

[1] 潘月娟,刘焱,杨晓丽. 幼儿园玩教具配备规范的内容与实效分析——以积木配备为例[J]. 学前教育研究,2016(07).

2. 根据幼儿的年龄特点和兴趣选配玩具

不同年龄段幼儿的发展水平和对玩具的需求各不相同，因此，教师在选配玩具时应考虑到这一点。首先，玩具本身的特点，如大小、易掌控性、零部件的大小和数量、玩具的发展价值和难易程度等，应与幼儿的发展水平相吻合。比如，在选择拼图玩具时，为小班幼儿选择片数较少、图案简单的拼图，为大班幼儿选择片数较多、图案复杂一些的拼图。其次，玩具的数量和种类也要符合幼儿的年龄特点。比如，针对小班幼儿，同类玩具应数量充足，且能引发幼儿对生活经验的回忆；为大班幼儿应提供更多样化、更复杂且具有挑战性的玩具。

幼儿的兴趣和需要是幼儿主动活动、自主学习及积极探索的基本前提，因此教师在选择玩具时应注意观察本班幼儿当下的兴趣和需要，根据幼儿的真实兴趣和需要选配玩具。

山东省商务厅幼儿园　　山东省商务厅幼儿园

刚刚入园的小班幼儿极易产生分离焦虑，小帐篷本身形成一定的私密空间，配合柔软舒适的沙发、玩偶、灯光等多重元素，可以使幼儿获得身心的安全感和安定感。

3. 根据课程和发展目标丰富玩具配备

教师可以根据课程内容和幼儿发展目标，选择、投放既适合不同能力水平的幼儿，又富有挑战性、互动性的玩具。

比如，在小班幼儿开展"亲亲热热一家人"的主题活动时，教师可以在娃娃家里投放各种布娃娃以及给布娃娃穿的衣服、鞋子等玩具，引发幼儿扮演爸爸妈妈来照顾宝宝、为宝宝梳妆打扮的兴趣，使幼儿的家庭生活经验与游戏建立连接。

山东省商务厅幼儿园

4. 根据幼儿持续深入游戏的需要选配关联性玩具

在观察了幼儿持续深入和创造性地玩玩具后不难发现,他们有时用多套玩具一起玩,有时与其他玩具材料组合玩。因此,教师在选配玩具时应注意玩具之间的关联性,以更好地支持幼儿的自主探究。

案例　好玩的滚动

塑料齿轮玩具与积木的组合,让幼儿的积木游戏不再局限于搭建活动,有了更多探究的可能。幼儿从游戏中学到的东西也变得丰富起来。

游戏中,骏骏和甜甜尝试搭建一座高架桥与斜坡,让齿轮玩具沿着桥面从斜坡上滚下来,最后落到大圆圈里。经过反复尝试,他们获得了成功。

之后,甜甜提议一起搭建一座滑梯,他们先后搭建了滑道和楼梯,并用齿轮制作的小车和单一的齿轮进行比赛,结果发现齿轮跑得更快。

——山东省商务厅幼儿园　刘静

好玩的滚动

5. 教师和幼儿共同制作一部分简单实用的玩具

除了购置一些好玩具外，教师还可以就地取材，利用各种安全、卫生的自然材料和废旧物品与幼儿共同制作一些玩具，这样既可以有效地弥补玩具针对性较差和数量不足的缺憾，又可以弥补经费不足的问题。有的自制玩具可能存在不够结实耐用的问题，但是教师需要重视的是幼儿参与制作玩具的过程，而非结果，制作过程往往对幼儿的自主学习更具价值。比如，制作前，教师可以与幼儿一起搜集原材料，了解玩具的结构和制作方法；制作过程中，关注幼儿自主参与的意识和能力以及遇到的问题，引导幼儿创造性地解决问题，并在解决问题的过程中获得多元发展。

案例　沙包大战

大班幼儿喜欢玩沙包游戏，但班上的沙包坏了不少。没有沙包怎么办？在教师与幼儿进行讨论之后，幼儿开始尝试自制沙包。

沙包大战

1. 怎样制作沙包

对制作沙包感兴趣的小朋友，自发地聚到一起展开讨论，提出制作纸黏土沙包、磁力片沙包、布沙包等充满创意的想法。之后，幼儿开始自主结对设计制作图，并计划自制沙包需要的材料和步骤等。比如，有两个小组都想使用纸黏土制作沙包，但是制作方法略有不同。有的小组采用黏土球外加皱纹纸的方式；有的小组将纸黏土设计成立方体，外面缠绕绳子，再用纸包起来。此外，还有的小组计划将一块布剪成4块，再用胶带粘起来，最后装上沙子。

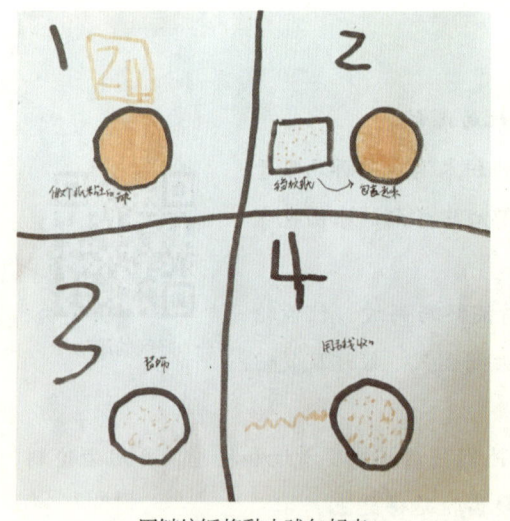

用皱纹纸将黏土球包起来

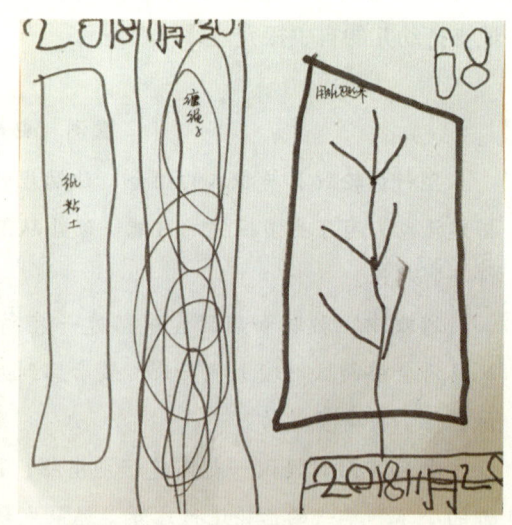

用绳子把立方体黏土缠起来，再用纸包好

将布剪成四块，用胶带缠起来，再装上沙子

2. 是这样制作沙包吗

幼儿在制作过程中遇到了各种各样的问题，比如，用布制作沙包的小组选用了不织布，目测着用剪刀剪出了5块大小不一的正方形，接着两人合作用透明胶布把两块不织布的边线粘起来，但尝试了很久都没有成功。于是，他们换成了白胶，再次失败。正当两人一筹莫展的时候，其中一名幼儿提出使用老师常用的热熔胶试一试。最后在老师的帮助下，他们成功地使用热熔胶将5块正方形的布粘合起来，形成立方体框架。两名幼儿不约而同地惊呼："少了1个正方形！"接下来，他们又剪了1个正方形，并粘好。沙包做好了，他们开始向沙包中装沙子。在装沙子的过程中，他们发现细的沙子会从布片相连接的不平接口处漏出来，于是，他们在沙包外层包裹了一层透明胶布，防止沙子泄漏。就这样，在不断发现问题、解决问题的过程中，他们最终完成了自制沙包的任务。

3. 试试沙包好用吗

在制作好沙包后，各组幼儿通过游戏尝试沙包是否好用。有的幼儿发现了沙包漏沙、打在身上疼等问题，然后与同伴商讨解决办法。

案例反思

本次活动探究的深度和广度已远远超出教师的预期。虽然幼儿在制作沙包的过程中遇到了很多问题，但他们自主计划、讨论和尝试解决，不断突破自身经验和技能的局限，将对问题的探究引向深入。在参与制作沙包的过程中，幼儿不仅收获了丰富的科学经验，提升了探究能力，还磨炼了不言放弃、不断追求突破的意志，获得了不断寻求问题解决的多元策略，而这些对幼儿的终生发展具有积极意义。

——山东省淄博市柳泉幼儿园　许玲

实践链接：请运用表 4.2 对本班或本园的玩具材料进行自查，看看现有的玩具材料有哪些？是否符合好玩具的标准？高结构材料与低结构材料的比例是否合适？能否关注到幼儿发展的全面性？能否支持全班幼儿的自主学习和自主游戏？是否需要进行调整和补充？应如何结合幼儿当下的兴趣和课程目标进行调整？

表 4.2　玩具材料自查表

类别	种类与数量	支持幼儿开展的主要活动	高低结构的比例	适宜性分析	调整意见
运动类（室内主要指向精细动作，户外主要指向大肢体动作）					
建构类					
角色游戏、表演游戏类					
益智、科学类					
美工类					
阅读类					
生活操作或体验类					
木工类					
种植饲养类					
其他					

三、如何发挥玩具的最大价值

没有幼儿不喜欢玩具，但是我们经常发现幼儿在玩玩具的过程中容易出现盲目玩、简单玩、频繁更换玩具甚至破坏玩具等问题。要想让玩具发挥最大价值，教师应注意以下几点。

（一）透彻分析玩具，熟知玩具的特点和玩法

仅仅为幼儿提供玩具是不够的，教师应像钻研文本教材那样分析玩具，研究玩具的特点和玩法，关注幼儿操作玩具的行为，为每个幼儿提供适宜其身心发展特点和需要的引导与帮助。

1. 为什么要分析玩具

教师只有了解并熟知玩具的构造、功能和玩法，认识并理解玩具对于幼儿学习与发展的独特价值，才能让玩具成为幼儿自主学习最好的"教科书"。

（1）分析玩具是深度认识玩具的过程

玩具可以把儿童很难理解的抽象概念和关系具象化。比如，七巧板玩具中蕴含空间关系和几何形状等数学概念。分析和研究玩具，可以帮助教师领会玩具的设计理念与意图，熟知其基本玩法，把握玩具中蕴含的核心发展价值，思考让玩具对幼儿发展发挥良好作用的方法。

（2）分析玩具是选择玩具的依据

并不是所有的玩具都适合所有的幼儿，分析玩具可以帮助教师从本班幼儿的发展水平、已有经验、兴趣、需要等角度，更好地选择和投放适宜的玩具，支持幼儿的自主学习与发展。

（3）分析玩具有助于教师进行游戏观察与指导

现实中，教师不会观察或指导幼儿游戏的现象普遍存在。当教师对玩具进行了细致的分析后，他们就能更好地把握观察的角度，理解幼儿的游戏行为，了解幼儿的发展需要，给予幼儿适宜的指导。

2. 如何分析玩具

现阶段，很多幼儿教师仅仅关注教学活动的设计和开展，对玩具的了解非常有限。在笔者走访过的幼儿园里，有的教师甚至不知道班级里投放的玩具怎么玩，更别说细致、准确地分析了，这导致玩具的应有价值未能得到充分实现。

在对玩具进行分析时，一般可以从玩具的构成、特点、玩法、蕴含的价值、适宜性、投放与指导策略等几个方面展开。幼儿园可以借助集体研究的方式（如体验式教研、玩具分析会等）组织教师共同分析玩具，帮助教师形成玩具研究与分析的意识，提升玩具分析的能力，进而促进教师的专业发展。

针对玩具分析的教研活动

1. 针对玩具结构的讨论

（1）这个玩具由哪几部分组成？是什么材质的？

（2）玩具各部分之间是否存在逻辑关系？如果存在，是什么样的关系？

（3）这个玩具是否存在安全和卫生方面的隐患？

（4）这个玩具结构化程度高还是低？对本班幼儿是否适宜？

2. 针对玩具玩法、价值的讨论

（1）这个玩具的基本玩法是什么？有哪些价值？

（2）除了基本的玩法，还可以怎样创造性地玩它？有哪些价值？

（3）这个玩具有局限性吗？如果有，体现在哪些方面？如何引导幼儿突破其局限，玩出创意？

3. 针对玩具使用的推测性讨论

（1）哪些幼儿会更喜欢玩这个玩具？不同年龄班的幼儿，会有不同的玩法吗？

（2）就性别偏好明显的玩具，反向追问。比如，就女孩更喜欢的玩具追问：男孩可以玩吗？如果男孩玩，可以怎样玩？教师应该提供什么样的支持？

（3）这个玩具可以引发或推动幼儿生成怎样的游戏主题与情节？在使用过程中，可以怎样推动幼儿通过游戏获得更高效的发展？

4. 针对玩具投放和引导策略的讨论

（1）这个玩具适合一次性投放还是分层次、分批次投放？

（2）投放前，教师需要讲解玩法或示范玩法吗？

（3）幼儿在玩的过程中，可能会遇到哪些难点？教师应如何跟进引导？

3. 常见玩具分析举例

（1）运动类玩具：保龄球

① 玩具的构成和特点

保龄球玩具由1个滚球和10个一样大的瓶子组成，瓶子多为木质或塑料等不易破碎的材质。球的大小、重量、材质，球道的长度、材料，以及瓶子的数量、摆放位置、重量、形状等变量的变化，都会产生不同的结果。

该玩具的结构化程度相对较低，幼儿可以根据自己的想法选择球的重量，瓶子的数量、摆放位置、摆放形状以及球道的长度，探究其中的变化。

② 玩具的玩法

玩法一：在球道终端将10个瓶子摆放成三角形，参加比赛的幼儿在犯规线后轮流投球撞击瓶子，根据击中的瓶子数量判断胜负，这种规则更适合年龄小一点的幼儿或者是初学者；针对年龄大一点的幼儿，可以在瓶子上标明数字，将击倒的瓶子上的数字累加后确定最终得分。

玩法二：提供不同重量的滚球，鼓励幼儿探究滚球重量与滚动距离的关系。

玩法三：改变10个瓶子的摆法，探究哪种摆法有助于击中更多的瓶子。

③ 玩具蕴含的价值

该玩具可以锻炼幼儿的手部力量，发展幼儿的手眼协调能力和投掷能力，吸引幼儿探究瓶子的摆放方式、滚球的力量、距离与击中瓶子的关系，提高幼儿的计数、加减运算、观察、测量、推理、空间感知等多方面的能力。

④ 玩具的适宜性分析

保龄球玩具的趣味性、可操作性强,适合各年龄段幼儿玩耍。但是,针对小班幼儿,可以提供大一些的球,球道的长度设置得短一些,瓶子的数量多一些,以便幼儿击中;针对中大班的幼儿,可以提供不同重量、不同大小的球和瓶子,鼓励幼儿自主选择和摆放,并自主商讨变化游戏玩法,自主设定游戏规则,自主记录游戏结果,在记录中学习比较和计算。

⑤ 玩具操作的难点及玩具投放与教师支持策略(见表 4.3)

表 4.3　玩具操作的难点及玩具投放与教师支持策略

幼儿可能遇到的难点	玩具投放与教师支持策略
单手滚球	允许幼儿先尝试双手滚球,逐渐改为单手滚球
滚球的方向、力度的准确性	可以先缩短球道的距离,或增加瓶子的数量,然后根据幼儿能力的不断提高,逐步延长球道的距离或减少瓶子的数量
把握瓶子与瓶子之间的适宜摆放距离(如果摆放得太远,倒掉的瓶子无法推倒旁边的瓶子;如果摆放得太近,倒掉的瓶子就会推倒所有的瓶子)	可以提供有关摆放瓶子位置的图纸,鼓励幼儿在图纸上摆放,引导他们发现瓶子与瓶子之间摆放距离的关系,掌握测量距离的简单方法,如借助手掌或瓶子进行测量,直至幼儿最终能脱离图纸熟练摆放 也可以先由幼儿自主进行开放性摆放,游戏过程中或游戏后,教师再引导幼儿讨论交流,发现瓶子摆放的规律
探究瓶子的摆放方式、滚球的力量、距离与击中瓶子的关系	可以为幼儿提供不同重量、大小的瓶子和球,鼓励幼儿探究,并通过记录和讨论帮助幼儿梳理且提升相关经验

(2)益智类玩具:七巧板

① 玩具的构成和特点

七巧板是由 7 块板组成的,包括 5 块等腰直角三角形(2 块小三角形、1 块中等大小的三角形和 2 块大三角形)、1 块正方形和 1 块平行四边形。板与板之间存在着逻辑关系,比如,大三角形的腰长 = 小三角形的腰长 + 平行四边形的上 / 下边长,或者大三角形的腰长 = 小三角形的腰长 + 正方形的边长。7 块板可以拼成一个完整的正方形。

七巧板是一种古老的拼图游戏玩具,也是一种极好的智力玩具。它操作简单且具有低结构性特点,可供不同年龄段的幼儿玩耍,是幼儿园常见的益智类玩具。

② 玩具的玩法

基本玩法:利用全部的 7 块板拼摆出各种图形,且板与板之间要连接起来,如点的连接、线的连接或点与线的连接。

在此基础上,还可以有以下两种玩法。

玩法一:看图拼摆,即根据提供的图纸拼摆出相应的造型。

以上两种图纸有所不同,左边的图纸是彩色的,清楚地标注了每一块板的具体位置,幼儿只需根据图纸选择正确的图形摆在相应的位置即可;右边的图纸是黑白的,只显示图案的形状,幼儿需要认真观察、比较,寻找适合的板进行尝试,拼摆出与图纸上相同的图案。虽然都是看图拼摆,但是两种图纸的难度明显不同,右边的图纸难度较大,更适合中大班幼儿。

玩法二:自创图形,即幼儿根据自己的想象拼摆出各种不同的图案。

③ 玩具蕴含的价值

七巧板玩具可以帮助幼儿建构形状和空间概念,了解几何图形之间的基本逻辑关系,领悟图形的分割与组成,提高对数量和几何形状的认知,增强视觉分辨、颜色辨认、视觉记忆、手眼协调、动手操作能力。

此外,它还能够帮助幼儿建立实物与形态之间的联系,对幼儿的观察力、想象力、逻辑分析能力、创造力都有有益的影响。

④ 玩具的适宜性分析

* 经济耐用、安全卫生:七巧板玩具价格便宜,且多是木质、硬纸板或塑料材质,安全环保,便于清洁消毒
* 有趣且富有吸引力:七巧板玩具简单、易操作且造型千变万化,对幼儿充满了吸引力,幼儿可以使用它们拼摆出各种图案,并将其想象成各种不同的东西,如小鸟、飞碟、轮船等
* 具有挑战性:七巧板玩具配有彩色、黑白两种不同形式的图纸,为幼儿提供了不同水平的挑战……幼儿需要通过观察、比较,以及不断尝试才能完成任务,从中获得的成功体验有助于其良好学习品质的形成

⑤玩具操作的难点及教师支持策略（见表4.4）

表4.4 玩具操作的难点及教师支持策略

幼儿可能遇到的难点	教师支持策略
熟悉7块板的形状、大小和颜色	1. 分类游戏：鼓励幼儿将7块板按照形状进行分类，并点数说出每种形状的板有几块，以及它们有什么不同。 2. 配对游戏：根据7块板的形状、大小设计一个配对游戏板，邀请幼儿找出与游戏板上相同的拼板，然后逐个放在配对游戏板上，直到放完为止。
学会看图纸，摆出与图纸上一样的图案	按图拼摆时，教师可以制作出与每块板的尺寸完全相同的图纸，让幼儿在图纸上进行拼摆，降低操作的难度。当幼儿学会看图纸，掌握了基本操作方法后，教师再逐渐替换成缩小版的图纸，供幼儿看图进行操作。
想象、创造出各种不同的图案	为幼儿提供一些他们比较熟悉且造型简单的物体的图片，供幼儿使用；也可以提供一些带有粘贴功能的展示板，以便保留幼儿创作的作品，供其他幼儿学习和借鉴，激发幼儿想象、创造的兴趣。
收纳整理玩具	七巧板玩具的收纳整理，对初次接触它的幼儿来说具有一定难度。教师可以先在收纳盒的底部摆放一张完整的图纸，然后根据幼儿的情况将图纸中的部分图形撤掉，引导幼儿尝试用填空的方式完成收纳，最后完全撤掉图纸，让幼儿独立收纳。

（二）基于观察，研究推动幼儿持续深入探究玩具的策略

推动幼儿深入地探究玩具，就是启发幼儿充分地玩玩具，最大限度地发挥玩具的价值。通俗地讲，就是让幼儿玩得"更到位"和"更深入"。但是，这并不等于教师要手把手地教幼儿玩，也不等于教师要过多地干涉幼儿玩、规定幼儿应该如何玩，而是基于观察在关键时刻给予必要的引导。

启发和推动幼儿将玩具玩出深度的策略有以下几种。

1. 放手让幼儿自由自主地玩

玩具的价值在于"玩"。当幼儿拿到新玩具时，他们不会像成人那样先看产品说明书，而是出于自己的好奇心，随意地摆弄操作，遇到困难时才会寻求他人的帮助。因此，当班级投放新玩具时，教师应首先放手让幼儿自由自主地玩，让幼儿充分地感知和探索，这既是他们熟悉玩具的过程，也是他们自主学习与积累经验的过程。教师可以利用这个过程仔细观察，了解幼儿的兴趣点、已有经验、发展水平及出现的问题，思考推动幼儿玩出深度的具体策略。

2. 层次递进地投放玩具

层次递进地投放玩具，是指教师遵循幼儿的发展特点和需求渐进式投放玩具。比如，按照由浅入深、从易到难的原则投放玩具，使玩具能够不断满足幼儿逐步提高的需求，具有挑战性和可发展性。

（1）根据玩具玩法的难易程度投放

比如，关于棋类游戏，教师可以首先引导幼儿玩四子棋，然后逐渐过渡到玩五子棋、六子棋。

再比如，益智游戏"惊险拦截"中有120道关卡，分为初级、一般、中等、复杂等由易到难多个层次。教师可以从初级开始逐步投放，通过闯关游戏激励幼儿不断学习、不断挑战自我。

（2）根据玩具零部件的数量由少到多地投放

比如，益智游戏"糖果速配游戏"配有41张糖果卡片和3个骰子。其中，糖果的颜色分为单色、双色和三色，骰子的每个面分别为红、黄、蓝、绿、橙、白六种颜色。

游戏规则为：游戏者投掷骰子，根据骰子上面的颜色，选择相应颜色的糖果，谁先得到 5 块糖果即为胜利者。最初投放玩具时，教师可以减少糖果和骰子的数量，比如，投放单色糖果和 1 个骰子。随着幼儿水平的不断提高，可逐渐增加糖果和骰子的数量。

3. 为幼儿搭设支架

在持续深入探究玩具的过程中，幼儿难免会遇到困难，此时教师为幼儿搭设支架就显得尤为重要。

（1）任务支架

任务支架是任务驱动型游戏的支持和推动策略。教师可以根据幼儿对玩具的兴趣及自身能力发展水平，设计不同程度的任务，以激励幼儿在不断挑战的过程中持续深入地玩玩具，并获得多元发展。

案例　好玩的魔塔

魔塔玩具包括红、黄、蓝、绿、白五种不同颜色的积木共 15 块，外形近似正方形，积木与积木之间存在一定的数学逻辑关系，可以垒高。但是，其立体组合玩法蕴含卡锁的技巧，5 岁幼儿对此难以掌握，因为他们的双手灵活配合能力有待提高。

教师将卡锁技巧的图片提供给幼儿，鼓励幼儿自主完成。卡锁技巧的难点在于，如何将两个绿色部件插入蓝色和红色部件的缺口。幼儿在任务的驱使下，探索出许

多解决问题的办法,比如,借助自己的腿、利用魔塔玩具的透明底座、同伴之间进行互助等。

——山东省商务厅幼儿园　王群

(2) **图示支架**

教师通过提供适宜的图示,如步骤图、路线图、提示图、实物图、结构图等,为幼儿深入持续地玩玩具提供支持。幼儿期,具体形象思维占主导,图示可以帮助幼儿拓展经验、直观地感知和理解事物及其关系,有助于幼儿自主开展探究活动。

山东省商务厅幼儿园
墙面呈现了建筑物的结构图
(局部)

（3）材料支架

有很多玩具，幼儿在使用它们时还需要一些辅助材料、工具等，以丰富游戏内容，进一步发挥玩具的价值。比如，在投放积木类玩具的同时，如果能提供一些人偶、交通工具、动植物、交通标志等辅助材料，就能支架幼儿生发更丰富的建构游戏主题，让幼儿的建构活动与象征性游戏相结合，吸引更多的幼儿加入积木建构游戏中。

在中班幼儿搭建高架桥时，教师提供了汽车玩具、交通标志等辅助材料，为幼儿丰富游戏情节提供了支持

大班幼儿根据图画书中哪吒的形象使用橡皮泥进行美术制作，图画书作为辅助材料起到了支架作用

（4）经验支架

学习只有与幼儿的个人经验建立联系，才能产生好的效果。经验支架是指教师根据幼儿在玩玩具的过程中遇到的难点，通过观察、参观、调查、视频分享、交流讨论等策略有效拓展幼儿的经验，或者利用家庭、社会等多种资源及途径丰富幼儿的认知经验，为最大化发挥玩具的价值提供帮助。

例如，玩垃圾分类玩具时需要幼儿对垃圾有初步的认知经验，如，药瓶属于有害垃圾，苹果核属于厨余垃圾，等等。缺乏这些生活经验，幼儿将无法顺利地操作玩具。教师可以通过集体教学、调查、观看小视频、交流讨论等活动丰富幼儿的相关经验，以支架幼儿对玩具的操作，帮助幼儿获得更多元的学习与发展。

两名大班幼儿在操作垃圾分类玩具

4. 创设有趣且有意义的游戏情境

教师可以通过创设故事性、竞赛性、问题式游戏情境激发幼儿的兴趣，促使他们投入对玩具的持续探索过程中。

（1）故事性游戏情境

比如，为了发展幼儿的手眼协调能力，幼儿园经常提供"钓鱼玩具"，该玩具需要幼儿具备较强的专注力和耐力。于是，教师通过《小猫钓鱼》的故事，引导幼儿懂得不能三心二意，只有集中注意力才能钓到鱼，以此激励幼儿专注地玩玩具，并促进专注、坚持性等学习品质的发展。

小猫钓鱼

（2）竞赛性游戏情境

比如，"叠叠乐"玩具，对培养幼儿的专注力、记忆力、逻辑性、观察力、动手能力和抗挫折能力很有帮助。但是，该玩具对幼儿具有一定的挑战性，容易导致幼儿半途而废，所以教师可以采用两人或小组竞赛的方式，激发幼儿持续探究的兴趣。

山东省商务厅幼儿园
叠叠乐

（3）问题式游戏情境

在下面案例中，图画书《城里最漂亮的巨人》①激发4名幼儿产生了运用螺母积木搭建巨人的愿望。纵观整个游戏过程，教师和幼儿创设了4个具有层次递进性且富有情趣的问题情境，在问题的推动下一步步深入而持续地探索如何搭建一个稳固且能移动的巨人。

案例　螺母积木——巨人的腿

玩具分析

螺母积木中包含木板、滑轮、螺母、螺栓、绳子等多种类型的材料，以拧螺母为主要连接方式，融合拧、绑、系、组合等多种技能，既能满足幼儿的探究兴趣，又能促使幼儿在使用过程中锻炼小手肌肉，发展幼儿的空间思维和创造能力，促进幼儿在科学、技术、数学、艺术等方面的综合发展。

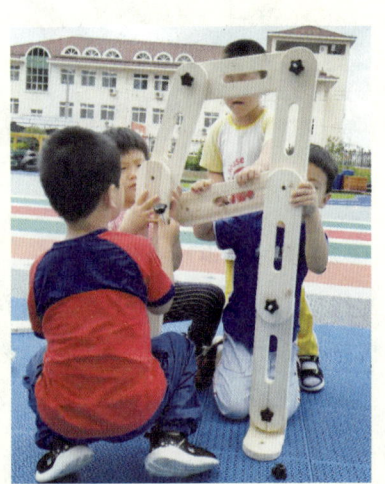

利用拐角积木站稳的巨人

创设问题式游戏情境

1. 问题情境一：如何让巨人站起来？

活动开始前，成成、俊俊、明明和弟弟自然进行了分工，拼出了巨人的腿和身体，但是由于

---

① 该书的简体中文版已由外语教学与研究出版社于2018年出版。

板子两头是弧形的，导致巨人不能站立在地上。针对这个问题，俊俊拿来拐角积木，将拐角的一面放在地上，另一面连接巨人的腿，巨人成功站稳了。

2. 问题情境二：如何让巨人动起来？

玩了一小会儿后，他们遇到了另一个问题，巨人无法走动……于是，俊俊再次来到装材料的柜子中，这次他选择了一个滑轮，将滑轮夹到巨人的脚上，但巨人并没有动起来。俊俊趴到地上，对伙伴们说："这个轮子太小了，不在地上，动不了！"这个办法显然行不通。

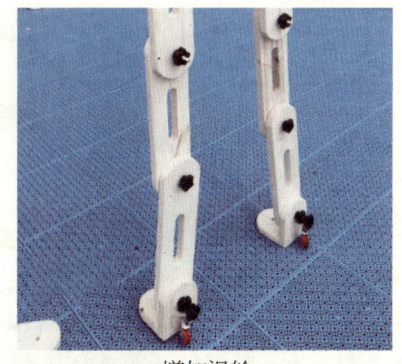
增加滑轮

于是，他们找来圆形材料，将其与板子相连接，俊俊说："拧得松一点就能动了。"他提醒成成，不要把螺丝拧得太紧。很快，他们发出了欢呼声，巨人的脚可以移动了！他们开心地推着巨人走来走去。

可以移动的腿

3. 问题情境三：如何让巨人自己站立？

俊俊发现了新问题："巨人需要我们一直扶着，我们一松手它就会倒下。"成成想了想说："再加一块板子吧。"成成又拿了一个圆形材料，用两个圆形材料夹住板子，巨人的脚升级成为双轮。这一次，当他们松开手时，巨人稳稳地站在了地上，孩子们的脸上流露出满满的骄傲。

用两个圆形材料夹住板子

4. 问题情境四：如何让巨人的腿更加稳固？

由两个圆形材料加固的腿虽然能够独立站立，但还是有点摇摇晃晃。俊俊环顾教室说："小椅子、桌子都能立在地上。"我赶紧追问他们："这些东西都有什么相同的地方？"明明说："我知道，它们都有四条腿。"孩子们又重新开始讨论起来，弟弟说："对，有四条腿会稳，你看椅子就不会倒。"明明反驳道："巨人是个人，人怎么能有4条腿啊？"俊俊点了点头说："对，巨人没有四条腿，我们用四个板子做一条腿不就行了吗？"在孩子们的共同努力下，巨人的一条粗壮的腿出现了，它既能向前走动，又能稳稳地立在地上。

用四个板子做一条腿

案例反思

本案例体现了问题情境下的幼儿主动学习。案例中,幼儿聚焦于巨人的腿站立和走动的难题:从如何站、如何走再到既能走、又能站稳。在这个探索过程中,幼儿不断地尝试、判断、讨论直至成功。正是这种玩具的变化性和不确定性给幼儿带来了可探究的复杂问题,让幼儿在反复尝试解决问题的过程中,发展了学习品质与学习能力。

——山东省商务厅幼儿园　孔庆莉

5. 游戏伙伴的加入

成人和同伴作为游戏伙伴的加入,不仅可以使幼儿体验到游戏的乐趣,还有助于幼儿解决玩玩具过程中遇到的困难,丰富相关经验,促进学习与发展。上面案例中,四个小伙伴之间相互影响、相互帮助,从而形成学习共同体。同伴的加入、质疑、建议、支持、回应……为幼儿扩展了思路,促使他们借鉴彼此的思路共同协作解决问题。比如,面对"如何让巨人的腿更加稳固"这个问题,俊俊提出"小椅子、桌子都能立在地上",引发了大家的思考。借鉴桌椅的特征,幼儿探究出用四个板子制作一条腿的方法。由此可见,游戏伙伴的加入对幼儿持续、深入地探究玩具起到了关键作用。

6. 激发幼儿创造性地玩玩具

在教育实践中,教师往往要求幼儿根据玩具的既定玩法玩,从而限制了幼儿的思维。启发幼儿创造性地玩玩具,有助于教师从"重知识、轻能力"的传统观念中挣脱出来,引导幼儿学会分析问题、研究问题和解决问题,发展其敏锐的洞察力和丰富的创造力、想象力。

比如，就吹泡泡游戏而言，除了用吸管吹泡泡外，还可以用什么工具吹？漏勺、羽毛球拍、钥匙等材料可以吹出泡泡吗？心形和方形的工具吹出来的泡泡是什么形状的……教师应激发幼儿尝试运用多种材料和多种方法玩吹泡泡游戏的兴趣，从而丰富他们的经验，提升他们的科学探究能力。

吹泡泡玩具

山东省商务厅幼儿园

教师还可以利用活动结束后的交流分享环节，组织幼儿讨论玩具的玩法，展示某些幼儿的创造性表现，以此启发幼儿创造性地玩玩具。

案例　从"挑木棍"到"滚木棍"

玩具分析

木棍玩具的构成：红、黄、蓝、绿这四种颜色的圆形木棍各10根。

教师预设的传统游戏"挑木棍"玩法：幼儿握住所有木棍，将其垂直放于桌面上，轻轻松手让木棍自然散开，呈一根压一根的状态。然后，拿起一根木棍去挑最上面的木棍，如果其他木棍纹丝不动，那么挑出来的最上面的木棍就属于自己。如果其他木棍动了，那么挑战失败，轮到下一名幼儿继续挑战。

滚木棍

因为木棍是圆形的且较粗，所以幼儿在挑木棍的过程中容易导致木棍滚动并碰到旁边的木棍，难度较大。

游戏过程

在轮流玩了三四局"挑木棍"游戏后，牛牛和涵涵因为木棍容易滚动的问题不喜欢玩了。教师问道："除了这一种玩法，还有其他玩法吗？"牛牛思考片刻，试探性地问道："这个木棍喜欢滚，要不，我们玩滚木棍的游戏？"我一听，赞许道："好啊，很有趣的想法！"看到孩子们兴趣高涨，我又提出了新的问题："滚木棍游戏可以在哪里玩？怎么玩呢？"牛牛想了想，抬了抬桌子。涵涵一看，立马把小椅子放在桌子腿下方，桌面变成一个可滚动的斜面，涵涵又将盒子里的材料全部倒出来放在旁边的木桩上，留出空盒子来接木棍，这下"万事俱备，只欠东风"了。

桌面变成斜面

接住一根木棍很轻松

同时接住两根木棍有点难

1. 一根木棍。牛牛负责在桌子的高处放木棍，涵涵则拿着盒子接木棍。牛牛分别采用横着、竖着、斜着等方式不断调整木棍的方向与位置，给涵涵增加难度，但是涵涵每次都能迅速地做出反应将其接住。

2. 两根木棍。为了进一步增加难度，牛牛发明了两根木棍同时滚落的游戏方式。他采用"一"字形、"V"字形、"八"字形摆放方式，不断加大挑战的难度，涵涵虽然快速移动盒子，但是只能勉强接住一根，不一会儿他就离开了游戏区域。看到涵涵离开，没玩尽兴的牛牛赶紧找到他，说："这次轮到你来滚。"交换角色的方式，让游戏得以继续进行。

3. 多根木棍。涵涵从两根木棍逐步变成三根、四根、五根，甚至一下把所有木棍全放下，牛牛没接住几根，结果木棍落了满地。

游戏分享环节，教师请牛牛和涵涵把他们的新玩法介绍给大家，小朋友们对他们的新玩法非常感兴趣。围绕多根木棍一起滚的玩法，我抛出问题，引发幼儿思考："一大把木棍一起滚下来的做法好吗？"幼儿纷纷发表意见："大把木棍一起滚，谁也接不住，还要再捡起来，太麻烦了。""捡木棍的时间用得多，滚木棍的时间就少了，那应该换个游戏名字，叫'捡木棍'。"

我又提出新的问题："最多几根木棍一起滚落比较合适？"有的幼儿说10根，有的幼儿说5根，还有的幼儿说2根。在这个问题上，幼儿发生了分歧，于是我鼓励他们先在游戏中试一试，再做决定。

分析与反思

本案例中，幼儿利用桌面光滑、可倾斜的特点，借助小椅子垫高其中的一端，巧将收纳盒变为游戏道具。他们对现有材料的创造性使用，是其思维灵活性的体现，也是教师在激发幼儿创造性玩玩具过程中的惊喜收获。从挑木棍到滚木棍的过程，也是一个从教师预设游戏玩法到幼儿创造性地玩自己的游戏的过程，它打破了教师原有的模式化思维，带来更多元的幼儿发展。当然，受年龄特点的限制，幼儿在创造性地玩玩具时，难免会出现一些问题。教师在游戏后的分享环节及时抛出两个问题追问幼儿，引发幼儿的讨论、反思，并支持幼儿在接下来的游戏中通过再尝试来确定游戏的规则，体现了幼儿的自主学习。

——山东省商务厅幼儿园　高兴美

实践链接：请从玩具的构成、玩法、蕴含的价值、适宜性以及投放与支持策略等方面分析幼儿园或班级内常见的玩具。

四、如何将材料变成玩具

陈鹤琴先生指出："对玩具应作广义理解，它不是只限于街上卖的供儿童玩的东西，凡是儿童可以玩的、看的、听的和触摸的东西，都可以叫玩具。"[1]确实，大自然及生活中很多常见的材料都可以作为幼儿的玩具。比如，一块石头，幼儿可以在上面作画，可以将它当作小饭店的"食物"，还可以使用它玩垒高的游戏，可玩性极强。需要强调的一点是，将材料变玩具并不是将材料制作成玩具，而是将材料作为"非专门的玩具"，因为它们可以引发幼儿自主的操作、探究和嬉戏行为，因而具有和玩具一样的意义。

（一）材料支架幼儿的自主学习

材料来源广泛，随手可得。好奇心和爱玩的天性，引发幼儿不断操弄周围环境中的各种物品材料，从中不仅获得游戏的满足，还有对各种物品和材料的特性的感知与认识，以及思维能力、想象力、创造力、问题解决能力的发展。

---

[1] 陈鹤琴. 儿童游戏与玩具［M］. 南京：南京师范大学出版社，2013.

1. 发展幼儿的抽象思维能力

通过自由使用材料，幼儿可以运用各种感官充分感知各种材料的特性，如软、硬、光滑或粗糙等；还可以通过对不同材料的组合使用，逐渐发现它们之间的联系，发展分析、判断、推理、归纳等能力，从而促使自己的思维由具体形象向概括、抽象发展。

2. 激发幼儿的想象力和创造力

日常生活中的物品尽管有较为固定的功能属性，但幼儿可以创造性地使用它们，比如，做饭的锅，幼儿既可以用来玩做饭的游戏，也可以把它当作舀水的工具，还可以用它在沙池中制作沙堡等；自然材料的特点普遍为结构性程度相对较低，如石块、木块、树枝、树叶，便于幼儿根据自己的想法和想象自由地使用，玩出花样。

3. 提高幼儿解决问题的能力

幼儿在操作材料的过程中，也可能自主萌发利用材料制作玩具的创意，这个过程不但可以发展幼儿对多个领域的认知，培养幼儿发现问题、解决问题的能力，还可以激发幼儿爱护玩具的情感。比如，幼儿在使用纸片制作风车时，如何将纸片进行四等分？用什么工具打孔？固定叶片时的紧度与风车转动的关系是怎样的？这些问题的解决有助于幼儿对数学、科学等领域的认知和探索。

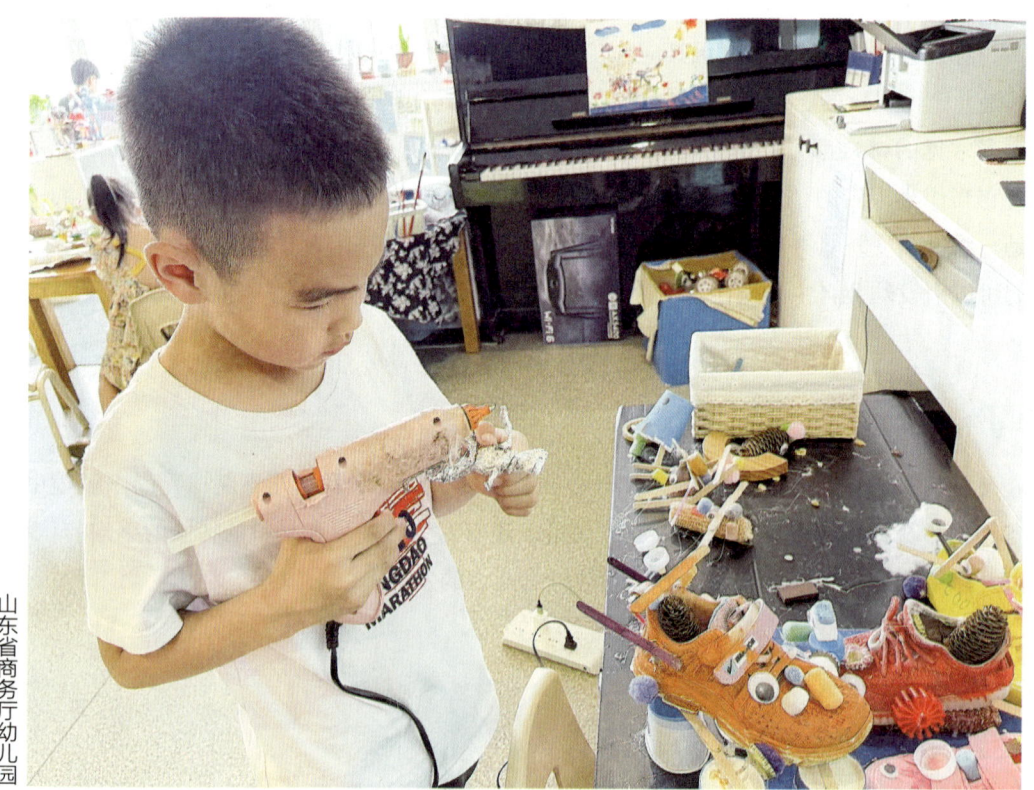

山东省商务厅幼儿园

大班幼儿利用鞋、松果、纸杯等材料制作汽车

（二）什么样的材料可以变成玩具

幼儿好动、好游戏的天性决定了他们随时随地都会玩身边碰到的各种材料，如锅碗瓢盆、瓶瓶罐罐、纸杯、纸、夹子、铁环、绳子、纽扣以及大小、材质各异的盒子、管子等。对幼儿来说，很多低结构材料因无明确的形象特征和规定用法，而能够让幼儿依据自己的需要和特定情境自主操控，具有更广阔的自主创意空间。

能够被幼儿当作玩具的材料应具备以下特点：

* 没有固定玩法，可无限变化
* 具有至少一个重要的探究价值点
* 可简单，可复杂
* 可供幼儿独自玩耍，也可供幼儿一起玩耍
* 可与其他玩具材料组合，生发更多游戏的可能

（三）常见材料开发与利用举例

下面以管子、瓶盖、石头为例，谈谈如何开发和利用生活中常见的材料，使其具有玩具的特性，以更好地支持幼儿的自主学习。

1. 管子

我们的生活中有各种各样的管子，如 PVC 管、水管、洗衣机排水管、排烟管、吸管等，它们的材质、型号、性能不同，具有开放的玩法。

（1）*材质和特性*

材质：管子的种类多样，常见的有铸铁管、钢管、塑料管、铝箔管等。供幼儿玩耍的管子多以塑料、铝箔为主，因为它们轻便，便于幼儿掌控。

特性：可以用来输送沙子、水等物体；可以与其他管子连接，变换成不同的形状；有的还可以伸缩，如洗衣机排水管、排烟管等。

（2）*主要玩法*

* 操作游戏：尝试运用多种方法连接管子，体验操作的乐趣
* 沙水游戏：使用管子玩沙、玩水，感知沙、水的特性

山东省淄博市柳泉幼儿园

※ 创意制作游戏：PVC 管的表面容易上色，幼儿可以在上面进行绘画、粘贴、泥工等创意活动

山东省淄博市柳泉幼儿园

* 创造性游戏：将粗细不同的PVC管裁剪成不同高度的筒，作为建构区的建构材料；把生活中常用的水管变成角色游戏的玩具，比如，和其他材料组合变成加油机
* 体育游戏：将比较粗的管子放倒，玩攀爬、站立、钻爬、投球等游戏，锻炼身体的平衡力和灵敏度；使用硬度比较高的管子玩踩高跷游戏，发展平衡能力

山东省淄博市柳泉幼儿园

山东省淄博市柳泉幼儿园

* 科学探究游戏：玩滚筒、传声筒游戏，探索滚动、传声等现象；将透明的管子、弯头和阀门制作成管道，通过水或其他物体在管道中的运动，感知管道和阀门在生活中的作用和意义[①]

2. 瓶盖

瓶盖是生活中常见的废旧物品，随手可得。瓶盖的材质不同、大小不一、色彩丰富，便于幼儿使用。

（1）材质和特性

材质：瓶盖的材质多以塑料、金属为主，木质瓶盖较少，多为瓶塞。从安全的角度考虑，提供给幼儿的瓶盖应多以塑料、木质为主。

特性：瓶盖五颜六色，有的上面带有图案，多以圆形为主。

（2）主要玩法

* 操作游戏：玩一一对应拧瓶盖游戏等
* 智力游戏：借助瓶盖认识图形、辨别颜色、区别大小、分类计数，可以将瓶盖作为棋子玩棋类游戏，如五子棋、记忆棋等

---

① 以上内容由山东省淄博市柳泉幼儿园的许玲老师提供。

山东省商务厅幼儿园

* 科学游戏：使用瓶盖玩转陀螺、转转乐游戏，探究转动的奥秘
* 创造性游戏：在角色游戏中，可将小瓶盖作为饼干等食物，将大瓶盖作为盘子等物品进行以物代物；在建构游戏中，可将奶粉桶、蛋糕盒的盖子作为辅助材料，与其他积木结合搭建不同形状的作品，支持幼儿更具创造性的表现
* 创意制作游戏：运用不同大小和颜色的瓶盖进行创意拼摆、粘贴，也可以利用瓶盖制作立体的物体形象

山东省商务厅幼儿园

案例　瓶盖游戏四则

游戏一：你追我赶

游戏目标

增加小肌肉活动的灵活性，发展手眼协调能力。

游戏准备

两种不同颜色的瓶盖各10个，纸杯10个（杯底标注了数字1—10，杯身一侧抠出了洞）。

游戏玩法

玩法1：两名幼儿站在桌子一端，各持3个瓶盖，以桌子边沿为边界设置水平线。双方通过"石头、剪刀、布"决出输赢，输者首先发球（用手指弹瓶盖），之后依次轮流"发球"，争取击落或者超过对方。最后，将瓶盖推得最远又没有出界的人为胜者。

玩法2：将10个纸杯依次摆放在桌子一端，以桌子边沿为水平线。两名幼儿各持5个瓶盖，轮流发球。如果打进纸杯，就表示占领了"房间"；如果打进已被占领的房间，就意味着此球出局。至于未进入"房间"的球，则可以重新返回起点发球。出界的球不能返回。直到5个球全部发完，最后占领房间数量多的一方获胜。

游戏二：瓶盖连连看

游戏目标

发展手眼协调能力，提高思维的抽象性和灵活性。

游戏准备

两种不同颜色的瓶盖若干，棋盘。

游戏玩法

游戏双方各选一种颜色的瓶盖，并在棋盘上摆放三个瓶盖。双方依次轮流在棋盘上移动瓶盖，先将三个颜色相同的瓶盖连成一线者胜出。

游戏三：瓶盖"贪吃蛇"

游戏目标

发展手眼协调能力，提高小肌肉的精细控制能力。

游戏准备

瓶盖若干。

游戏玩法

随意将瓶盖散落在桌子上，选择其中一个瓶盖用手指推动，去连接另一个瓶盖，形成"贪吃蛇"。幼儿只能通过推动第一个瓶盖去控制其他瓶盖，并保持瓶盖之间的连接不断开，最终"贪吃蛇"最长者获胜。

游戏四：警察抓小偷

游戏目标

提高观察力和专注力，发展逻辑思维能力。

游戏准备

瓶盖两个，一个代表警察，一个代表小偷；难易程度不同的线路图若干。

游戏玩法

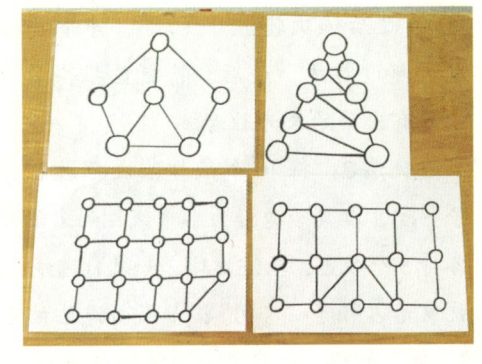

绿色瓶盖代表警察，红色瓶盖代表小偷。每人每次只能沿着直线走一步。小偷无路可走时，警察就获胜。

——山东省商务厅幼儿园　王媛

3. 石头

石头是常见的自然材料，绿色、环保、无污染，可以引发幼儿非常多的探究活动，蕴含着丰富的教育价值。

（1）**材料特性**

石头形状各异、大小不同、颜色多样、花纹千奇百怪，属于低结构的自然材料。

（2）**主要玩法**

* 拼摆石头：使用大小、形状各异的石头拼出很多有趣的图案，并借助辅助材料让石头拼摆作品更加生动有趣

小汽车　　　　　　　　　仙人掌　　　　　　　　　　恐龙

* 借形想象画：借助石头的外形特征进行想象，通过添画创作出有趣而富有创意的作品

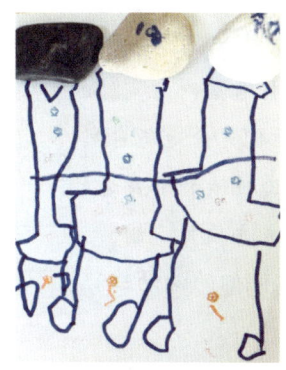  

三个好朋友　　　　　　　　美丽的花　　　　　　　　戴帽子的人

* 石头棋：画一张九宫格，使用石头和同伴玩连连看游戏，看看谁最先把石头连成一条线；游戏可以逐渐增加难度，从九宫格变为十六宫格

总之，玩具与材料在幼儿的游戏和自主学习中扮演了重要角色，需要引起教师足够的重视。然而，玩具也不是越多越好，或越新颖有趣越好。下面的案例会给我们提供另外一种看待玩具和材料的视角。

案例　"无玩具日"活动带来的思考

幼儿园配备的玩具越多越好吗？是否存在幼儿被成品玩具支配的现象？如果没有那些成品玩具，他们还会玩吗？出于对这些问题的困惑和好奇，我们开始尝试开展"无玩具日"活动，也就是在每周五这天，幼儿园所有买来的成品玩具都要"休息"一天。

我们发现，在"无玩具日"，幼儿与自然更亲近了，与同伴的互动交流变多了，奔跑的幼儿更多了，幼儿的运动量增加了。但是，也有一些幼儿无所事事，不知道该干什么。我们针对观察到的这些现象提出了如下问题，并与教师们一起交流、讨论——"'无玩具日'有必要开展吗?它的价值是什么?应该如何充分利用我们的自然环境资源?如果幼儿没有成品玩具就不会玩,就不知道该做什么,这是不是问题?该如何解决?"……

在随后开展多次的教研活动中,我们共同确定了"无玩具日"幼儿的发展目标:

1. 与自然深度链接,从自然中获得能量
2. 更开放、更自由地想象与创造
3. 成为内心富足、能自得其乐的人
4. 建立以探究兴趣为链接的伙伴关系

在开展"无玩具日"活动前,我们全体教职工会与幼儿一起走进自然,收集自然中的大量低结构材料,将其投放到环境中;通过分享教师、家长、同伴的经验,丰富和拓展幼儿对于这些材料的使用经验。活动当天,教师尝试打通室内与室外的界线,打破原有的作息时间界线,给幼儿更多的自由和自主,让他们充分地与自然、材料互动,满足好奇心与兴趣,尽情地探索和尝试;鼓励幼儿创造性地利用身边的资源玩起来,培养自得其乐的能力;追随幼儿的兴趣,帮助他们成立项目小组,为他们提供互动墙面以展示他们的研究计划、搜集的资料信息以及他们的活动进程,推动他们的活动,支持他们建立起以探究兴趣为链接的伙伴关系。

渐渐地,在"无玩具日",平时习以为常的草坪、树坑、土堆都成为吸引幼儿探索的资源,有的孩子在草丛中发现了非常小的蘑菇,有的找到了蚂蚱、螳螂,有的观察到了石头上的蚂蚁,有的喂兔子,有的躺在草地上感受阳光……落叶、树枝、果实、泥巴、石头、木片、稻草、纸箱……都成为他们的玩具。幼儿在活动中、作品中透出的灵气与创意、投入与坚持、勇于挑战与自得其乐的态度,都令人赞叹与感慨。

孩子们在和泥巴,准备制作树精灵

通过开展"无玩具日"活动，我们发现，幼儿园不应该仅仅用大量买来的成品玩具填满教室和院落，还应该给环境留白，给幼儿留白，让幼儿有更多的时间与自然互动，让幼儿身边有更多自然的、低结构材料。我们不仅要关注那些蕴含着明确目标的成品玩具带给幼儿的学习，还要重视那些更具开放性和挑战性的低结构甚至无结构材料。它们需要幼儿具有更强的观察力、想象力和创造力，能够更充分地满足幼儿的好奇心与探究欲，带给幼儿更全面、更多元的成长。

——山东省淄博市汇英幼儿园　韩冰川

实践链接：找一找还有哪些材料可以成为幼儿的玩具，这些材料有什么特性，幼儿可以怎样玩，它们可以给幼儿带来什么样的学习与发展。

五、自主管理玩具

自主管理玩具，是指幼儿参与对玩具的收集、取用、整理、清洗等活动，可以充分体现幼儿的主人翁意识和责任心、自主性。陈鹤琴先生指出，"凡是孩子自己能做的事情，让孩子自己做；凡是孩子自己能想的事情，让孩子自己想"[1]。自主管理玩具的过程也是幼儿对玩具的主动探究过程，有助于提升他们的动手动脑解决问题的能力、责任感和自理能力。

（一）自主管理玩具与自主学习

不管是自主管理玩具还是自主学习，其核心都是尊重幼儿的自主性，将幼儿视为学习的主体，支持幼儿的独立性和自我管理、自我负责等能力的发展。其实，自主管理玩具的过程，也是幼儿自主学习的过程。比如，幼儿自制玩具清单的活动，涉及对分类、点数、计数的学习，会加深他们对形状、颜色的认知，提高运用图符表征的能力。自主管理玩具还有助于提高幼儿发现问题、分析问题和解决问题的能力。

（二）自主管理玩具小妙招

教师应引导幼儿探索适宜的玩具收纳整理方式，对玩具进行有效的管理。

---

[1] 陈鹤琴. 儿童游戏与玩具［M］. 南京：南京师范大学出版社，2013.

1. 引导幼儿自制玩具清单

有些玩具由许多零部件组成，一旦丢失，就无法正常使用，这也是幼儿园玩具存在的常见问题之一。当幼儿接触新玩具时，教师可以引导他们了解玩具中每种配件的数量、形状，并制作玩具清单。每次使用完毕，幼儿可以在收纳整理的同时，根据清单自觉进行对照检查，避免遗失。

根据益智玩具"三只小猪"，教师和幼儿共同设计的玩具清单

2. 所有玩具面向幼儿开放，并便于幼儿取放

幼儿园的玩具柜应该是开放式的，且应便于幼儿根据自己的游戏意愿自由地选择和取放玩具。教师可以把常用的玩具放在规定的地方，把新玩具放在显眼的地方，把小零件放在轻便、易移动的收纳盒中。

活动室里原本放了一个四层储物架，为便于幼儿观察、选择和收拾整理材料，教师将其改造成一组高0.75米、长1.5米且前后均可取放材料的架子，并使用透明的储物盒盛放材料，将材料进行开放式呈现

3. 鼓励幼儿制定玩具使用规则

幼儿在玩玩具的过程中，不可避免地会出现一些问题，如争抢玩具、破坏玩具等。因此，教师应引导幼儿制定相关规则，比如，谁先拿到谁先玩、保护玩具不损坏、不扔玩具、一次只拿一样玩具、游戏结束放回原处等。就积木玩具而言，其基本规则如下：

* 需要几块积木拿几块，取放多个玩具时，使用小筐
* 任何时候都不能乱扔玩具，将不用的积木物归原处
* 拿走别人面前放着的积木和材料要征得别人的同意
* 当出现玩具不够用的时候，会谦让
* 行走、搭建时，注意保护好自己和他人的作品，不小心碰到别人的作品时要道歉
* 游戏结束后，将玩具材料分类摆放好

4. 建立定期维修和清洗玩具的制度

幼儿园通常从安全健康的角度出发，建立玩具清洗消毒制度。教师可以鼓励幼儿参与一些适宜的清洗玩具工作，如清水清洗塑料玩具、擦拭木质玩具、晾晒玩具等。幼儿的参加，除了可以培养他们的劳动品质，还可以引发他们自主地爱惜玩具的情感。

破损的玩具将影响幼儿玩玩具的兴趣，导致不爱惜玩具的行为，甚至出现"破窗效应"[①]。有些益智和科学类玩具，缺少某些零部件可能就无法使用。因此，教师可以引导幼儿随时对玩具进行检查，也可以在班级的角落设立"玩具医院"，引导幼儿及时将破损的玩具送到这里。针对一些小的破损，教师可以带领幼儿一起维修；如果破损得比较严重，超出幼儿的能力范围，教师可以请专人维修。幼儿参与玩具维修的过程，会培养他们对玩具持续的探索兴趣和责任心。

实践链接：

1. 观察班级幼儿对玩具有哪些自主管理的行为，并试着引导幼儿积极主动地参与对班级玩具的收集、取用、整理、清洗活动。

2. 积极向家长阐述自主管理玩具对幼儿发展的价值，鼓励家长在家中引导幼儿自主管理物品，并与其他家长分享自己的小妙招。

---

① "破窗效应"是犯罪学的一个理论，该理论认为环境中的不良现象如果放任不管，就会诱使人们仿效，甚至变本加厉。以一幢有少许破窗的建筑为例，如果那些窗不被修理好，破坏者可能会破坏更多的窗户。他们甚至会闯入建筑内，在发现无人居住时，在那里定居或者纵火。一面墙上出现一些涂鸦，如果没有被清洗掉，很快，墙上就会布满乱七八糟、不堪入目的东西。这种现象就是犯罪心理学中的破窗效应。

本章小结

本章核心内容如下。

- 玩具不仅是童年生活的"亲密伴侣",也是幼儿自主学习最好的"教科书"。
- 安全卫生、结实耐用以及具有年龄适宜性、趣味性、可操作性、变化性的玩具是好玩具,可以支持幼儿的自主学习。
- 教师仅仅为幼儿提供玩具是不够的,还应该像钻研文本教材那样分析玩具,研究玩具的玩法和意义,关注幼儿操作玩具的行为,为每个幼儿提供适宜他们身心发展特点和需要的引导与帮助。
- 通过对玩具的分析和对幼儿的观察,教师可以推测幼儿可能遇到的困难,研究层次性地提供玩具、为幼儿搭设支架的策略,发挥玩具的最大价值。
- 大自然及生活中很多常见的材料都可以作为幼儿的玩具,如石头、纽扣、管子等,此类材料具有低结构特点,可以引发幼儿自主的操作、探究和嬉戏行为,因而具有与玩具一样的意义。
- 自主管理玩具可以培养幼儿的独立性和自我管理、自我负责的能力;引导幼儿自制玩具清单、制定玩具使用规则以及参与维修和清洗玩具等活动,都是引发幼儿自主学习的过程,具有重要意义。

山东省商务厅幼儿园

第五章

学习品质与幼儿的自主学习

大班男孩森森来到木工区做他的"大飞机",这已经是他醉心于这件事的第2周。造飞机项目吸引了其他4个男孩加入进来。他们已经把飞机的机身、机翼做好了,是用不同长度的木条钉起来的,足有1米多长。今天,他们开始设计和安装飞机上的发动机与线路。森森告诉同伴,飞机上的发动机不是安装在驾驶舱,而是安装在机尾或者机翼位置,他们需要先在机尾把发动机安装好,再把线拉到驾驶舱。

他们戴上护目镜,取来锤子、钉子、钳子、超轻黏土、电线、废旧电路板的零部件等,开始在机身上敲敲打打、粘粘连连,周围来来去去的小朋友对他们丝毫没有影响。森森用超轻黏土把废旧电路板的零部件固定在飞机尾部,然后将电线连接在零件上。他发现电线长度不足以拉到驾驶舱,于是又找来一些电线,用钳子把电线两头的包裹层夹掉,将两段电线拧在一起连接起来。有的地方是电线两端都固定在零件上,于是他就将电线中间的包裹层夹掉一小部分,将另一条电线连接到这个部位上……他请同伴从驾驶舱位置开始接线与自己汇合,终于,线路连接起来了,森森开始逐个检查线路连接的部分,直到确认每一处连接都没有问题。

山东省淄博市汇英幼儿园

小班的区域活动时间，孩子们在各自喜欢的区域"工作"着。美美正在用夹子夹小绒球，她把小绒球一个一个从大碗夹到小碗，又从小碗夹回大碗，表情专注、动作沉稳。她把材料收好放回玩具橱，然后又从旁边端出一份夹玻璃球的材料，小心地将它们放到桌子上并坐下来，拿起夹子开始工作。显然，夹玻璃球对美美还是很有挑战性的。终于，第一个玻璃球被夹起来，美美快速地把它放到小碗里，脸上露出不易察觉的喜悦……男孩子桐在美美旁边看了一会儿，就走了。他到美工区转了一圈又游荡到益智区，看到一个小朋友结束了小熊穿衣的拼图游戏，他就取过拼图，并把所有的拼图块都取出来堆在桌子上，然后拿起几块拼图正面反面看了一下，又跑去看旁边小朋友正在玩的"叠叠高"游戏……

上面两个案例中，3名幼儿从事的活动不同，表现也不一样。森森连续两周都执着于"造飞机"项目，足以看出他对这件事的热情。他有着较强的目标性和计划性，提前查阅资料了解飞机的构造，带领同伴一起想办法克服困难完成目标。而且在这个过程中，他认真、专注、善始善终。美美虽然是小班的小朋友，但是同样表现出了专注、投入、勇于挑战的品质。可是，在同为小班幼儿的子桐身上，我们既看不到他的兴趣所在，也看不到他的热情与专注……那么，我们从幼儿身上看到的这些是否就是学习品质呢？它有哪些核心要素？这种品质是与生俱来的吗？为什么它在不同的幼儿身上有不一样的表现？学习品质有好坏之分吗？它对幼儿的自主学习和成长有着怎样的意义？影响学习品质的因素有哪些？作为学前教育工作者，我们又该从哪些方面入手培养幼儿积极的学习品质？本章将针对这些问题进行阐述。

一、关注学习品质，为幼儿的终身学习赋能

近年来，学习品质作为学前儿童入学准备和塑造终身学习者的一个重要维度受到越来越多的关注，也是各国学前教育改革的方向。它被视为优化儿童学习质量的重要手段、有效学习的保障和走出"小学化"误区的良方，也被作为提升学前教育质量的关键抓手。关于学习品质对幼儿发展的重要意义和价值，已经得到各国教育部门及众多研究者的肯定。我国2012年10月颁布的《3—6岁儿童学习与发展指南》明确指出，应当"重视幼儿的学习品质。幼儿在活动过程中表现出的积极态度和良好行为倾向是终身学习与发展所必需的宝贵品质。要充分尊重和保护幼儿的好奇心和学习兴趣，帮助幼儿逐步养成积极主动、认真专注、不怕困难、敢于探究和尝试、乐于想象和创造等良好学习品质。忽视幼儿学习品质培养，单纯追求知识、技能学习的做法是短视而有害的"。

一个男孩正在专注地尝试让小灯泡亮起来

四川省乐山市实验幼儿园

（一）什么是学习品质

我们经常在一些专业书籍、文章中读到有关学习品质的内容，也经常在日常工作中谈论学习品质，那么到底什么是学习品质？它的核心要素有哪些？事实上，到目前为止，关于"学习品质"尚没有一个公认的定义。

美国发展心理学研究者爱泼斯坦（Epstein）指出，"学习品质描述了幼儿如何获取新知识及掌握技能，是影响幼儿如何在所有内容领域学习的基础"[1]。

美国幼儿教育协会高级顾问希森（Hyson）博士认为，"学习品质描述的不是学习什么，而是如何学习""学习品质是一个具有丰富内涵的专业术语，它包含了决定学习质量的关键要素，如学习态度、学习习惯和学习方式等"[2]。

《3—6岁儿童学习与发展指南》提出，"幼儿在活动过程中表现出的积极态度和良好行为倾向是终身学习与发展所必需的宝贵品质"。

综合以上对学习品质的定义和描述可以看出，所谓学习品质，不是指幼儿所要获得的知识、技能本身，而是指幼儿如何去获得各种知识和技能，它是一种与学习密切相关的基本素质，包含了决定学习质量的关键要素，如幼儿在学习中的倾向、态度、习惯、

---

[1] 爱泼斯坦. 学习品质：关键发展指标与支持性教学策略[M]. 霍力岩，等译. 北京：教育科学出版社，2018.
[2] 希森. 热情投入的主动学习者——学前儿童的学习品质及其培养[M]. 霍力岩，等译. 北京：教育科学出版社，2017.

风格等。学习品质在幼儿期就开始出现和发展,它对于幼儿自主学习意识与能力的培养具有决定性意义,并对幼儿一生的学业成就和发展具有重要而深远的影响。

(二)学习品质的核心要素有哪些

美国国家教育目标委员会表示,"学习品质包括好奇心、创造力、自信心、独立性、主动性和坚持性。心理学家称这些为个性倾向,是持久的思维习惯和对体验的典型回应方式"[1]。

希森博士指出,学习品质的要素包括"学习的内在动机、好奇心、参与性、执行力、集中注意力、兴趣、喜欢接受挑战、解决问题的灵活性、自我调节和坚持完成任务"[2]。

《3—6岁儿童学习与发展指南》指出,"要充分尊重和保护幼儿的好奇心和学习兴趣,帮助幼儿逐步养成积极主动、认真专注、不怕困难、敢于探究和尝试、乐于想象和创造等良好学习品质"。

通过汇总与分析众多专家学者的观点,我们可以从学习态度和学习行为两个维度来认识与了解学习品质的要素,也就是《3—6岁儿童学习与发展指南》中所讲到的"积极态度和良好行为倾向"或者希森博士所提出的情感/动机维度和行动/行为维度。

本书主要讨论学习品质中与自主学习密切相关的部分核心要素。

1. 学习态度方面的要素

学习态度方面的要素主要包括:好奇心与兴趣、主动性、内在动机等。

(1)好奇心与兴趣

幼儿的好奇心与兴趣,通常表现在他们面对周围的人、事、物时的敏感性以及想进一步学习、探索的渴望等。好奇心是幼儿与生俱来的一种强烈本能,它是人类求知的最原始的内在冲动。兴趣更多的是后天环境影响、熏陶或培养的结果,表现为一种对某些事物和现象的偏好。好奇心和兴趣对于幼儿的主动性、专注性、注意力、坚持性的发展都有着非常重要的影响,也是自主学习极其重要的驱动力之一。

(2)主动性

主动性是指幼儿在面对任务时,即使没有外部奖励、没有他人推动也能够积极参与其中,并按照自己的目标和计划行动的一种状态和品质。具有主动性的幼儿在学习中会更多地表现出对学习的渴望,会更积极、更具有独立性,更愿意为了自己的目标去努力

---

[1] 爱泼斯坦. 学前教育中的主动学习精要——认识高瞻课程模式 [M]. 霍力岩,等译. 北京:教育科学出版社,2019.
[2] 希森. 热情投入的主动学习者——学前儿童的学习品质及其培养 [M]. 霍力岩,等译. 北京:教育科学出版社,2017.

和应对挑战。幼儿的主动性对其自主学习能力及其后续学习质量的影响尤其明显。

（3）内在动机

莫勒特指出，"动机是激发并维持学习兴趣与投入，以达成学习目标的驱动力"[①]。学习动机包括内在动机和外在动机。"内在动机主要是指由学习本身引发的动机，也就是说，活动本身就构成幼儿学习的直接动力与需求，它不需要外界的诱因、惩罚来使学习行动指向目标；外部动机是指由外部诱因引发的动机，动机的满足不在活动之内，而在活动之外。也就是说，幼儿不是对学习本身感兴趣，而是与学习所带来的奖励或避免惩罚等有密切的联系。"[②] 内在动机是幼儿自主学习的动力之源，它会让幼儿沉醉于学习和探索的过程本身以及自己的目标达成之后的喜悦感、满足感和成就感中。因此，对于幼儿的自主性、主动性、坚持性以及挑战性等积极学习品质的培养来讲，激发内在动机是关键。

内在动机与幼儿的好奇心、兴趣以及主动性有着紧密的联系。幼儿的好奇心、兴趣以及在活动中获得的自我效能感和积极愉悦体验，都可以成为其内在动机的来源。"好奇心是幼儿学习最主要的动机，随着年龄增长，幼儿的内部动机逐渐从好奇变为兴趣"[③]，而由好奇心、兴趣等引发的内在动机会使幼儿在学习中表现出更强的主动性。成人如果过多地使用外部奖励，仅关注行动最后的结果，将会破坏幼儿学习的内在动力。

2. 学习行为方面的要素

学习行为方面的要素主要包括：投入与专注、坚持与挑战、想象与创造、目标与计划、灵活性与自我调节、反思与解释等。

（1）投入与专注

投入与专注是指幼儿不受外界干扰，能够持续地参与活动并沉浸其中的行为品质。投入与专注和幼儿的学业成就及认知发展紧密相连。幼儿在这方面存在的个体差异既与先天因素有关，也与幼儿的好奇心及学习兴趣等内在驱动力有关。随着年龄的增长，幼儿投入与专注的时间会越来越长。

（2）坚持与挑战

坚持与挑战是指幼儿在遇到困难、挫折时仍能对当前的活动保持专注，继续尝试和探索，并勇于克服困难、解决问题以达成目标。坚持与挑战是学习品质中的关键要素之一，对于幼儿的自主学习也有着非常重要的意义和价值。

（3）想象与创造

四川师范大学鄢超云教授指出，"想象是在头脑中对已有表象进行加工、改造、重新组合，形成新形象的心理过程，创造则是产生新思想、发现和创造新事物的能力"。学习

---

① 莫勒特. 有效早期学习的特点：帮助幼儿成为终身学习者［M］. 王兴华，等译. 北京：北京师范大学出版社，2019.
②③ 陈帼眉，姜勇. 幼儿教育心理学［M］. 北京：北京师范大学出版社，2007.

品质中所包含的想象与创造,不完全是指想象力与创造力,它更强调幼儿能够善于利用想象与创造的能力去拓展知识和经验,解决面临的问题,展开新的学习。

（4）目标与计划

目标与计划是指幼儿根据自己的兴趣和意图自主制定活动目标、做出计划,并按照计划行动。"制定目标—做出计划—实施计划—回顾与反思"的行为习惯对幼儿的有效学习有着重要意义。

（5）灵活性与自我调节

灵活性是指幼儿在活动中表现出的变通性以及在面对挑战和困难时能够运用多种方法、策略解决问题。自我调节是指幼儿能够自主且有目的地调节和管理自己的行为,包括身体动作、情感表达、认知过程等。

（6）反思与解释

反思与解释是指幼儿具备从经验中学习的意识和行为。这里的经验,既包括幼儿自己的经验,也包括他人的经验。善于反思与解释的幼儿往往更善于学习。通过对自己的想法和做法或者他人的做法进行梳理与解释,幼儿可以学到更多的经验以解决问题,这样的行为习惯会有效地推动幼儿的学习与发展。

小女孩在观察同伴给木瓜排队的方法

（三）为什么要关注积极的学习品质

希森博士[①]曾使用积极学习品质这一术语，强调与儿童的积极学习和发展成就紧密相关的情感/动机与行动/行为。她认为，积极学习品质与消极学习品质是一体两面。正如我们在本章开头案例中所看到的，有的幼儿对学习充满热情、专注投入，有的幼儿则消极无趣、无法专注；有的幼儿喜欢挑战，有的幼儿却常常逃避困难……

毋庸置疑，积极的学习品质是推动和保障幼儿自主学习的关键，它对幼儿学业和认知方面的成就以及未来一生的可持续发展有着不可替代的作用。同时，它对幼儿的社会和情感领域发展也有积极的影响，有助于幼儿获得更多学习与发展的机会。因此，从某种意义上说，对积极学习品质的关注再怎么强调都不为过。

1. 为自主学习提供持续动力

在幼儿的终身学习与发展中，学习品质具有重要的意义。拥有积极学习品质的幼儿往往因为强烈的内在动机而对学习充满热情与兴趣，在学习中更主动。这种积极的态度会引发幼儿正向的、富有效能的学习行为，让幼儿在面对问题的时候不逃避、不畏惧、勇于挑战、不断尝试。

当幼儿常常能够体验到这种投入学习所带来的幸福感和满足感时，他就能获得更持久的能量与热情，以更积极的态度投入新的学习和挑战中。这种由积极学习品质带来的类似"心流"[②]的最优心理体验，也会让幼儿在未来的学习之路上，超越简单的、只追求分数和成绩的功利主义态度，对学习、对未知始终保持好奇和热情，为自主学习和终生可持续发展提供源源不断的动力。

2. 构建热情主动的学习者形象

通过积极学习品质的培养，幼儿能够更加热情地专注于自己感兴趣的事物和活动，体验到内在需求被满足以及深度投入所带来的满足感和自我效能感。拥有积极学习品质的幼儿更容易形成自主学习的意识和能力，会更主动地获取新的知识和经验。因此，关注积极学习品质的培养，可以帮助幼儿构建热情主动的学习者形象。

3. 提高认知技能和学业成就

美国国家教育统计中心在对学前儿童进行纵向研究中得出这样的结论，"在大班开

---

① 希森. 热情投入的主动学习者——学前儿童的学习品质及其培养 [M]. 霍力岩，等译. 北京：教育科学出版社，2017.
② 契克森米哈赖. 心流——最优体验心理学 [M]. 张定绮，译. 北京：中信出版集团，2017.

山东省淄博市汇英幼儿园

幼儿正在观察从草地上找到的螳螂

始时,教师认为具有积极学习品质的儿童(例如,看上去更渴望学习、能坚持完成任务等),通常在大班下学期和一年级的数学与阅读学习中成绩更好。事实上,他们的阅读和数学得分排进前 25% 的可能性是那些不具有积极学习品质的儿童的两倍多"[1]。

在实践中我们也发现,拥有好奇心、主动性、坚持性、专注投入以及自我调节、灵活性等积极学习品质的幼儿,更容易获得良好的记忆力、理解力,更容易从自身的行动而不是外部的表扬和奖励中获得满足感、胜任感、成就感。这样的幼儿能够更自主、更有效地做好入学准备,在入学后的学业测试中获得较好的成绩,从而一步步获得未来学业上的成功。

4. 助力幼儿进入学习与成长的良性循环

希森博士在对学习品质进行研究时发现,存在一种"优者更优,劣者更劣"[2]的现象。

---

[1] 希森. 热情投入的主动学习者——学前儿童的学习品质及其培养[M]. 霍力岩,等译. 北京:教育科学出版社,2017.

[2] 希森. 热情投入的主动学习者——学前儿童的学习品质及其培养[M]. 霍力岩,等译. 北京:教育科学出版社,2017.

也就是说，积极学习品质能够使幼儿的学习和成长进入良性循环。具有积极学习品质的幼儿将进入"积极循环圈"，即越是具有积极学习品质的幼儿，学得越好，获得越高的成就，然后成为更加热情、投入的学习者，获得更好的学习与发展。在平时的工作中，我们也常常发现，那些在学习和游戏中积极主动、热情投入、不怕困难、勇于挑战的幼儿，更愿意主动与人交往，善于合作，也比较善于表达自己的情绪情感，更容易吸引同伴和成人的关注，拥有良好的社会交往能力和人际关系，从而拥有更好的自我体验，获得更多的信任、鼓励、肯定和支持，进而以更大的热情和兴趣投入新的学习中。

消极学习品质则会让幼儿进入"消极循环圈"，也就是"劣者更劣"。越是缺少学习的内在动机和兴趣，无法专注于学习的幼儿，越是无法体验到高质量学习带来的愉悦感和成就感。于是，他们学习的动力和热情愈发下降，越来越无法主动、投入地学习，与其他幼儿之间的差距也越来越大，甚至会影响他们的社会交往和人际关系，进而严重限制他们未来的学习机会和成就。

5. 是幼儿重要的人格特质，影响幼儿身心健康发展

幼儿学习品质的发展是幼儿自我建构过程中的重要因素，将成为幼儿人格特质的一部分。积极、主动、热情、好奇、富于想象和创造力、勇于挑战、执着不懈等积极品质和人格特质，将促使幼儿积极地对待生活、学习以及周围的人和事，也将促使他人对幼儿形成积极的态度和看法，进而促进幼儿的自我认同、自我接纳，保障其身心健康发展。

实践链接：结合平时自己对本班幼儿的观察和了解，试着分析班级1~5名幼儿所具有的学习品质。

二、影响幼儿学习品质的因素

幼儿从出生开始就表现出强烈的好奇心和探索欲，会自发地用嘴巴、手以及其他感官去感知和探究。他们的行为中所表现出来的好奇、兴趣、投入、坚持等特点，不正是前文所谈到的积极学习品质吗？那么，这些积极学习品质是与生俱来的吗？为什么随着年龄的增长，幼儿在学习品质方面的个体差异越来越大？是什么造成这些差异？是什么让某些幼儿拥有的积极品质越来越多，又是什么让那些曾经存在的积极品质在某些幼儿身上逐渐消失？接下来，我们将一起了解影响学习品质的关键因素。

（一）先天素质

影响学习品质的因素有很多，幼儿的先天素质是不容忽略的重要部分。这些先天素

质包括：幼儿的气质特征、性别差异、智力结构、学习风格等。

1. 气质特征

气质是人典型的、稳定的心理特点，主要表现在心理活动的强度、速度、灵活性与指向性等方面。古希腊医生希波克拉底很早就提出了体液说，他认为人的气质分为四种不同类型，即多血质、黏液质、胆汁质和抑郁质。美国心理学家托马斯和切斯（Thomas & Chess）根据活跃水平等九个维度将儿童的气质划分为容易型、困难型和迟缓型三类，指出了气质的9种特征，即活动水平、规律性、趋避性、情绪状态、反应强度、敏感性、适应性、注意力分散性和坚持性。这些与生俱来的差异会在幼儿的学习品质方面表现出来，比如，面对新事物的好奇程度、退缩程度、适应能力；面对困难的坚持性、灵活性和抗挫能力；独特的行为模式和社会交往方式等。

2. 性别差异

幼儿的性别也会造成学习品质的差异。一般情况下，女孩会更认真、专注和坚持，男孩则更喜欢挑战和进行创造性表达，但注意力较容易转移。需要注意的一点是，由性别带来的学习品质差异不是绝对的，教师不能一概而论，而且这种差异是可以通过后天的影响得以改变的。

3. 智力结构

每个幼儿都有自己独特的智力结构，正如美国心理学家霍华德·加德纳（Howard Gardner）的多元智能理论所述，人的智力结构中包含语言、音乐、逻辑—数学、空间、身体运动、人际关系、内省、自然观察等多项智能，而每个幼儿都会表现出他们在某一领域的优势智能。有的表现在身体运动方面，有的表现在音乐方面，而这些先天的差异也会造成幼儿学习品质方面的差异。

4. 学习风格

观察幼儿的学习方式和特点不难发现，有的幼儿擅长通过视觉观察进行模仿学习，有的幼儿更习惯于通过倾听来理解要求和指令，还有的幼儿需要在触摸和操作中进行学习。有的幼儿喜欢快节奏的学习，能够适应快速转换的学习内容；有的幼儿则倾向于慢一点的学习节奏，喜欢专注于一件事情。这种学习风格方面的差异在幼儿早期就已出现，一直持续到成年时期，是造成幼儿学习品质差异的因素之一。

幼儿学习品质的形成并非只与这些先天因素有关，还涉及其他因素。

（二）成熟与发展

幼儿学习品质的发展，也与幼儿的身体、语言、认知、思维、情感等领域的发展变化和成熟水平有着密切的关系。比如，随着年龄的增长，幼儿的大脑发育得越来越成熟，它使得幼儿比以往更能够约束和控制自己的行为。同时，大脑统筹协调的能力也日趋成熟，使得幼儿能够越来越有效地协调自己的注意力、情绪和行为。

研究者追踪和描述了幼儿学习品质维度下一些具体要素的发展与幼儿年龄增长的关系，比如，"儿童成就动机的发展过程：儿童在解释失败的原因时有一个发展变化的过程。2岁以下的儿童丝毫不关心别人怎么看待他们的表现；长大一些后，儿童开始关心成人怎样看待他们；等再长大一些后，他们开始能够评价自己的成功或失败"[1]。幼儿的专注与投入、计划性与目标性、反思与解释等学习品质要素也都与年龄增长有着密切的关系。

另外，幼儿身心发展缺陷或发展延滞等问题会对幼儿学习品质的发展产生较大影响。

两名大班幼儿通过各种方法探索用螺母积木搭建一只恐龙

---

[1] 希森. 热情投入的主动学习者——学前儿童的学习品质及其培养[M]. 霍力岩，等译. 北京：教育科学出版社，2017.

（三）环境

我们在这里所讲的环境既包括家庭环境，也包括幼儿园及社会环境。无论哪一种环境，都包括物质环境和精神环境。

1. 物质环境

一个良好的空间环境，能够激发幼儿的兴趣，引发幼儿主动探究的热情，帮助幼儿发展独立性和自我调节能力。环境是否整洁有秩序，是否有适合幼儿使用的家具设施、能够给幼儿带来温暖感的色彩及物品以及相对私密的空间等，都影响幼儿学习品质的发展，导致他们要么自主、投入、专注地学习，要么被动、消极、缺乏学习的热情等。此外，充满自然气息、富有挑战性的户外环境，以及丰富多元的玩具材料也能够充分滋养幼儿的心灵，满足他们的好奇心和探究欲。

四川省绵阳市花园实验幼儿园（图片来自"人文幼学"）
水池成为幼儿最喜欢的游戏场地，他们在这里玩水、探索船的浮力，也尝试让垫子像船一样在水上游动

2. 精神环境

幼儿的生活有序、作息规律，成人对幼儿心理空间的尊重，成人与幼儿的关系以及幼儿所处的社会文化背景、社会价值观等，都对他们学习品质的形成具有重要影响。

（1）*秩序和规律*

幼儿的生活是有秩序、有目的、有计划的，还是盲目的、无序的、混乱的，会影响幼儿积极学习品质的发展。一个有规律的、可预测的又具有一定弹性的作息安排能够为幼儿提供安全而放松的心理环境，让他们从容自在地生活和学习。混乱无序的生活将无法让幼儿沉静下来投入地学习和探索，过于刻板或内容太满的作息安排会给幼儿带来紧张、压力和焦虑，也会极大地影响幼儿在活动中的主动性、投入度与坚持性。因此，成

人应有目的地与幼儿一起协商，并在共同生活中不断地调整完善，共同建立一个宽松、自主而有规律的生活流程和秩序。比如，在幼儿园的一日作息安排中，早餐、午餐、午睡的时间相对固定，户外游戏、室内自主学习、集体教学以及体育锻炼的时间安排则完全可以邀请幼儿参与其中，并通过试行、讨论、调整的方式逐步确定，同时让幼儿了解时间安排中的规律和弹性，让幼儿明确自己拥有的权利和需要遵守的规则，从而更自主、更有目的、有计划地生活和学习。

（2）心理空间和时间

幼儿需要一定的心理空间和时间来尝试并找到自己真正感兴趣的事情，然后制订计划、开展活动、发现问题、找到解决问题的方法，也需要充足的时间去反复练习刚刚学会的新动作或新技能……如果成人过早地介入和干预幼儿的活动，帮助甚至代替幼儿解决问题，就会给幼儿带来压力和焦虑，让幼儿感到沮丧，失去继续活动的兴趣，也容易让幼儿养成被动依赖的习惯。喜欢高度控制幼儿的成人往往看不见幼儿的努力，他们总是喜欢说："我觉得这样是不行的……""你应该……""你不可以……"他们会花费更多的精力限制和控制幼儿的活动，而不是支持和鼓励幼儿去尝试和探索。在成人高度控制、缺少自由与自主的环境中，幼儿的积极学习品质将会被削弱和降低，他们很难成长为热情投入的主动学习者。

因此，教师应给予幼儿更多的机会选择自己感兴趣的活动内容，按照自己的节奏活动，不能动不动就干涉幼儿，也不能要求所有的幼儿按照统一的步调和节奏做相同的事情，否则幼儿很可能出现消极、退缩甚至反抗情绪，因为一个现实的情况是，幼儿的兴趣、学习方式与节奏是有差异的。

（3）成人与幼儿的关系

成人对待幼儿的态度以及成人与幼儿之间的关系、互动模式都是精神环境的重要组成部分，影响幼儿的积极学习品质的形成。

幼儿能够从成人的表情以及与成人的互动中快速地感受到成人对自己的情感，捕捉到成人对自己行为的态度，从而形成对自我的判断和对自己所做事情的态度。在亲密关系的基础上，幼儿更愿意听从成人的建议，模仿成人积极热情的态度和行为。反之，成人与幼儿之间冷漠、疏远的关系以及充满挑剔与指责的互动，会让幼儿失去学习和游戏的热情，变得被动而消极，甚至一味地迎合成人，成为讨好型人格的人。

（4）文化传统与社会价值观

幼儿所处的社会文化背景、社会价值观等也会对他们学习品质的发展产生影响。当所处的社会倡导尊重个体、鼓励表达自我时，幼儿会更愿意在群体中提问、发言，表达自己的喜好与观点，表现出更热情、更积极主动的学习品质。当所处的社会强调谦逊、含蓄、内敛是美德时，幼儿可能表现得不那么积极主动，但在专注性、坚持性等方面有更好的表现。当所处的社会鼓励个体做自己感兴趣的事情时，幼儿可能会表现出更多的好奇，拥有更加广泛的兴趣。当所处的社会普遍更看重学业成绩时，幼儿往往不太有机会发展自己真正的兴趣和爱好，但能够在不那么感兴趣的学习内容上也表现出坚持和专注的品质。

（四）课程

课程不仅包括幼儿学习什么，还包括幼儿如何学习。因此，课程的选择与规划也是影响幼儿学习品质不容忽视的要素。一般来说，尊重和追随幼儿的兴趣与需求，慎重选择、科学规划以幼儿为主导的适宜的课程更能吸引幼儿主动参与，引发幼儿持续学习的热情，让幼儿更投入、更专注，并在学习中获得更多的成就感和自我效能感，从而更有效地促进幼儿积极学习品质的发展，支持幼儿获得更好的成长。而缺乏规划、忽视幼儿的主体性、总以教师为主导以及不适宜的课程则会降低幼儿对学习的热情和投入，导致幼儿出现更多消极行为，甚至厌倦和逃避学习。

山东省淄博市汇英幼儿园

幼儿正在给南瓜称"体重"

国内外许多优秀的课程模式均倡导以幼儿为中心或者将幼儿主导和教师主导相结合，强调教师尊重幼儿的主体性、追随幼儿的兴趣与需求以及关注幼儿的学习品质与学习能力培养。因此，它们非常值得我们学习和借鉴。

1. 蒙台梭利教育

在践行蒙台梭利教育理念的机构中，幼儿在专注性、秩序感、自我矫正、自我调节等方面表现出明显的优势，这是因为蒙台梭利教育允许幼儿根据自己的成长步调选择学习内容，相信幼儿具有内在的学习动机，相信他们完全能够被学习本身吸引，在学习中真正感受到快乐，而无须外部的物质奖励。在蒙台梭利教育机构中，充满秩序感的环境、科学的工作材料、足够长的自主学习时间、有规律的一日生活安排以及"不随意打扰幼儿"的原则，有利于幼儿积极学习品质的培养。

2. 瑞吉欧教育

瑞吉欧教育体系中的幼儿往往表现出更强的主动性与探究热情，也具有较强的目标性、计划性、坚持性和创造性，这与瑞吉欧课程采用方案教学有关。方案教学支持幼儿对自己感兴趣的问题持续深入地探究下去，并通过展示等方式与他人分享、学习。在瑞吉欧教育中，基于元认知的对话是常规活动，教师会通过记录来支持幼儿的这种反思性实践和元认知思维，鼓励幼儿与同伴分享和讨论他们的想法。瑞吉欧教育体系有效地激发了幼儿的学习动机，让幼儿在行动中保持热情和专注，并支持幼儿学会思考，更好地发展问题解决能力和研究能力。

3. 高瞻课程

高瞻课程模式中的幼儿在每天的活动中都有计划、工作和回顾的过程，他们会在教师的引导下制订自己的行动计划，会有大块的时间按照自己的计划投入活动，可以单独工作，也可以与他人合作。活动结束后，他们会以小组的形式进行回忆、展示和反思，一起分享和讨论他们在工作中的经历。高瞻课程非常重视幼儿学习品质的培养，他们认为"学习品质是影响幼儿如何在所有内容领域学习的基础"[1]。"高瞻课程的核心就是有经验的幼儿教师为儿童提供适宜的支持以提升儿童计划、执行与反思的能力以及受内在兴趣与目标驱动去学习的习惯。"[2]他们鼓励幼儿遵循自己的兴趣做出选择，以此来支持幼儿的主动性和目标意识的发展。在这种理念下指导的幼儿更积极、更主动、更独立，也有更多的机会体验自我满足和自信心。

4. 安吉游戏

安吉游戏强调"爱、冒险、投入、喜悦、反思"，充分地尊重和信任幼儿，坚持幼儿在前、教师在后，教师放手，给予幼儿充分的支持。安吉的幼儿园让幼儿在有安全感的、

---

[1] 爱泼斯坦. 学习品质：关键发展指标与支持性教学策略［M］. 霍力岩，等译. 北京：教育科学出版社，2018.
[2] 莫勒特. 有效早期学习的特点：帮助幼儿成为终身学习者［M］. 王兴华，等译. 北京：北京师范大学出版社，2019.

充满野趣和挑战的自然环境中尽情地冒险，体验挑战带来的满足感和成功的喜悦，以及投入探究带来的积极自我体验。幼儿在游戏中全情投入，充分享受体力、智力和情感上的突破。游戏结束后，幼儿会用游戏故事的方式回顾和记录自己在游戏中的经历，然后与教师一对一交流。教师会记录幼儿的表达，也会组织幼儿一起进行交流分享，基于幼儿游戏过程中的问题进行对话和集体反思，形成独具特色的基于游戏实践的复杂且深刻的学习。在这样的课程模式中，幼儿的积极学习品质能够获得扎实有效的发展。

当前，许多幼儿园的课程还存在这样或那样的问题。有些课程未经过教师的深思熟虑，缺少对课程理念和课程目标的思考，只是人云亦云地照搬和模仿；有些课程仅仅关注幼儿学什么而忽视幼儿怎么学，仅仅强调单一的知识、技能学习，而忽视学习品质、学习能力的培养；有些课程只有教师的主导而缺乏对幼儿兴趣与需要的尊重和追随，忽视幼儿在课程中的主体地位及主导价值；有些课程，教师在实施时采用"我教你学""我讲你听"等以灌输讲解为主的、落后的教育方式和方法。这样的课程往往会消磨幼儿的学习热情，给幼儿的发展带来危机。

学前教育工作者应向国内外优秀的课程模式学习，提升自己的课程理念，关注幼儿的成长需求，将课程生成的关注点从教师转移到幼儿，通过细致地观察、分析和解读，支持、推动幼儿按照自己的兴趣与方式展开学习，同时不断优化课程实施的方法和路径，改变以冗长的说教和讲解为主的传统灌输式教学方式，从而保护和促进幼儿积极学习品质的发展。

（五）成人的评价

成人如何评价幼儿的学习品质，是主观还是客观？是经过长期且多方面的观察做出的评价，还是仅凭几次或者仅凭对某一方面的观察就做出判断？是为了发现幼儿的真实状况并有针对性地给予肯定和帮助，还是为了给幼儿分类、贴标签？这些都会对幼儿积极学习品质的发展产生影响。

此外，以考试为导向、单纯追求知识技能学习的学习标准、评估系统及相关政策和制度，大班额和低师幼比，以及幼儿自身的生存状态，也是影响幼儿学习品质的因素。

总之，影响幼儿学习品质发展的因素有很多。我们需要将正面提升与负面预防有机结合，通过为幼儿创设高质量的环境，与幼儿建立亲密的支持性关系，选择、建构和组织开展优质高效的课程，改进教学和评价方式，以及积极向家长宣传学习品质对幼儿发展的重要意义，建立家园一致的培养目标和培养方案，携手推进幼儿积极学习品质的发展，为幼儿的自主学习和终生发展奠定坚实的基础。

实践链接：

1. 请回顾自己的成长经历，看看自己拥有哪些积极的学习品质，并举例说明这些品质对本班幼儿的学习品质的培养产生过哪些影响。

2. 请以本班 1 名幼儿为例，对照影响学习品质的因素进行分析，并尝试与家长进行沟通，分析其学习品质的形成原因，以及后续的支持策略。

三、培养幼儿积极学习品质的路径与方法

案例 1　滚轮胎

自主游戏结束后，大班小朋友浩宇要跟大家分享他和几个好朋友利用大滑梯滚轮胎的游戏，他边说边比画，可是大家都听不明白。教师把自己在幼儿游戏时拍摄的照片展示在屏幕上，又请浩宇把他刚画好的游戏故事贴到黑板上，然后请浩宇结合着来讲。"我们在玩滚轮胎的游戏，我们把梯子架到滑梯上，把滚筒放到这里（梯子前面），再把锥桶放到这里（滚筒前面），然后把轮胎搬到滑梯上再使劲儿滚下来，轮胎就会从梯子上滚下去，钻过滚筒，把前面的锥桶撞倒。可是，一开始怎么也不成功，后来，我们把滚筒放得远一些，终于成功了……"浩宇的思路清晰了，有了照片和游戏故事，大家也听得更明白了。

教师拍摄的幼儿游戏时的照片，照片中，幼儿正探索如何让轮胎从梯子上滚下来钻过滚筒，再把前面的锥桶撞倒

幼儿用图画的方式表征自己的游戏故事

——山东省淄博市张店区世纪花园幼儿园　杨雪

案例2　装饰彩蛋

清明节前的美术活动中,教师带领孩子们装饰彩蛋。教师首先邀请大家欣赏已经画好各种图案和色彩的彩蛋,孩子们发出一阵惊叹:"哇!太美了!"接下来,教师把煮熟的鸡蛋给每个幼儿发一个,请他们自主选择不同颜色的彩笔装饰自己的彩蛋,并请完成的小朋友把作品放到展示台上供大家一起欣赏。嘉豪小朋友拿着鸡蛋端详了半天,他没有选择彩笔,而是走到美工区的材料柜里拿来一块黑色的超轻黏土,分成几小块,然后一会儿团、压,一会儿又搓出几个细长条。不一会儿,一只长着大小不一样的耳朵、一双鼓鼓的眼睛和一条超级长的细尾巴的"鸡蛋老鼠"出现在桌子上。同桌小伙伴有的笑着说"真好玩",有的跑去告诉教师。教师看到后,不知该如何评价嘉豪的作品。看着嘉豪得意的样子,教师说:"咱们今天的彩蛋是送给爸爸妈妈的礼物,要做得美一点。你看你这个小老鼠两只耳朵不一样大,嘴巴是歪的,而且尾巴也太长了吧,你觉得爸爸妈妈会喜欢吗?"教师的质疑让得意的嘉豪泄了气,旁边的小朋友赶紧举起自己的作品请教师看。教师一个个点评他们的作品:"嗯,你这个花纹很漂亮。""你的颜色用得很好看。"……嘉豪一把抓过自己的"鸡蛋老鼠",把超轻黏土全都糊到鸡蛋上,扔到桌子上走了……

——山东省淄博市汇英幼儿园　韩冰川

以上案例中,成人的做法都有意无意地对幼儿学习品质的发展产生了影响。案例1中的教师用幼儿游戏时的照片和幼儿自己画的游戏故事作为支架,有效地帮助幼儿回顾和反思了自己的游戏过程；案例 2 中的教师没有看到幼儿作品中展现出来的想象力和创造力，而是单纯从"美不美""爸爸妈妈会不会喜欢"的角度进行质疑，导致幼儿对活动彻底失去兴趣。

兴趣、热情、主动、投入、专注、坚持、挑战、反思等积极学习品质，对幼儿的自主学习与终身可持续发展有着重要甚至决定性的意义。现在，越来越多的家长与教师认识到这一点，意识到应该从小培养这些积极的学习品质。但是，什么样的方式方法是科学、有效的？怎样才能让这些积极的学习品质在幼儿身上形成并保持和巩固呢？本节将结合案例从多个角度谈谈培养幼儿积极学习品质的策略。

（一）呵护幼儿与生俱来的学习热情

幼儿教师应从以下四个方面呵护幼儿的学习热情。

1. 多尊重，少干扰

幼儿对周围的世界有着与生俱来的热情与好奇，但是这种热情与好奇很容易因为成人不恰当的介入而被破坏。

案例 1

女儿正靠在沙发上专心地阅读绘本，妈妈一会儿让她喝水，一会儿让她吃水果，一会儿指着绘本上的字让她读，一会儿又让她说说画面中的内容……不一会儿，孩子放下绘本走了。妈妈抱怨说："这孩子就是不专心，这才多大一会儿就没耐心了。"

案例 2

幼儿园里，有一个小男孩对养殖角新来的小乌龟很好奇。自主活动时间，他趴在鱼缸上好半天，一直目不转睛地盯着小乌龟，看它吃东西。十几分钟过去了，教师来到男孩身边说："好了，你都看了半天了，你可以去画画小乌龟呀！"

案例 1 中的妈妈本来是希望幼儿专注投入地看书，并且自以为在教育和引导幼儿，但她这种随意的干扰恰恰将幼儿已有的专注状态破坏了；案例 2 中的教师看似关注幼儿的学习，试图引导幼儿从观察小乌龟到画小乌龟，但是这种引导没有尊重幼儿当下的兴趣与热情，这对于幼儿的好奇、探究以及专注力都是一种破坏。类似情况如果频繁出现，就会影响幼儿积极学习品质的形成。因此，成人需要尊重和保护幼儿与生俱来的热情与兴趣，多给予一些认同和鼓励，尽量避免随意地干扰和破坏。

2. 多放手，少指挥

> 在大班的生活区里，一个男孩终于等到机会可以做煎蛋饼的工作。他刚刚用勺子舀起蛋液，站在旁边的老师就开始指挥："少一点，少一点，别洒了！""倒呀，倒呀！""好了，好了，可以翻了，翻呀，快点，快点，要糊了！要糊了！"孩子在老师的指挥下手忙脚乱，紧张得一再出错……

在这样的高控式指挥下，幼儿对"煎蛋饼"的热情和兴趣很可能会消失殆尽。更重要的是，这样的高控剥夺了幼儿形成主动性、计划性以及自我反思和协调等积极学习品质的机会。

因此，成人要信任幼儿，学会放手，让幼儿独立地做他能做的事情、想做的事情，给他提供自主学习和探索的空间，让他有机会按照自己的想法计划和安排要做的事情，有机会发现问题、反思问题，并通过自己的尝试和探索发现并总结解决问题的方法，从而形成积极的学习品质。

3. 多鼓励，少批评

> 自主学习活动时间，中班的丁丁在益智区选择了汽车拼图。拼了一会儿，他就放回去了，又选了一份"彩蛋游戏"，但没人跟他玩，他自己摆弄了一会儿，也放回去了。接下来，他到各个区域都转了一圈，然后坐在椅子上看旁边的两个小朋友用扑克牌玩"排火车"的游戏。每次出牌的小朋友还没有发现相同的牌时，丁丁就先发现并帮小朋友把牌收了起来，几次之后，两个小朋友都不高兴了，他们把丁丁推开，不想让他参与他们的游戏。这时候，老师走过来，把丁丁从椅子上拉起来，一边走一边说："我观察你好半天了，你为什么总是不专心呢！你不好好工作还要去打扰别人……"说着，老师把丁丁带到他一开始玩的汽车拼图旁说："你就坐在这里，先把这份拼图拼好了。"

类似丁丁这样的孩子在幼儿园里并不少见。丁丁之所以"不专注"，可能是因为他对班里各个区域的材料不了解，也可能是因为他还没有找到能够吸引他的活动，还有可能是因为这些学习材料对他没有挑战性，无法激发他的操作欲，抑或是他更喜欢跟同伴一起玩。案例中，丁丁在看同伴玩"排火车"游戏时，总能很快地发现相同的扑克牌，这说明他对游戏玩法掌握得很好，而且他的观察能力和快速反应能力比较强。但是，教师并没有反思区域材料可能存在的问题，也没有肯定和鼓励丁丁在学习品质与能力方面的优势,而是直接对他的"不专心"表示不满,批评他甚至直接指挥他去完成拼图。这样一味地批评只会给幼儿贴上"不专心""不认真""总是打扰别人"等负面标签,让幼儿失去自信,开始自我否定、自暴自弃,导致那些积极学习品质在萌芽阶段就被"消灭"。

4. 多宽容,少挑剔

学前阶段的儿童有着丰富的想象力和创造力,但是他们想象与创造的结果可能因为各方面的因素而达不到成人预期的完美结果。比如,前文"装饰彩蛋"案例中用黑色超轻黏土做"鸡蛋老鼠"的嘉豪小朋友,本来他的丰富想象与大胆创造完全应该得到教师的肯定与鼓励,但是一味地追求"完美"让教师的眼光变得狭隘挑剔,忽视了幼儿身上最宝贵的品质。

幼儿有着与生俱来的学习与探索热情,3岁前的儿童喜欢主动学习做事。比如,1岁的宝宝虽然还拿不好勺子,但是非要自己吃饭,即使吃得桌上、身上到处都是饭粒,也不愿意让大人帮忙……这时候,很多成人往往因为怕幼儿做不好、怕他们受伤、怕把事情搞砸了或者怕带来更多的麻烦而不愿意让他们做这些事情。其实,幼儿对于学习和探索的那份热情是最宝贵的,成人需要宽容幼儿的失误、失败,多肯定和鼓励幼儿,少挑剔幼儿做得是否完美,给予幼儿必要的支持,让他们的积极学习品质得以保持和发展。

总之,幼儿与生俱来的学习、探究兴趣和热情,是幼儿的学习品质发展中非常重要的内驱力。对于这份热情和动力,成人要多尊重、多保护、多鼓励、多宽容、多支持。

自主游戏时间,孩子们总喜欢在这面墙上涂鸦,把矮的墙面涂满了,就站在凳子上继续涂,乐此不疲

山东科技大学幼儿园

实践链接：

1. 你认为，自己所在班级中的幼儿对学习有热情吗？表现在哪些方面？与教师对他们的态度有关吗？如果幼儿缺乏学习的热情，原因是什么？

2. 请反思一日活动的各个环节是否存在对幼儿的高控现象，自己平时对待幼儿是宽容和鼓励多一些还是批评和挑剔多一些。

（二）接纳差异，因势利导

幼儿在气质特征、学习风格、智力结构、性别方面存在个体差异，这造成幼儿的学习品质也存在个体差异。成人要接纳幼儿与生俱来的差异，因势利导，因材施教，帮助幼儿更好地发展自己的积极学习品质。

1. 接纳差异，允许不同

在折纸活动中，有的幼儿通过教师的语言指导很快就能学会方法，有的幼儿则必须通过观察教师的示范才能学会。这是一种学习风格方面的差异。此外，幼儿在智力结构、性别、气质特征方面也存在不同。教师需要正确地认识和面对这些由先天因素造成的学习品质差异，尊重和接纳幼儿与生俱来的特质，不给他们贴标签，不强求一致，不拿统一的标准衡量和要求他们，允许他们按照自己的节奏发展适合自己的学习方法与模式。

2. 因势利导，推动发展

教师除了接纳幼儿由先天素质导致的学习品质方面的差异外，还需要因材施教、因势利导，充分发挥环境和教育的作用，支持和帮助幼儿建设性地利用自己与生俱来的特质，推动积极学习品质的发展。

大班男孩浩浩特别喜欢机械、电机类的东西，经常盯着班里的空气净化器、厕所里的换气扇专注地看。自主游戏时间，浩浩总是待在木工区"叮叮当当"地忙个不停。教师看到浩浩的特殊兴趣和热情，于是在木工区投放了一些废旧的小电器、小零件以及钳子、螺丝刀等工具，还在活动室里专门设置了一个小角落，满足他的好奇心以及拆拆装装的需求。

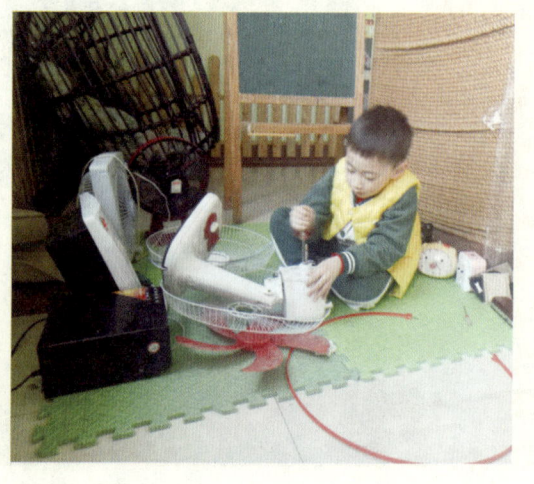

浩浩的热情影响了班里的其他男孩。最近，他们对风力发电充满了兴趣，他们一起制订计划、设计图纸、寻找材料。教师还为他们提供了一块墙面来展示他们的设计思路。

他们一次次地尝试、反思和改进，成功地做出第一台风力发电机。每个人都兴奋不已，流露出满满的成就感。

——山东省淄博市汇英幼儿园　宋连群

上面案例中，教师尊重幼儿独特的兴趣，因势利导，在空间、材料和时间上给予他们有力的支持，从而有效地推动了幼儿的积极主动、热情投入、专注坚持以及计划、反思等积极学习品质。

3. 关注需要特别帮助的幼儿

有些幼儿在学习品质方面令人担忧，比如，对活动缺乏兴趣、消极退缩、不够专注、害怕失败和犯错、不敢尝试和挑战、容易放弃，等等。如果没有外力帮助他们，那么他们在今后的学习和生活中很可能处于非常不利的境地。因此，教师必须关注并采取措施帮助他们：

* 与他们建立温暖、亲密的关系，给予他们充足的信任和支持，给他们更多情感上的鼓励和肯定
* 分析他们出现消极状态的原因，有针对性地予以帮助
* 观察、了解他们的兴趣所在，鼓励他们选择自己喜欢的活动，尊重他们的意愿，为他们提供适合他们水平的活动，帮助他们获得成功和自信
* 帮助他们提高交往能力，获得同伴的接纳，建立归属感和自信心
* 鼓励具有积极学习品质的同伴与他们一起活动，以起到影响、示范和带动作用
* 与家长沟通，家园携手一起关注和帮助幼儿形成积极的学习品质

案例　拍球

在幼儿园的晨练时间，中班的孩子们正在练习拍球。大多数孩子已经能够连续拍球，有的甚至可以连续拍几十个。刚转园来的宁宁一直不愿意参与幼儿园的活动，尤其是晨练。当大家运动的时候，她总是一个人站着不动。在老师的一再鼓励下，宁宁很勉强地练习一个一个地接反弹球。看到身边的同伴一边拍球一边大声地数出自己的成绩，宁宁有些着急，连反弹球也不想拍了。李老师看到一脸沮丧的宁宁，就拿了一个篮球走到她身边，一边接反弹球一边跟宁宁说："宁宁，咱们两个一起来接反弹球吧！你看这样很好玩的，1个、2个、3个、4个……咱们一起数。"李老师带着宁宁边数边拍，当数到10个时，李老师开心地和宁宁击掌祝贺，然后提出一个目标："宁宁，咱们看看这次能不能拍到15个，好吗？"宁宁欣然接受挑战。

第一个目标完成，这次李老师请宁宁来提出新的目标，宁宁说："20个！"她们又一次挑战成功，宁宁开心得小脸通红。李老师蹲下来再次与宁宁击掌祝贺，微笑着对她说："宁宁，我看到你每一次拍球和接球的时候，都很专心地看着球，手掌也放松了，所以每一个反弹球都接得特别稳。我觉得咱们可以试试连续拍了，你想不想试一下？"宁宁兴奋地点头。李老师又说："那你说说我们第一次定个什么目标？你准备尝试拍几个？"宁宁抿嘴想了一下说："先拍2个吧！""好的！"李老师欣然同意宁宁的提议。李老师先带宁宁空手练习连续拍，让她找到节奏，然后拿球练习。没想到，宁宁一下就连续拍了5个，李老师开心得把宁宁抱起来转了一圈，宁宁也咯咯地笑出了声……

早餐前，李老师向全班小朋友公布了这个好消息，大家也都为宁宁鼓掌祝贺，给她加油。第二天，宁宁很早就来到幼儿园，妈妈告诉李老师，昨天宁宁回家非常

高兴，给全家人讲她拍球的事情，吃完晚饭就拉着爸爸妈妈下楼拍球……接下来的几天，宁宁拍球的热情一直很高涨，也开始愿意参加其他的活动。

案例中的教师发现刚转园来的幼儿不愿意参加晨练，也看到幼儿面对挑战时消极退缩的情况，于是通过热情地走近幼儿、带动幼儿以及引领幼儿制定适合自己的目标、逐步增加挑战、积极鼓励和肯定幼儿在过程中的努力等策略，有效地激发了幼儿的学习热情，推动了幼儿专注、坚持、挑战等积极学习品质的发展。

实践链接：

1. 请结合平时的观察，与班上同事一起交流本班幼儿在学习品质方面的表现，一起讨论如何让幼儿在共同的活动中相互影响，形成正向的联动效应。

2. 观察班上的幼儿，发现那些在学习品质方面处于劣势的幼儿，并尝试有针对性地给予帮助。

（三）创设具有吸引力的环境

具有吸引力的环境丰富多元、充满趣味，富有变化和挑战性，能激发幼儿的好奇心，为幼儿积极学习品质的养成提供充分的保障。

环绕沙池的小溪流深深地吸引着幼儿，他们每天都在溪流中游戏、探索、挑战

山东科技大学幼儿园

1. 创设自然多元的环境，满足幼儿的好奇心

幼儿的好奇心和探究兴趣受环境影响。充满自然气息的环境，具有天然的丰富性和多变性，能深深地吸引幼儿主动探究，充分满足其好奇心和探究欲。

因此，幼儿园的环境中应尽可能地保留土地、草地、沙地，并创设山坡、土丘、池塘、湿地等多种形式的地面，种植的植物也应尽可能种类丰富。丰富多元的自然环境蕴含着无限的变化和可能。四季轮回、花开花谢、飞雪流云、虫鸣蝉叫……都会吸引幼儿关注，引发他们的探究活动。

山东省德州市跃华学校幼儿园

一到户外活动时间，幼儿就喜欢到草丛里捉虫子，到池塘边、湿地旁观察各种植物和小动物

案例　小树林的探险家

四川师范大学附属启夏幼儿园的小山坡上有一片树林，孩子们都非常喜欢在树林里玩耍。最近几天，他们开始研究如何爬树。他们找来各种工具，尝试用各种方法爬树，并取得了成功。他们在树上、树下发现了好多"秘密"和宝贝，有小虫子的洞穴，还有长在树干上的木耳……

小树林的探险家

在幼儿园室内，教师也可以充分利用自然角，通过多种方式种植一些便于幼儿观察和对比的植物，比如，分别用沙培、土培、水培的方式种植同一种植物，引导幼儿自主

观察其生长方式的不同；在同一时间种下不同的种子，引导幼儿自主观察其发芽、长叶、开花的不同。

山东省寿光世纪教育集团东城幼儿园

幼儿园的班级自然角是幼儿喜欢的小天地，他们在这里观察、记录和比较植物的生长，也在这里做实验、调配给植物浇的水

在户外和活动室里，教师可以养殖一些幼儿喜欢的小动物，让他们亲近、观察和照料。这样自然多元的环境能够深深地吸引幼儿，激发幼儿的好奇心，支持他们对感兴趣的事物进行深入的探究和学习。

广东省广州市番禺区东城幼儿园

每天的户外活动时间，总有孩子跑来观察小兔子

2. 创设丰富多变的环境，支持幼儿持续且富有创造性地学习与发展

环境的丰富性是指场地、设施、材料种类多样和数量充足。比如，幼儿园环境中要有能够支持幼儿各类游戏活动的场地、环境设施、材料玩具，也要有支持幼儿自主学习和探究活动的各类区角及学习材料等。富有变化的环境一方面是指玩具材料的种类、材质要富有变化，经常适时地增补完善，另一方面也强调通过环境和材料的低结构化为幼儿的活动带来更多可能性。

山东科技大学幼儿园

户外水渠中丰富多元的材料，引发了幼儿的各种创意活动，也发展了幼儿的专注性和坚持性

山东省商务厅幼儿园

简单的小木片引发了丰富的游戏情节

3. 创设具有一定挑战性的环境，让幼儿在自我突破中形成积极的学习品质

适度的冒险与挑战，会给幼儿带来一种由自由的喜悦与紧张交织而成的兴奋感。因此，具有挑战性的环境能够激发幼儿勇于挑战、敢于冒险的精神，在不断的自我突破中磨炼意志、调节情绪、积累经验、探索边界、建立自信，养成勇于突破、坚持不懈的学习品质。

案例　好玩的滑索游戏

滑索游戏能带来刺激，满足幼儿喜欢冒险的心理需求，也让幼儿在突破自我的过程中感知自己的力量和边界。游戏中，孩子们会创造出很多玩法，比如，用双脚夹住木块，在滑动过程中将其投入指定的轮胎中；踢倒摆放的体操垫；小组互动，玩快速躲闪的游戏等。

好玩的滑索游戏

——山东科技大学幼儿园　施焕玲等

具有挑战性的环境并不一定指包含具有高难度挑战性的器械与玩具，或者设计高难度的玩法，有时候低结构、开放性、多层次、非同质化的玩具材料更能引发幼儿进行自主游戏。比如，户外游戏中的梯子可以有绳梯、木梯、竹梯，可以有不同的型号和高度，可以与其他器械组合使用，这样既可以满足不同水平幼儿的游戏，又能够自然地引发幼

儿在自己的原有水平上进行冒险与挑战，不断探索自己的能力边界。

具有挑战性的环境还表现在环境材料能够为幼儿制造认知冲突，激发他们的挑战欲。比

山东科技大学幼儿园

木箱、梯子、木板原本是幼儿园户外游戏的低结构材料，供幼儿自由组合，进行攀爬游戏；可是，幼儿在持续游戏中会不断突破自己的能力边界，探索新的玩法，挑战新的难度，比如，他们尝试把两个甚至三个箱子叠放在一起

四川省绵阳市花园实验幼儿园（图片来自「人文幼学」）

幼儿搬来高高低低的梯子，在上面用剖面管铺设高高的水渠，尝试让水从高处流向低处，并在此过程中不停地解决衔接、漏水、高低方向不对等诸多问题；多元材料给幼儿带来游戏中的深度学习，也带来各种挑战

184 ● 自主学习——支持幼儿成为热情主动的终身学习者

如，在班级益智区，发展幼儿的观察、判断、记忆及快速反应能力的玩具材料，往往对幼儿有着深深的吸引力。他们在一遍遍的挑战中学会计划与反思，并灵活地调整自己的行为。

案例　嘉宝的俄罗斯方块大挑战

嘉宝在玩俄罗斯方块，在熟练地掌握了几种简单的拼法后，他发现提示卡左下角有一张图，图中所有方块都被摆在操作盘里。于是，他开始尝试按照图中的样子把所有方块都摆到操作盘中，这对小班孩子的手眼协调能力、空间知觉等都非常具有挑战性。嘉宝只拼了几块就遇到了问题，他开始仔细研究提示卡上的图，然后认真地对照提示卡，从操作盘底部开始一步一步地向上拼摆，最终挑战成功。在整个过程中，嘉宝聚精会神、沉着冷静，让我们不禁感慨他的积极学习品质！

嘉宝的俄罗斯方块大挑战

——山东省淄博市汇英幼儿园　刘玉莲

实践链接：

1. 与同事一起审视幼儿园的环境和材料，看看它们对幼儿是否具有吸引力，是否满足幼儿的好奇心，激发其探究兴趣，引发他们的挑战性活动。

2. 分析本园或本班环境，从支持幼儿学习品质发展的角度探索进一步优化环境和材料的方向与具体措施。

（四）优化成人与幼儿的互动模式

这里所讲的互动模式是指成人与幼儿之间形成的习惯性的、相对固定的互动方式。它往往不被觉察，但是对幼儿影响极大。这种影响既表现在幼儿与成人之间的关系方面，比如，是平等尊重的还是粗暴专制的，是温馨融洽、充满关爱的还是冷漠疏离、缺少温度的；又表现在幼儿成长和发展的多个方面，如态度、习惯、性格、能力等。因此，成人需要优化自己与幼儿的互动模式，以便对幼儿学习品质的发展产生积极的影响。

山东省淄博市汇英幼儿园
教师饶有兴趣地倾听幼儿
介绍自己的想法

山东科技大学幼儿园
教师与幼儿一起游戏

1. 反思自己与幼儿的互动模式

成人应反思自己与幼儿的互动模式,避免不良模式对幼儿学习品质的消极影响。反思自己与幼儿的互动模式一点都不难,成人只需要在纸上罗列出幼儿可能会出现的各种问题,然后把自己最常用的回应方式写上去,就可以看到自己与幼儿的互动模式(见表5.1)。

表 5.1 成人与幼儿的互动模式

场景描述	成人回应方式1	成人回应方式2
幼儿想买玩具的愿望不能被满足,于是开始哭闹	幼儿一哭就认输,赶紧买完了事	把幼儿抱到一边,表明态度,坚持原则,不该买的就不买
幼儿在端水时不小心把玻璃杯打碎了	"看看吧,我早就说过,你就是不专心、不认真,一点小事都做不好……"	帮助幼儿分析原因,鼓励幼儿再次尝试
在建构游戏中,幼儿反复尝试如何借助周围的物体把建构作品最高处的"避雷针"(又细又长的积木)放上去	马上介入,直接帮幼儿放好	用心观察、耐心等待
幼儿拿着自己刚画好的画给老师看	随便说一句:"嗯,挺好,来,我给你写上名字。"	对幼儿说:"我觉得你今天画得很有创意,你愿意讲给我听一听吗?"
幼儿在学习或做事的时候遇到困难	抱怨幼儿"笨""反应慢""就是学不会"	理解幼儿,鼓励并陪伴,与幼儿一起面对困难、克服困难
幼儿因取得了进步而高兴	对幼儿说:"有什么好高兴的,人家×××比你做得好多了……"	肯定幼儿为此所做出的努力,与他一起祝贺
幼儿想独立做事	第一时间抢到前面说:"这个你可做不了,我来,我来……"	肯定这种意识,对幼儿说"宝宝长大了"鼓励幼儿做力所能及的事情并给予支持
幼儿遇到困难时哭闹、想退缩	立马安慰他:"好孩子,咱们不做了,有什么大不了的!"	接纳幼儿的情绪,帮助幼儿分析和分解困难,鼓励并支持幼儿解决困难
幼儿专注于自己喜欢的事情	总会不停地干扰幼儿,要他做成人认为更有意义的事情	不打扰,之后给予肯定和赞扬
面对幼儿的想象和创造	不倾听、不欣赏,要么敷衍地说一句"很棒啊",要么直接说:"这是什么呀?乱七八糟的!"	表现出好奇与赞赏,鼓励幼儿表达自己的想象和创造,对幼儿的作品充分尊重
幼儿开心地向成人介绍自己在草丛里捉到的虫子	只盯着幼儿弄脏的衣服说:"快扔了,看你把衣服都弄脏了!"	表现出好奇与惊喜:"哇!你从哪里找到的?我们一起看看它长什么样子吧!"

（续表）

场景描述	成人回应方式1	成人回应方式2
幼儿喜欢问"为什么"	总是回应幼儿说："你长大了就知道了。"	对幼儿说："我也对这个问题很好奇呢，咱们一起来了解一下吧。"

成人可以通过以上方式了解自己与幼儿的互动模式，反思自己与幼儿的互动模式是否存在问题，审视自己在与幼儿的互动中是否存在削弱幼儿学习动机的做法，并尝试不断地改进和优化。

2. 优化互动模式，建立良好的亲子关系和师幼关系

师幼关系和亲子关系会极大地影响幼儿学习品质的形成。比如，与成人关系更亲密、更放松的幼儿，在学习活动中会更主动、更热情和更专注；在与成人关系中感到被喜爱、被欣赏和被鼓励的幼儿，在学习活动中会更投入、更有信心、更能坚持；具有安全依恋感的幼儿，会对新事物更好奇，能应对变化，也更乐于冒险，不怕失败和犯错。

因此，培养幼儿的积极学习品质，需要我们关注自己与幼儿之间的关系，并不断优化这种关系。具体说来，可以从以下几方面入手：

* 每天尽可能给幼儿更多的微笑
* 每天至少与幼儿拥抱一次
* 当幼儿与你交流时，一定要耐心而专注地倾听
* 要对幼儿感兴趣的事情表现出兴趣
* 真诚地鼓励幼儿，绝不敷衍
* 尽可能积极地回应幼儿发起的互动
* 与幼儿一起做一些好玩的事情
* 设立专门的悄悄话时间，倾听幼儿的心声
* 经常通过语言和肢体动作真诚地表达对幼儿的喜欢、理解与尊重
* 在幼儿犯错或失败后，不埋怨、不斥责、不贴标签，多理解、多宽容，鼓励和支持幼儿在不断地重复与练习中克服困难、解决问题
* 多肯定幼儿在过程中的努力而不只是最后的结果和他的聪明

总之，成人对幼儿尊重与接纳，与幼儿之间温暖、支持性的关系，以及良好的互动模式，能够有效增强幼儿的学习动机和学习兴趣，激发幼儿想象与创造的热情，让幼儿更多地表现出主动、专注、投入、坚持、挑战等学习品质。

山东省淄博市汇英幼儿园

教师接受幼儿的邀请，一起在泥巴池里嬉戏

实践链接：

1. 你了解自己与幼儿的互动模式吗？你对不同的幼儿是否有不同的互动模式？请用书中介绍的方法识别自己与幼儿的互动模式，并进行反思和改进。

2. 向家长介绍互动模式对幼儿学习品质发展的重要意义，引导家长与幼儿建立亲密信任的亲子关系，在积极的亲子互动模式中支持和推动幼儿积极学习品质的发展。

（五）推动以幼儿为中心的课程建设

以幼儿为中心是当今许多优秀课程模式的共识。审视当前的幼儿教育实践，不难发现，还存在大量忽视幼儿的主体地位和幼儿自身的兴趣、需求，以教师主导和高控以及知识灌输为主的课程模式。在这样的课程模式中，幼儿的好奇心与学习兴趣往往不被尊重，他们很容易失去对学习的兴趣与热情。而"投入与专注""主动与坚持"也就变成教师对幼儿自上而下的"要求"，无法成为幼儿内在的学习品质。因此，要培养幼儿的积极学习品质，教师需要转变课程理念，构建以幼儿为中心的课程，优化课程实施路径，让幼儿园课程真正"活"起来。

1. 重塑教师的课程理念

教师的课程理念决定着教师将如何选择、建构和实施课程。要想推动以幼儿为中心的课程建设，教师需要通过专业学习来改变或重塑自己的课程理念。

支持幼儿积极学习品质发展的课程一般具有以下特点：

* 以幼儿为中心
* 幼儿主导与教师主导相结合
* 具有游戏化、生活化特征
* 符合幼儿的学习方式，具有发展适宜性
* 能够支持幼儿主动参与
* 支持幼儿在操作、体验中建构经验
* 具有综合性和适度挑战性
* 能够让幼儿获得自我效能感

幼儿教师只有改变以往"教材就是课程""集体教学就是课程"的错误观念，看见并追随幼儿的兴趣，支持幼儿自主地与周围环境互动，让幼儿在感知、体验、探索、发现、交往和表达中不断获得新经验，突出课程的游戏化、生活化本质，才能建构真正吸引幼儿和满足幼儿学习兴趣的课程，才能真正促进幼儿积极学习品质的形成，为幼儿终生可持续发展奠定坚实的基础。

2. 构建追随幼儿的"活课程"

构建追随幼儿的"活课程"，需要基于对幼儿兴趣与需求的关注，以及对幼儿主体意识的尊重和对幼儿自主性发展的重视，也需要基于对幼儿课程行动性的特点以及游戏化、生活化本质的理解与认同。

（1）解放幼儿，给幼儿自由和自主

20世纪40年代，陶行知先生就在《创造的儿童教育》一文中提出了对儿童的"六大解放"，但时至今日，仍然有那么多幼儿每天都在成人所划定的时间和空间中过着成人所要求的生活。要构建追随幼儿的"活课程"，就需要在解放幼儿上下功夫。只有幼儿挣脱了成人的束缚，有机会自己看、自己想、自己做、自己说，自己去发现、去探究，成人才能发现他们的兴趣和需求所在，让"活课程"的建构成为可能。

（2）观察幼儿，让课程吻合幼儿的兴趣与需求

教师只有在生活、游戏中细致地观察幼儿，分析和解读幼儿，才能看见幼儿的兴趣与需求是什么、在哪里，才能知道如何追随幼儿，寻找课程生成的方向和内容。观察幼儿是建构"活课程"的必由之路。

那么，如何才能观察到幼儿的兴趣和需求呢？简而言之，教师需要对幼儿的好奇感到好奇，对幼儿的兴趣感兴趣。

* 幼儿在做什么？

* 是什么让他们如此投入？
* 他们真正感兴趣的点在哪里？
* 他们遇到了什么问题？
* 他们是如何思考和解决问题的？
* 他们为什么会面临这样的困难？
* 他们可能需要我做什么？

……

只有学会观察和倾听幼儿，看见和追随幼儿的兴趣与需求，教师才能预设或生成有价值的、具有适宜性和挑战性的、对幼儿有吸引力的课程。这样的课程才能摆脱教师中心和知识中心的窠臼，涵养幼儿的学习品质，让幼儿积极主动、充满热情地投入学习，在活动中不断获得新经验、新发展。

（3）追随幼儿，支持他们做自己想做的事

幼儿发展的关键是不断突破旧的经验框架，建构新的经验，但幼儿只有在行动中才能获得有意义的经验。因此，教师需要追随幼儿，支持他们做自己想做的、能做的、有挑战的、能够激发他们热情的、调动他们的情感和思维的、激发他们创造力的事情，由此，充满活力的幼儿园课程自然也会逐步建构起来。

案例　小小鸭的奇妙旅行

春天来了，孩子们和老师一起布置季节桌。楠楠问老师："为什么春天的季节桌上要放小鸭子？"老师回答："因为春江水暖鸭先知啊。"孩子们一遍遍地抚摸着小鸭子，爱不释手。他们向老师建议道："我们去年孵了小鸡，今年再来孵小鸭吧！"老师欣然同意。

小小鸭的奇妙旅行

孩子们把孵化箱擦洗干净，提前调好温度和湿度。远远奶奶准备的鸭蛋被一辆小卡车拉到了幼儿园，孩子们轻手轻脚地把鸭蛋放进孵化箱。他们每天都会检查孵化箱，观察显示器上的温度和湿度，还经常给每个鸭蛋翻身。孩子们不仅悉心地照料鸭蛋，还一起给小鸭子建造了池塘。在第21天，混入鸭蛋中的两个鸡蛋提前孵了出来。第28天，小鸭子出壳了，孩子们激动又开心，他们把自己和小鸭子在一起的生活以及他们的课程故事做成一本绘本。天气暖和了，他们为小鸭子举行了隆重的下水仪式。

——山东省淄博市张店区世纪花园幼儿园　许孝丽

孵小鸭活动引起了全班幼儿的兴趣。孵小鸭、挖池塘、照料小鸭、设计下水仪式、制作绘本等一系列活动都是由幼儿的兴趣和热情推动的。教师的积极追随和支持促成幼儿的行动，让幼儿得以做自己想做的事，也成就了幼儿主导的"活课程"。

追随幼儿生成的"活课程"，不是教师设计教什么和如何教，而是观察和发现幼儿想做什么，他们需要怎样的支持，以及怎样支持他们把要做的事情做好。所有由幼儿自己选择并展开的课程，都能让幼儿沉浸其中，感受到心流体验，并萌发出强烈的内部动机，进而发展创造、挑战和坚持性等积极学习品质。

3. 在多元化的课程实施中落实学习品质的培养

"活课程"的来源是活的，"活课程"的实施路径也是"活"的，是多元化的，它不仅包括教学活动、生活活动、游戏活动，还包括一系列社会实践活动。幼儿学习品质的培养不仅存在于学习活动中，更需要多元化的课程实施路径来落实。

（1）在生活活动中培养幼儿的学习品质

教师要看到生活活动对于幼儿学习品质培养的价值和多种可能性，在一日生活中随时关注幼儿学习品质的培养。比如，在值日生活动中，允许幼儿自主选择值日时间和内容并制订计划，有始有终地完成；在自主取餐时，提醒幼儿注意观察教师提供的指示牌（标注每个人取餐的种类和数量），并根据指示牌上的提示取餐。

（2）重视游戏对幼儿学习品质培养的价值

游戏的基本精神是自由、自主、愉悦、创造，所以游戏活动对于幼儿积极学习品质

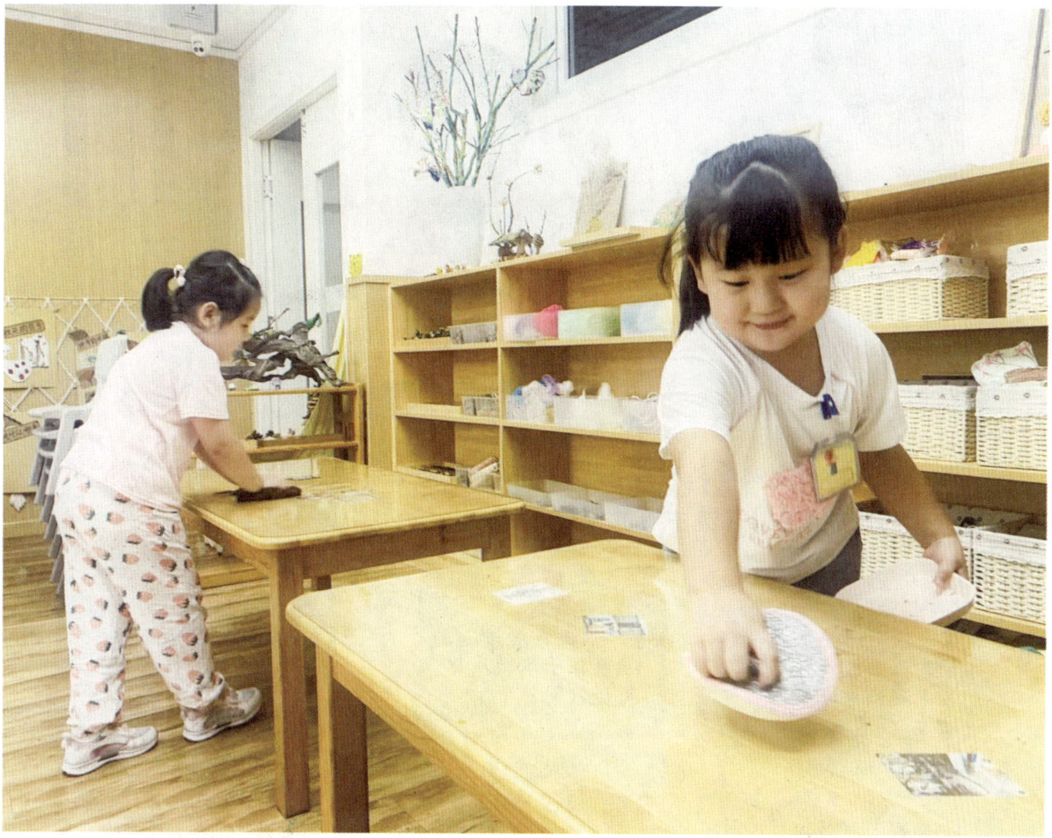

幼儿每天自主选择值日内容，并认真做好

的培养具有得天独厚的优势，教师要高度重视游戏对学习品质培养的价值。每所幼儿园都应该为幼儿创设丰富多元、具有挑战性的游戏环境，确保充足的游戏时间，放手让幼儿按照自己的兴趣和意愿选择、推进与展开游戏，自主地探索和创造，在自由自主的游戏中满足好奇、释放天性、发挥想象、增进创造、完善人格，让幼儿的专注与坚持、计划与反思、协调与自控等积极品质和能力得到发展与巩固。

案例　蛋黄爬吊床

幼儿园在户外大滑梯的下面悬挂了一个半包围式的吊床，离地大约 40 厘米。孩子们很喜欢这个新玩具，纷纷爬到吊床上玩，感受坐在吊床上的旋转晃动。

蛋黄爬吊床

小班的蛋黄小朋友看到别人玩得很开心,也想尝试爬到吊床里玩。于是,开启了他六次的爬吊床体验(见下图)。

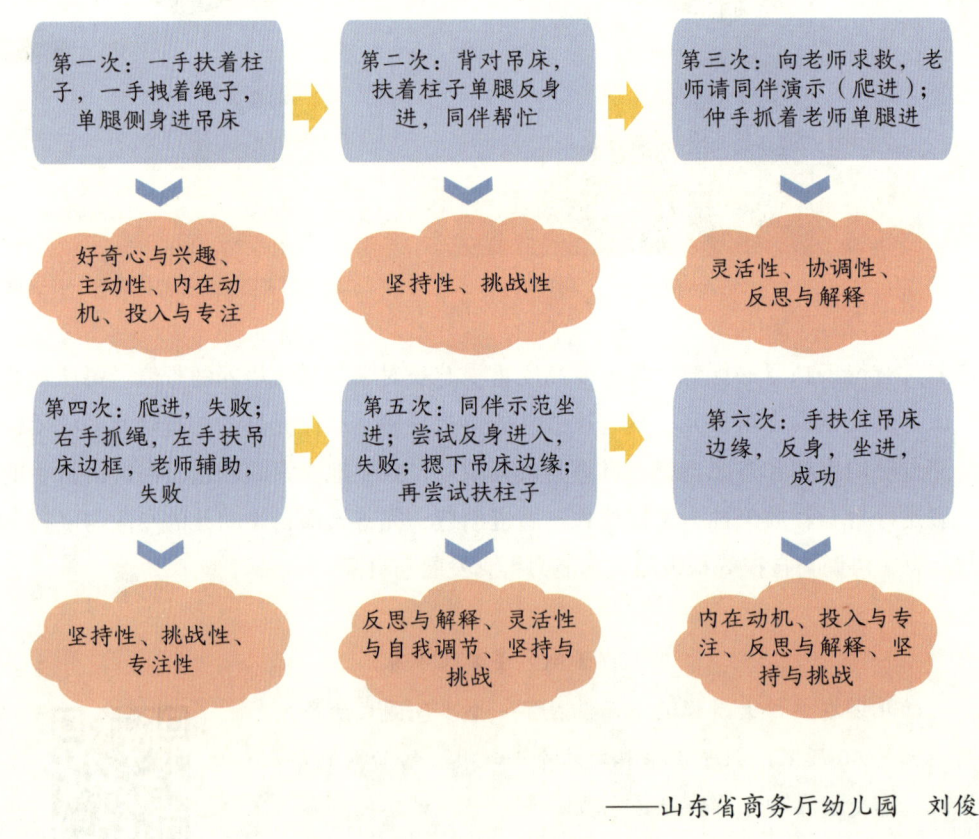

——山东省商务厅幼儿园 刘俊

(3)**在集体教学活动中关注学习品质等隐性目标的实现**

现阶段,在幼儿园的集体教学活动中,很多教师过于追求知识目标的达成,忽视积极的情感态度等与学习品质相关的隐性目标。要做到两者兼顾,除了关注幼儿的兴趣及原有经验外，教师还应该从促进幼儿整体发展的角度，注重集体教学活动过程与方法的设计。比如，在大班科学活动"有趣的滚动"中，教师可以为幼儿提供大小不同的球，各种粗细不同的纸筒、易拉罐、瓶子，以及轮子、纸杯、漏斗等多种类型的材料，以引发幼儿对不同形状物体的滚动方式、滚动轨迹的好奇与探究兴趣；可以设计"把……滚进球门"的游戏环节，帮助幼儿在实际操作中探索和发现不同形状的物体滚动轨迹的差别：有的是直线，有的是弧线；还可以提出"如何让不同形状的物体都能滚进球门"的问题，让幼儿以小组合作的方式，探索利用身边的辅助材料解决问题……这样的集体教学活动不仅能激发幼儿的好奇心和探究兴趣，还能发展幼儿的投入与专注、坚持与挑战、反思与解释、灵活性与自我调节等积极学习品质。

实践链接：
1. 反思自己班上的幼儿是否得到了"解放"，是否有机会做自己想做的事情。
2. 通过 1~2 个案例谈一谈你是如何通过多元的课程实施路径培养幼儿的学习品质的。

（六）优化教学方法和支持策略

在培养幼儿的积极学习品质的过程中，教师的教学方法和针对学习品质的支持策略也不容忽视。

1. 向幼儿积极示范

模仿是幼儿最常用的学习方式。在学习品质的培养方面，成人可以通过自己的积极学习品质，或者塑造一个鼓励积极品质的集体氛围，从而对幼儿发挥示范和影响作用。

* 家长在家里认真投入地做事，在遇到问题和困难时不气馁、不放弃，积极想办法解决
* 教师经常引导幼儿在活动前确定目标、制订计划，在活动中推进计划，在活动后反思与回顾
* 教师以自己的好奇心、对活动的热情、对创造的热爱感染和激发幼儿主动投入学习与创造中
* 教师在班级多肯定幼儿的积极学习品质，鼓励幼儿合作、挑战与创造，创建一个充满积极学习状态的班集体

2. 用正确的方式鼓励幼儿

如果成人多肯定幼儿在学习过程中的兴趣与热情，多鼓励他们在过程中表现出来的创新和坚持，而非最终结果，同时引导幼儿关注自己在活动过程中因为专注、投入、坚持、挑战等而带来的内在愉悦与满足，而非外在的物质奖励，就会引发和巩固幼儿学习

的内部动机，让幼儿对学习更主动、更投入、更热情。

3. 帮助幼儿明晰目标，并专注于目标的实现

在幼儿自主学习和探索的过程中，教师可以有意识地引导幼儿自己制定目标，鼓励幼儿为实现目标而努力，并在活动结束后指导幼儿对照目标进行回顾和反思。

> 两名大班幼儿在科学区合作探索"如何让齿轮转起来"。教师观察到，他们先一起把底板拼好，其中一名幼儿将两个齿轮固定在操作板上转动了一会儿，然后他们就把齿轮玩具当作武器开始打闹。
>
> 教师走到他们身边，指着底板上的齿轮说："你们让这个齿轮带动那个齿轮转起来了，好棒啊！你们能不能想办法让这个齿轮带动更多的齿轮转起来？"两名幼儿一起在底板上开始拼插更多的齿轮。他们尝试把齿轮放在不同的位置，努力让每一个齿轮都能够与另一个齿轮有交错的地方，然后转动第一个齿轮进行测试。他们的成功率越来越高，底板上能够转动起来的齿轮也越来越多。

山东省淄博市汇英幼儿园

山东省淄博市汇英幼儿园

案例中，在幼儿的探索活动失去目标时，教师通过直接介入引导幼儿将行为聚焦到活动目标上，并支持幼儿完成目标、获得成功，让幼儿在活动中的目的性、专注性和坚持性等积极学习品质获得了有效的发展。

4. 为幼儿提供方法与思路的支持

在幼儿自主学习的过程中，教师放手为幼儿创造自主探索与选择的机会非常重要，但很多时候，幼儿需要教师提供必要的方法和思路方面的支持，从而使持续探究和深度学习成为可能，这也是幼儿的求知欲、兴趣、专注、坚持、创造等学习品质稳定发展的关键。

小班美工区，莉莉从玩具橱中拿出一篮松塔，摆弄了一会儿又放回去。她到其他区域转了一圈后又回到美工区，再次把松塔拿出来，却不知道该做什么。这时，教师走过来坐到她旁边，向她借了一个松塔，然后从桌子中间的颜料盒中拿起笔，蘸了些颜料涂在松塔上……莉莉看到后模仿教师的做法在松塔上涂上喜欢的颜色。教师又拿出旁边的超轻黏土，捏出一个小脑袋，然后把松塔放在上面，于是一只小刺猬栩栩如生地出现了。莉莉看到后开心地叫起来："哇，是一只小刺猬！"教师微笑着点头回应莉莉："是啊，你可以试试还可以怎么玩。"教师到其他区域去了，莉莉先是做了一只小乌龟，接着又用咖色的超轻黏土做了很多小松子，一个一个放到松塔上，还将涂满绿色颜料的松塔固定到超轻黏土上面做成一棵圣诞树……一直到区域活动结束，莉莉都没有离开美工区。此时，她已经用松塔做出了好几件作品，她拉着教师的手让教师观看她的作品，然后心满意足地把作品摆到展示台上。

案例中，教师给予幼儿必要的方法和思路上的支持，使幼儿能够静下心来专注于要做的事，同时打开思路，更富有创造性地进行探索，并体验到满满的成就感和愉悦感。由此可见，教师必要的支持能够在关键时刻给予幼儿帮助，避免幼儿因为不自信而产生沮丧、退缩等消极的情绪和行为。

此外，幼儿自主学习和探索还需要其他一些支持，比如：

* 在幼儿用积木搭建轮船时，教师提供一本描绘了轮船的各个角度和细节的图画书，可能会让幼儿在搭建过程中更有目标、更投入、更专注和富有成效
* 在幼儿学习做三明治时，一个简单的流程图可能会帮助他有计划地准备材料，并一步步实现目标
* 在游戏结束后的交流与分享环节，教师可以用自己拍摄的照片帮助幼儿回顾和反思自己的游戏过程，分析和找到解决问题的多种方法

以上这些都可以成为幼儿学习品质发展中的支架，但需要注意的是，成人要把握好支持的时机和方式，以免对幼儿的自主探索和学习带来干扰，或者因成人不适宜、不必要的介入而导致对幼儿自主学习和探索空间的侵占，从而削弱和阻碍幼儿积极学习品质的形成。

5. 支持幼儿建立以探究兴趣为纽带的伙伴关系

以探究兴趣为纽带的伙伴关系也非常有利于幼儿学习品质的发展。美国幼儿自然教育顾问露丝·威尔逊（Ruth Wilson）博士指出："当两个或更多个体在追求知识中合作，

专注于解决一个问题或明确一个概念时，持续共享思维就出现了。"① 当这种持续共享思维发生时，参与其中的每一个人都能从他人的思维中受到启发，从而获得学习品质、学习能力等各方面的发展和成长。

以探究兴趣为纽带的伙伴关系，能够让幼儿在共同兴趣的基础上一起持续地游戏和探究，能够为幼儿创造更多的交流机会，形成归属感和团队意识。幼儿在活动过程中互相吸引、互相影响、互相鼓舞更有利于好奇与兴趣的持续，在这种深度合作、共同成长的过程中，幼儿将形成热情投入、不怕困难、勇于挑战、坚持不懈等积极学习品质，体验到成就感，建立自信。

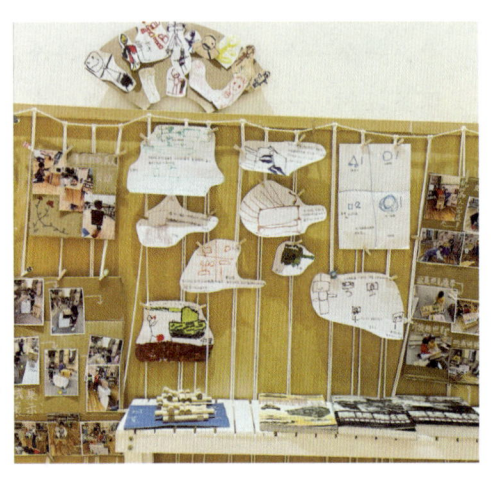

山东省淄博市汇英幼儿园

山东省淄博市汇英幼儿园

大班教师帮助对纸箱坦克感兴趣的几个幼儿成立了坦克小组，为他们提供一起活动的空间，在游戏前、游戏后组织小组交流分享，并为他们专门设置了坦克小组互动墙面，呈现他们搜集到的资料、活动进程、遇到的问题和解决的方案等

实践链接：你是否发现班上某几个幼儿对某个事物或现象特别感兴趣，会持续很长一段时间进行探究？你是如何做的？你的做法对于幼儿的积极学习品质是否有影响？

（七）科学、中肯地进行评价

对幼儿的学习品质进行评价，可以帮助教师更好地了解幼儿、支持幼儿，促进幼儿积极学习品质的发展。但是，目前国内对于学习品质评价工具的研究还处于起步阶段，仅凭一处园所、一位教师的力量很难对幼儿的学习品质进行科学评价。作为幼儿教师，我们一方面需要主动地了解并学习一些先进的评价方案和方法，比如，美国高瞻课程中关于学习品质要素的关键发展指标②，或者《热情投入的主动学习者——学前儿童的学习

---

① 威尔逊. 幼儿园户外探索与学习［M］. 邹海瑞，等译. 北京：中国轻工业出版社，2020.
② 爱泼斯坦. 学习品质：关键发展指标与支持性教学策略［M］. 霍力岩，等译. 北京：教育科学出版社，2018.

品质及其培养》一书中的"儿童学习品质发展变化连续表"[①]等;另一方面可以在自然的学习场景中,通过对幼儿真实活动过程的观察,以更自然的方式对幼儿的学习品质进行分析和评价。在评价时,教师要认识到幼儿学习品质发展的阶段性、顺序性和个体差异性,通过评价来了解幼儿学习品质的发展进程,反思课程设置中的问题和缺失,检验教育的有效性,也可以通过评价为家园沟通提供交流的主题,找到家园共同支持幼儿学习与发展的方向。

在评价的过程中,要注意以下几点。

1. 更客观、更全面地评价

要想获得一个有价值的幼儿学习品质发展评价结果,教师需要对幼儿进行长期、多方面的观察,而非仅凭几次观察或者仅对某一方面的观察就做出判断。比如,班里新来的老师认为嘉嘉的创造力不太强,因为他在游戏中用真的炒锅烧饭,用真的手机打电话,没有以物代物的创造性表现。但是,她不知道,嘉嘉之前在建构区曾经创作出许多极富创意的作品。因此,只有通过长期、全面的观察和分析,才能对幼儿的学习品质形成相对客观和真实的了解。

2. 从发展的角度看待评价结果

教师要明确,评价幼儿学习品质的目的不是给幼儿评级分类、贴标签,也不仅仅是对幼儿做出判断。

对幼儿学习品质的评价,应该与对幼儿学习品质的培养结合起来。评价最重要的目的是帮助教师反思自己与幼儿的关系、反思课程、反思自己的教育方法,帮助教师改进课程,寻找更合理、更适合幼儿的教学策略,更有效地推动和提升幼儿的学习品质。

总之,教师要重视评价的作用,努力学习更科学的评价方法,尽可能客观、全面地评价幼儿的学习品质,以发现幼儿在学习品质方面的特性和差异,有的放矢地采取有效的方式支持和推动幼儿积极学习品质的发展,为幼儿的终身学习与发展奠定基础。表 5.2 为幼儿学习品质观察与评价表,供参考。

[①] 希森. 热情投入的主动学习者——学前儿童的学习品质及其培养[M]. 霍力岩, 等译. 北京:教育科学出版社, 2017.

表 5.2 幼儿学习品质观察与评价表

维度	要素	主 要 表 现	幼儿行为观察	评价与反思
学习态度	好奇心与兴趣	1. 对周围的人、事、物有较强的敏感性，能够比较敏锐地发现差异与变化。 2. 对周围事物有进一步学习、探究的渴望，喜欢问问题，喜欢观察和动手探索，用多种感官进行感知。 3. 对未知有着最原始的内在冲动，没有成人的引导也会有探究的欲望。 4. 在某段时期，对某些事物和现象有比较明显的偏好。		
学习态度	主动性	1. 渴望学习，乐于寻找和掌握新的、有挑战的技能。 2. 面对任务，即使没有外部奖励和他人推动也能够积极参与其中，并按照自己的目标和计划行动。 3. 对学习充满渴望，会更积极、更具独立性，更愿意为了自己的目标去挑战和冒险。		
学习态度	内在动机	1. 被活动内容本身吸引，而非活动结果所带来的奖励和惩罚。 2. 不需要外界的诱因、惩罚就能使学习行动指向目标。 3. 在探索过程中会有满足感和积极的情绪体验。		
学习行为	投入与专注	1. 不受外界干扰，能够长时间参与活动并沉浸其中。 2. 能将精力和热情集中于某项活动或任务。 3. 面对干扰和挫折，仍对当前的活动保持足够的专注，即使注意力被别的事物吸引，也能很快转回到当下的活动。		
学习行为	坚持与挑战	1. 在遇到困难时不抱怨、不气馁，仍能对当前的活动保持专注。 2. 喜欢冒险，但不是随意的、不知深浅的盲目冒险，喜欢做有一定难度的、富有挑战性的事情。 3. 遇到问题、困难和挫折时能够继续尝试和探索，并勇于挑战、积极尝试、克服困难、解决问题、达成目标。		
学习行为	想象与创造	1. 喜欢天马行空地想象，经常在美术创作、游戏活动、语言表达和故事创编中表现出新意。 2. 不局限于已有的规定，经常在游戏中创造出自己的游戏主题、情节，创造性地使用游戏材料。 3. 无论在生活、游戏还是学习活动中遇到困难和问题，都乐于探索和创造，经常想到出人意料的问题解决办法。		

（续表）

维度	要素	主 要 表 现	幼儿行为观察	评价与反思
学习行为	目标与计划	1. 能够根据自己的兴趣和意图自主地通过多种方式制定活动目标、做出计划，并按照计划行动。 2. 能够根据实际情况尝试修订目标和计划，并通过回顾活动反思自己计划落实的情况。		
	灵活性与自我调节	1. 在活动中表现出灵活的变通性。 2. 在面对挑战、处理困难时，能够运用多种方法和策略解决问题。 3. 能够自主地、有目的地调节和管理自己的行为，包括身体动作、情绪情感、认知过程等。		
	反思与解释	1. 能够通过回忆清楚地描述做过的事情，并从中吸收、思考、理解已有的信息。 2. 通过对自己的想法和做法进行梳理、解释，帮助自己从中学到新经验，或者获得解决问题的新办法。 3. 能够从自己和他人的经验中获得学习。		

实践链接：

1. 了解一些有关学习品质的评价方案，针对学习品质的关键要素尝试对本班幼儿的学习品质进行观察和评价。

2. 建议将对幼儿学习品质的观察和评价纳入与家长沟通的内容中，试着先与一两位家长交流一下吧。

本 章 小 结

本章核心内容如下。

+ 学习品质不是指幼儿所要获得的知识、技能本身，而是指幼儿自己如何获得各种知识和技能。我们可以从学习态度和学习行为两个维度来认识与了解学习品质的要素。

+ 学习品质对幼儿的自主学习以及终身学习与发展都有着重要的意义和价值，对积极学习品质的关注再怎么强调都不为过。

+ 幼儿与生俱来的好奇心以及对学习、探究的兴趣和热情是其学习品质发展的重要内驱力，我们要高度重视对这份热情和动力的保护。

- 我们要重视影响幼儿学习品质发展的积极因素，也不能忽视那些会削弱和降低幼儿积极学习品质的消极因素。
- 要关注那些学习品质处于劣势的幼儿，帮助他们逐步养成积极的学习品质，跳出消极循环圈。
- 幼儿学习品质的形成不是一朝一夕的事情，也无法通过突击训练来获得，而是需要成人持之以恒的关注和支持，需要幼儿园课程、教学方法、教师评价等一系列工作的促成。

第六章

多元学习能力的提升

建构区里,豆豆等四个男孩正在尝试搭建一个计划已久的古战车,并为此查阅了很多相关图书、资料。刚刚开始搭建车轮时,他们就遇到了半圆形积木来回动、无法固定的问题。四个男孩各有各的解决方案,经过一番尝试后,一组幼儿运用盛放玩具的小筐子成功地固定住车轮,另一组幼儿则将踏板(体育器械)立起来使用,也成功地固定住车轮。

用玩具筐固定车轮

用体育器械固定车轮

解决了车轮的问题,新的问题又产生了:两辆车离得太近,没有搭建马的地方。正当大家一筹莫展时,一名幼儿说:"我见过马车是能转弯的,我们可以让第二辆马车转弯呀!"于是,第二组幼儿马上行动起来,将车把调转了方向。

相隔太近的两辆车身

能转向的马车

成功让马车转向后,两组幼儿开始搭建马。没一会儿工夫,一组幼儿使用长板、枪形积木、小半圆积木和薯片桶搭好了一匹简易的小马,正当他们得意扬扬地欣赏成果时,另一组幼儿说:"你们的马太小了,怎么能拉动这么大的车呢?""我们搭两匹马不就行了?"于是,一匹马变成两匹马。

虽然小马被搭建好了,但是它的比例结构明显不合适,这与幼儿缺乏对马的外形特征的了解有很大关系,在城市生活的幼儿很少见过真正的马。教师发现问题后联系了马场,组织幼儿去观察、抚摸马,并给马喂食。通过对马的进一步观察,幼儿又对自己的古战车进行了完善。当看到最终完成的作品时,孩子们欢呼雀跃,兴奋不已。

由两匹马拉着的古战车

——山东省商务厅幼儿园 宫晓萍

本章开篇的古战车搭建活动由幼儿自发生成,在这个活动中,我们可以看到幼儿身上展现出的强大自主学习能力:他们基于共同兴趣结成学习小组,一起围绕搭建主题收集资料、观察图片,共同面对固定车轮、让车头转向、调整马的身体比例、增加马匹数量以增强拉力等问题，并在创造性解决问题的过程中不断进行观察、比较、分析、推理、判断和决策，体现了思维的灵活性、流畅性、发散性。同时，在借助多种材料、运用多种方式搭建独具特色的两匹马的过程中，展现了大胆创造的能力。

学习能力是学习者适应学习活动、达成学习目标、取得学习效果所需要具备的一种综合能力。幼儿的学习能力与学习品质之间彼此影响、互为促进，积极的学习品质会推动幼儿学习能力的发展，也有助于幼儿成为优秀的自主学习者。

美国国家研究院在其2012年发布的报告《为了生活和工作的学习：在21世纪发展可迁移的知识与技能》中将学习能力分为三个领域的能力群，即认知能力、自我能力以及人际能力，每一个能力群又包含多种能力（见图6.1）。本章将结合幼儿的认知发展特点和自主学习需要，重点介绍观察能力、思维能力、创造力、自控力和合作学习能力。

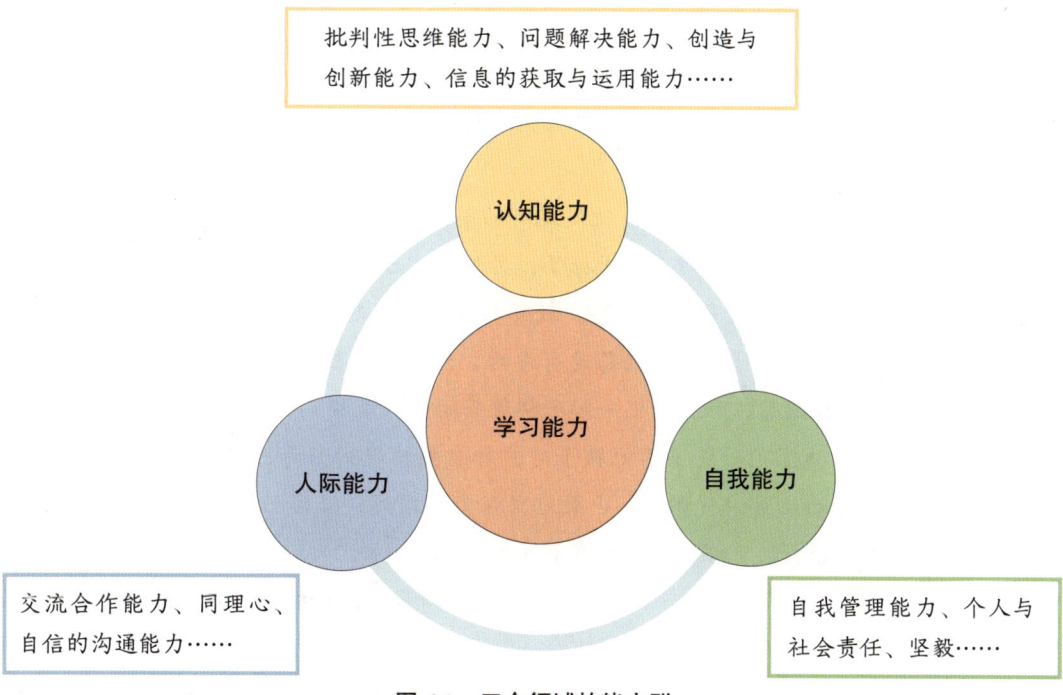

图6.1　三个领域的能力群

一、观察能力：终身学习者的基础能力

户外活动时间，甜甜在大树桩下铺好垫子开始爬树。反复尝试几次后，她突然整个身体趴到地垫上不动了。教师有点担心，走近一看，原来甜甜被大树根部长出的一堆小蘑菇吸引了。甜甜兴奋地说："这里有好多蘑菇呀！"说完，转身跑向了户外的工具筐，取来放大镜趴到垫子上开始观察蘑菇。

使用放大镜观察蘑菇

芊芊看到甜甜专注的样子也被吸引来了,她说:"我们一起数数到底有多少个小蘑菇。"甜甜拿着放大镜开始数起来,数完之后说:"一共有16个蘑菇。"芊芊说:"这些蘑菇长得都不一样,有的带斑点,有的长着圆圈。"甜甜说:"是啊,还有不带斑点也不带圆圈的蘑菇。蘑菇上有的有虫子,有的没虫子。"芊芊说:"这些蘑菇有毒吗?为什么蘑菇会长在这里?我们再去别的地方看看有没有蘑菇。"两人又跑到别的树下寻找,但是转了一圈后发现,只有这棵大树下有。甜甜说:"我觉得蘑菇只会长在假树下,那些真的大树下面没有蘑菇。"

第二天,甜甜继续观察蘑菇,她发现有的蘑菇长高了一点儿,蘑菇上多了橙色的蚂蚁和瓢虫,有的蘑菇变短了、干枯了,另外还有6个蘑菇不见了。活动结束后,甜甜把观察到的蘑菇进行表征和分享。教师和孩子们一起收集了大量的资料,了解蘑菇喜欢生长在哪里、什么样的蘑菇是有毒的、什么样的蘑菇是可以食用的,同时,还购买了菌棒种植蘑菇,和孩子们一起了解蘑菇的生长过程。

甜甜对蘑菇的探究引发了其他孩子对户外自然环境的好奇,在之后的几天里,孩子们不断地去幼儿园的竹林里、小菜地里探索、发现,观察新长出来的竹笋、爬来爬去的小虫子等,幼儿探索的兴趣空前高涨。

——山东省淄博市张店区世纪花园幼儿园　朱美玲

上述案例中,甜甜对蘑菇的持续观察让我们看到了她对周围环境的敏感、主动观察意识以及由此激发出的浓厚自主学习热情。同时,甜甜对蘑菇的观察并没有停留在感官发现上,而是在观察的基础上自主进行比较、思考、交流……观察力是智力的重要组成部分,是一切能力发展的基础。那么,如何理解观察能力?它对于幼儿终身学习和可持续发展具有怎样的意义?学前阶段幼儿自主观察能力的发展有什么样的特点?如何帮助幼儿提升观察能力?接下来,我们将在下面的内容中一一展开论述。

（一）观察是幼儿认识世界的通道

观察是有目的的感知活动，是通过感官探索、发现客观世界的事物和现象，进而获得直观印象，并在此基础上逐步形成概念的活动。同时，观察也是一种基本的科学方法。观察不只是用眼睛看，还包括用耳朵倾听、用鼻子闻嗅、用嘴巴品尝、用手触摸等。英国生物学家达尔文（Darwin）曾说："我既没有突出的理解力，也没有过人的机智，只是在觉察那些稍纵即逝的事物并对其进行精细观察的能力上，可能在众人之上。"由此可见，观察能力的培养对幼儿自主探究和发现学习具有重大意义。

1. 观察引发幼儿的好奇心

好奇心是幼儿自主学习与发展的强大内驱力，而好奇心往往源于幼儿对外部世界丰富变化的敏锐观察。上面案例中，甜甜因为一次无意的观察萌生了对蘑菇的好奇，并由此展开了持续而全面的观察和探究。由良好的观察能力带来的对周围事物的敏锐发现，与幼儿对身边事物强烈的好奇心之间可以建立积极的双向互动循环，并助推幼儿形成良好的学习品质。

山东省淄博市汇英幼儿园

幼儿正在专心地观察蚂蚁的洞穴，边观察边讨论"蚂蚁为什么要把洞造成这样""那些忙来忙去的就是工蚁吗"

2. 观察有助于幼儿获取对外部世界的直接认知

儿童早期的学习以直接经验为主,而获取直接经验的途径就是借助观察来调动眼、耳、口、鼻、手等多种感官对外部世界进行探索。例如,当幼儿拿到一个苹果时,他先通过眼睛观察苹果,获得对苹果外形特征的认识;再通过触摸、闻嗅、品尝等,感知果皮的光滑、味道的清香、口感的甜蜜多汁,甚至可以听到咬开苹果时清脆的声音……在各种感官的综合作用下,幼儿在大脑中形成对苹果的直观表象和完整认知。由此可见,细致的观察能力可以帮助幼儿有效地运用多种感官,主动从外部世界获取丰富、全面的直接经验,从而提升幼儿的认知水平和学习质量。

3. 观察帮助幼儿建立与世界的链接

美国著名人文主义诗人沃尔特·惠特曼在他的诗作《有一个孩子向前走去》[①]中写道:

有一个孩子每天向前走去,

他最初看见的东西,他就变成那东西,

那东西就变成他的一部分,在那一天,

或者那一天的某个时候,或者几年,或者连续很多年。

那早开的紫丁香,会成为孩子的一部分,

那绿草,那红白相间的牵牛花和苜蓿草,以及那菲比鸟的歌声,

还有那三个月大的小羔羊,淡粉色的一窝小猪,小马驹和小牛犊,

谷仓地上或泥泞的池塘边那叽叽喳喳的小鸡一家,

池中好奇的鱼儿,以及美丽迷人的湖水,

那池中的水草,优雅地摇曳着,

所有的这一切,都成为孩子的一部分。

……

这首诗非常形象地描绘了处于成长阶段早期的幼儿所具有的"吸收性心智"。意大利著名教育家蒙台梭利认为,当幼儿深入观察周围世界、观察大自然时,他们所有的感知力和洞察力都会被调动起来,并将整个生命投入其中。对幼儿而言,此时眼中的大自然不再是书中抽象的概念和枯燥的知识,而是变得鲜活、生动起来。在深度投入观察的过程中,幼儿能够感受到自己是大自然的一部分,能与自然合二为一,并由此体验到内心深处的安宁、喜悦和感动,从自然中获得巨大的能量。

---

① 这首诗的英文原名为 *There Was A Child Went Forth Every Day*,其作者的英文名为 Walt Whitman。

山东省潍坊新华幼儿园

春天,幼儿走进美丽的桃树林,闻着花儿散发的清香……那一刻,他仿佛陶醉在大自然里,成为自然的一部分

在借助观察与大自然、外部世界建立深度链接的过程中,幼儿变得生机勃勃、充满生命力,成为大自然富有生机的一部分。正如美国作家蕾切尔·卡森在《寂静的春天》[①]中写道:"那些感受大地之美的人,能从中获得生命的力量,直至一生。"

4. 观察能力具有联动效应

幼儿各方面的发展是相互关联的,尤其是作为大脑中信息输入重要来源的观察能力,其水平的高低直接影响其他能力的发展。观察能力不仅有助于提高感觉器官的机能,还能为记忆、思维和想象提供素材,提升大脑的信息加工能力。正如前文案例中的甜甜,在饶有兴致地持续观察过程中,她的分析、比较、概括、归纳及合作学习等多种能力得到了增强,达到了各能力之间互为关联、彼此促进的效果。

---

① 该书的简体中文版已由人民文学出版社于 2020 年出版,作者的英文名为 Rachel Carson。

山东省潍坊新华幼儿园

春天的种植园地里,幼儿正在观察刚刚长出的小芽;他们一边分析小芽下面可能是什么植物,一边讨论自己曾经见过的与之相似的植物的名称,并且商量把小芽的特征告诉老师,与老师一起讨论和判断植物的名称

(二)幼儿观察能力发展的特点

自主观察和探索外部世界是婴幼儿与生俱来的本能。受生理、心理发展规律和发展特点的影响,其自主观察能力的发展具有如下特点。

1. 天生就会使用多种感官进行观察

从出生起,儿童就会使用多种感官熟悉外部环境,探索各种事物。例如,处于口唇敏感期的4个月婴儿会执着地将自己的小拳头和各种能拿到的物品放进嘴里,用口腔和舌头探索自己的身体和外部世界;12个月左右的孩子会乐此不疲地将手指伸进一切可以够得着的洞里,拿起各种物品触摸、撕碎、扔到地上……这些行为往往会遭到身边成人的呵斥和制止,殊不知,儿童正在使用多种感官对外部世界进行观察与探索,这些行为是儿童自发的、与生俱来的学习行为。

1岁2个月的小宝宝在公园里发现了一朵掉落的花,她好奇而专注地看、闻、揉、捏

2. 关注细小事物与细节

幼儿往往会对一些在成人看来毫不起眼、不容易察觉的细小事物感兴趣，他们更容易关注事物的细微之处而忽略整体。

1.5—3 岁的幼儿对细小的东西很感兴趣，他们的眼睛仿佛是一个"显微镜"，能看到大人关注不到、也很难理解的"微观"世界。比如，在家里，他们会不厌其烦地抠墙上的裂缝；去公园玩，他们会蹲在地上捡小石头、扒草丛；在幼儿园，他们会经常蹲在户外活动场地上盯着砖与砖之间的缝隙半天都不眨眼睛；甚至走在路上时，他们都会时不时地低头捡地上的烟头、小纸屑、烂树叶等细碎的东西……

喜欢捡东西、抠洞洞的小宝宝

3. 观察受好奇心驱使，目的性不强

幼儿对周围的环境和事物充满好奇，积极地投入对周围世界的观察和探索之中。但在这一阶段，他们的大脑以无意注意为主，观察的目的性不强。他们的观察主要受个人兴趣以及事物的突出外部特征影响，很容易转移，同时，动态的物体比静态的物体更容易吸引他们驻足观察。

一天，教师带着班里的孩子来到小菜园观察之前种的玉米。教师请孩子们观察刚刚冒出的玉米穗，并用手摸一摸是什么感觉。观察了一会儿后，教师就听到一阵咯咯的笑声,原来有几个孩子正蹲在地上看几只潮湿虫(也叫"西瓜虫")。有的潮湿虫已经卷成一个球,有的正快速地爬走。看到潮湿虫要爬走,孩子们用小木棒碰了一下潮湿虫,结果它卷了起来,引发孩子们的咯咯笑声……

幼儿发现了小虫子就一路追着观看

4. 对于感兴趣的事物,观察得专注而持久

由于幼儿处于以自我为中心的发展阶段,因此他们的兴趣往往决定了观察什么和观察多久。对于自己感兴趣的事物,他们通常会主动、专注地观察。例如,前文案例中的小女孩甜甜,由于发现了自己感兴趣的观察对象——蘑菇,她和同伴持续不断地对幼儿园各个角落的蘑菇进行观察,还由对蘑菇的观察兴趣逐渐扩展到对竹笋、小虫等更多自然界生物的观察上,表现出了专注而持续的特点。

实践链接:

1. 请分析自己的观察能力具备怎样的特点,并说一说观察能力对自己的工作和学习的影响。
2. 请结合观察到的幼儿活动案例,分析本班1~3名幼儿观察能力发展的特点。

（三）提高幼儿观察能力的路径与方法

了解了幼儿观察能力发展的特点，教师就可以通过创设丰富的观察环境、引导幼儿聚焦观察目标、帮助幼儿选择多元观察方法以及支持幼儿做好观察记录并交流观察结果等方式，提升幼儿的自主观察能力。

1. 创设有利于观察的丰富环境

强烈的好奇心会引发幼儿对周围事物的浓厚兴趣，因此，幼儿园应创设"有物可观"的环境，最大化地支持幼儿观察与探究。具体来说，可从以下几方面入手：

* 环境应体现生态化和可变性，蕴含着无限丰富的观察空间
* 各类动植物应种类多样，生长形态要尽可能明显
* 提供各种观察工具和材料，如放大镜、直尺、卷尺、绳子、小铲子、小桶以及用于记录观察结果的夹板、纸和笔等
* 给予幼儿充足的观察时间和机会，允许幼儿参与一些可能会弄脏手或衣服的观察活动
* ……

幼儿园的户外草坪上为幼儿留出了一块土地，大雨过后，这块土地变成小泥塘，成为幼儿观察、感知泥巴的好去处

山东省济南市童林堡幼儿园

教师在种植角为幼儿提供了放大镜、量尺、记录纸和笔等,方便幼儿进行观察、测量和记录

在为幼儿创设种植环境时,教师还应关注以下内容:

* 选择土培、水培、沙培等多种种植方式,引发幼儿观察不同条件下植物的生长情况
* 将植物不同的部位以不同的角度放入水培容器,观察哪个部位先发芽
* 种植一些生长周期短、生长过程变化多的植物,如豆芽、蘑菇等
* 将种植活动与科学探究活动相结合,例如,在种植角投放测试植物向光性的材料等

教师将玉米以不同的角度放入水中,吸引幼儿观察玉米发芽的位置与玉米和水接触的位置之间的关系

2. 引导幼儿聚焦目标，提高观察实效

因为幼儿的自主观察具有随机、随意、目标性不强的特点，所以帮助幼儿在观察活动中聚焦观察目标，并不断地围绕目标进行讨论、展示和分享，将有助于幼儿形成有意注意，从而提升观察实效。

具体来说，教师可借助下列策略帮助幼儿聚焦观察目标：

※ 用自己的热情带动幼儿对某一事物持续观察的兴趣

※ 创设诱导性环境，引发幼儿有目的的观察

※ 支持幼儿做好观察前的计划，比如，"今天想观察什么？具体想了解哪些方面的内容？需要用到哪些观察工具？"

※ 观察中可适时通过提问来帮助幼儿明确观察目标，比如，"迎春花的花朵有几个花瓣？形状像什么？它的枝条是什么样子的？"

※ 提供记录和展示的空间，呈现幼儿的观察过程和结果

※ 组织幼儿分享自己的观察结果，讨论、交流观察到的信息和问题

案例　我们和南瓜的故事

在围绕南瓜开展的生成课程中，孩子们从图画书上了解到南瓜花是分雌雄的。于是，教师带领他们到院子里观察南瓜花的雌雄。"每一朵南瓜花都是一样的吗？它们有什么不同？"教师以问题的方式帮助幼儿聚焦观察目标。通过观察，孩子们发现，雌花下面有一个像花瓶一样膨大的子房，雄花则没有。

——山东省淄博市汇英幼儿园　白黎明

3. 帮助幼儿学习有效的观察方法

《3—6岁儿童学习与发展指南》指出，教师应"有意识地引导幼儿观察周围事物，学习观察的基本方法，培养观察与分类能力"。选择和运用适宜的观察方法是实现观察目的的重要保障，掌握一定的观察方法可以帮助幼儿有效地运用多种感官综合、全面、准确地认识事物，对提高幼儿的观察能力有很大帮助。

具体来说，教师可以引导幼儿运用下列观察方法展开观察：

* 调动多感官参与观察
* 学习有顺序地进行观察
* 进行比较观察
* 尝试追踪观察
* 运用多角度进行观察

山东省淄博市汇英幼儿园

幼儿运用多种感官和多种方法对自然材料进行观察

山东省淄博市汇英幼儿园
幼儿运用多种感官和多种方法对自然材料进行观察

案例　树是活的还是死的

一天，一个孩子望着幼儿园院子里的一棵树对同伴说："这棵树死了。"他的一句话引起很多孩子的好奇，大家纷纷去看这棵树。全班30个孩子中有24个孩子说这棵树死了，因为它没有花和叶子，另外6个孩子说这棵树没有死，因为他们记得它是开过花的。但是，这棵树是否还活着？这6个孩子并不确定。这时，老师对孩子们说："要确定这棵树是否还活着，得用事实说话。"于是，孩子们开展了"追踪一棵树的一生"的项目活动。

这6个孩子几乎每天都去观察、记录这棵树的变化。3月29日，他们发现这棵树的树干有了一点点绿色，于是继续追踪观察。4月13日，他们发现这棵树的树梢上长出了一些东西。他们把那些认为大树死了的孩子叫过来看，其他孩子大为惊叹，原来这棵树是活着的！之后，大家又开始争论树梢上长的是叶子还是花。有的孩子说是叶子，有的孩子说是花，还有的孩子说既有叶子也有花。追踪观察到4月28日，大家发现原来这棵树长出来的都是叶子，没有花。但是，认为这棵树既有叶子又有花的小组不甘心，他们继续进行观察……

——浙江省宁波市海曙区启文幼儿园　赵俊

4. 运用记录，支持幼儿的自主观察走向深入

有时候，观察是一个漫长的过程。在这个过程中，如果能运用适宜的记录方法呈现观察结果，更直观地呈现观察对象的生长变化过程，有助于幼儿更有目的、更持久地进行观察活动。《3—6岁儿童学习与发展指南》科学领域的教育建议也提出，"鼓励幼儿用

山东省潍坊新华幼儿园
幼儿采用绘画记录法记录观察到的树叶

绘画、照相、做标本等办法记录观察和探究的过程与结果，注意要让记录有意义，通过记录帮助幼儿丰富观察经验、建立事物之间的联系和分享发现"。在支持幼儿对观察过程和结果进行记录时，可以引导他们采用绘画记录法、图片记录法、影像记录法、表格记录法、标本记录法等多种记录方法。

案例　养蚕记[①]

春天来了，孩子们在班里饲养了很多蚕宝宝。在陪伴蚕宝宝长大的过程中，他们运用绘画、符号、数字、表格、文字等多种方式记录和呈现蚕宝宝的生长变化过程。孩子们密密麻麻的记录，呈现了蚕一生丰富的故事，这些故事也是属于孩子们自己的探索历程和独特思考。

养蚕记

——山东科技大学幼儿园　于雷平

5. 组织幼儿对观察结果进行讨论和交流

在观察活动结束后，教师可以组织幼儿就观察到的现象进行讨论、交流，引导幼儿分析观察现象背后可能的原因和后续变化的结果。

在引导幼儿针对观察结果进行讨论和交流时，教师可以采用以下方法：

* 语言交流，包括针对观察结果的交流、分享观察中的新经验、讨论发现的问题、围绕观察中大家有分歧或模糊的观点展开辩论等
* 制作观察记录图/表，既可以围绕一次观察结果制作观察记录表，也可以将持续观察到的多个结果绘制成图表，如气温走势图、生长变化图等
* 绘制观察小书，引导幼儿将观察到的结果绘制成观察小书，不仅有助于呈现幼儿的

[①] 节选自"董旭花教授工作室"微信公众号的文章《养蚕记》。

观察结果，还可以引导幼儿回顾其变化过程，思考其变化与周围环境之间的关系。

例如，在观察了各种各样的汽车之后，幼儿可以讲述自己的发现，也可以借助绘画、拼插、泥塑等方式制作自己眼中的汽车……幼儿在想、画、做、讲、玩的过程中，既可以巩固观察所得的经验，又可以加深对观察对象外部与内部之间联系的了解，对事物的认识更全面、更深刻。

有了良好的观察能力，幼儿就等于拥有了打开世界的"金钥匙"，而大自然和大社会又为幼儿的观察提供了源源不断的素材。因此，观察不是非得在开展教育活动时才能进行，观察的内容也不仅仅局限于班级的观察角、种植角，而应该贯穿幼儿一日生活的全部。但是，需要注意的是，不要为了观察而观察，导致观察成为幼儿的负担，更不要为了追随幼儿的观察兴趣而让个别幼儿的关注点成为全班幼儿的观察任务。教师既要具备培养幼儿观察能力的敏锐视角和教育智慧，又要拥有对周围环境和事物变化的敏感性并充满好奇心，唯有如此，才能更好地支持和引导幼儿进行观察，有效提升幼儿的观察能力。

二、思维能力：幼儿认知发展的核心

思维是人们在日常工作、学习及生活中遇到问题时试图"想一想""思考一下"的过程[①]，是大脑对客观事物概括的、间接的反映。当思维成为大脑中主动的意识并能够灵活地应用时，就会逐步形成思维能力[②]。思维能力是学习能力的核心，对幼儿自主学习的过程和结果有着至关重要的影响。

（一）思维能力与幼儿的自主学习

幼儿阶段是人类思维发展最快速、最活跃的时期，在这个阶段关注幼儿思维能力的培养，不仅能促进其良好思维品质的形成，还会推动其认知水平的提高，进而影响幼儿的终身学习与发展。

1. 思维能力与思维品质

思维能力是指通过分析、综合、概括、抽象、比较、具体化和系统化等一系列过程，对感官摄入大脑的信息进行加工，并将其转化为理性认识，从而应用于解决具体问题的

---

① 郅庭瑾. 教会学生思维 [M]. 北京：教育科学出版社，2001.
② 王淑花，吴尚义. 国外思维能力培养研究综述 [J]. 教育与职业，2010（18）.

一种能力。思维能力包括理解力、分析力、综合力、比较力、概括力、抽象力、推理力、论证力、判断力等多个维度。

思维品质是人的思维在活动过程中表现出来的不同特点。良好的思维品质主要体现在思维的敏捷性、灵活性、深刻性、逻辑性、创造性、批判性等方面[①]。思维品质是思维能力的核心和基础，不断优化思维品质必定会提升人的思维能力。

实践链接：思维品质和思维能力决定人的认知水平、生活和学习的质量，请思考自己的思维品质是怎样的，是什么样的思维习惯形成目前的思维品质？如果需要提升自己的思维品质，可以从哪些方面入手？

2. 幼儿期的思维能力影响终身学习与发展

幼儿的思维能力与智力发展息息相关，是幼儿认知世界最基本的能力，也是认知发展的核心能力。幼儿的大脑正处于快速发育阶段，这一阶段形成的思维品质和能力会影响幼儿入学乃至终身的学习与发展。

良好的思维品质和思维能力表现在以下方面：

* 善于发现问题和提出问题
* 独立思考，不盲从、不轻信，凡事喜欢寻找证据支持
* 思维流畅，富有逻辑性
* 对事物的分析既全面又深入具体
* 能根据原因推理出符合逻辑的结果
* 思维理性、客观，表达观点之后能说明理由
* 善于运用比较、推理、预测、联系等方式找到事物之间的关系并解决问题
* 能大胆地提出疑问和接受质疑

……

（二）幼儿思维能力发展的特点

皮亚杰等心理学家对幼儿的思维能力进行了大量研究，发现幼儿的思维具有在行动中思考、"以自我为中心"等特点，体现出从直觉行动思维到具体形象思维再到抽象逻辑思维、从低阶思维到高阶思维的逐步发展过程。

---

① 吴琪. 基于思维品质培养的小学英语绘本教学问题设计研究[D]. 天津：天津师范大学，2021.

1. 思维发展的过程也是去"自我中心化"的过程

区域活动时间,鹤翔正在为他最喜爱的小文老师制作教师节贺卡。他一边粘贴,一边自言自语:"在卡片正中间贴上葫芦娃小七的图片,小文老师肯定和我一样,最喜欢葫芦娃了,她收到贺卡一定会很开心。"

幼儿的思维具有"以自我为中心"的特点,他们通常只考虑自己的看法,难以理解别人的观点,认为别人的感受和想法与自己的一样。随着年龄的增长,幼儿在认识客观事物时,会逐渐从"以自我为中心"发展到"以客体为中心",这种去"自我中心化"的过程是幼儿思维发展的一个重要标志。

2. 基本遵循从直觉行动思维、具体形象思维到抽象逻辑思维的发展历程

幼儿期的思维发展特点以具体形象性为主,以初步的抽象概括性为辅,经历"直觉行动思维—具体形象思维—抽象逻辑思维"的发展过程。伴随着幼儿的发展及后天的教育,其思维的抽象概括能力逐步增强,但是直到入学后相当长的一段时期,他们的逻辑思维表现才慢慢趋于稳定。

3. 从低阶思维逐渐向高阶思维发展

美国教育家布卢姆(Bloom)将个体的认知过程分为六个层次,由低到高分别是知识、领会、应用、分析、综合、评价。随后,安德森(Anderson)等人将其修订为记忆、理解、应用、分析、评价、创造(见表6.1[①])。其中,记忆属于低阶思维,从理解到应用呈现出思维的高阶走向,分析、评价和创造则具有突出的高阶思维特点。伴随着年龄增长和认知水平的提升,幼儿的思维明显表现出从低阶思维逐渐向高阶思维发展的特点。

表 6.1 认知过程维度分类

维度分类	具体内容
记忆	辨别、再认、回忆
理解	解释、举例、分类、总结、推断、比较、说明
应用	演绎、运用和实施
分析	找到相关性与区别、辨别核心要素、原因归纳
评价	检查、评论
创造	产生、规划、创作

[①] 安德森. 学习、教学和评估的分类学:布卢姆教育目标分类学修订版[M]. 皮连生,译. 上海:华东师范大学出版社,2008.

4. 思维与行动密不可分

皮亚杰的认知发展理论指出，直觉行动思维是早期儿童思维发展的重要特点。首先，幼儿的思维伴随动作。他们总是边行动边思考，因此不能预见、规划自己的行为。例如，幼儿在绘画时并不是先想好画什么再动笔，而是拿起笔就画，一边画一边观察，画得像什么就说是什么。其次，幼儿的思维在动作中进行，一旦离开了行动，思维也常常停止或转移。幼儿的思维依赖于动作这一现象将随着年龄的增长而逐渐弱化。

实践链接：

1. 分析自己班上1~3名幼儿的思维特点，并与其家长沟通，了解幼儿思维特点形成的背景和环境因素。

2. 尝试分析自己的思维特点，回顾成长过程中哪些因素塑造了这样的思维特点。

山东省潍坊市奎文区第二实验幼儿园

教师在班牌下安装了一块"洞洞板"，幼儿在上面用短木棍拼插自己设计的班级标识，然后在纸上将标识绘制出来并加以完善；在不断尝试和行动的过程中，幼儿设计的标识越来越复杂、越来越新颖，思维也在行动的过程中不断走向创造

（三）推动幼儿思维能力发展的路径与方法

推动幼儿思维能力的发展，关键在于呵护幼儿的好奇心和求知欲，支持幼儿在行动中丰富感性经验、发展语言能力，培养幼儿思维的逻辑性、反思性和批判性。

1. 欣赏并鼓励幼儿不断地追问

幼儿天生渴望学习，从婴儿期开始，他们不需要任何外力的推动就能充满热情地求知，具体表现就是凡事都爱问"为什么"。面对幼儿"打破砂锅问到底"的行为，教师要看到其中蕴含的成长价值和思维火花，引导幼儿学会提问，并欣赏和鼓励幼儿不断追问。具体来说，教师可以这样做：

* 对幼儿提出的各种问题表现出浓厚的兴趣，鼓励幼儿发问，不随意否定和嘲笑幼儿
* 引导幼儿在提问与追问的过程中关注问题的内在逻辑性
* 鼓励幼儿尝试提出发散性问题和聚合性问题，从而拓展思维的不同品质，比如，小熊为什么要给小兔送胡萝卜？植物园里的迎春花、紫藤花、蔷薇花有没有共同的名字？
* 支持和帮助幼儿通过各种途径自主寻找问题的答案，比如，帮助他们上网检索、阅读相关图书，请教有经验的同伴或成人，进行实地考察和调查等，在追寻答案的过程中推动其思维发展
* 为幼儿提供各种方便取用并适合独立操作的材料和工具，支持幼儿自主探究问题

2. 推动幼儿在行动中自主思考

幼儿的思维是在丰富的感性经验的基础上产生的，离开了具体行动和对客观事物的感知，思维便成为无源之水、无本之木。教师应利用幼儿园一日生活的各个环节，创设支持幼儿自主行动的环境和条件，鼓励幼儿在"行动—思考—再行动—再思考"的过程中提升思维能力和思维品质。

案例　架设球轨道

幼儿园在综合区投放了很多滚筒，长短不一的木板，高低不同的梯子和箱子等可移动、可组合的低结构材料。幼儿已经在这个区域持续游戏了3周，他们对材料非常熟悉。这一天，男孩小威的游戏吸引了教师的注意，他和同伴连续9次架设轨道让球滚动，在不断地调整轨道和探索球的滚动过程中体现了思维的逐步深入。

架设球轨道

第一次：球过梯子间的长板被阻，拿出长板斜靠梯子，球顺利落进轮胎。 → 第二次：在梯顶和一侧架长板，球经过轨道落进轮胎。 → 第三次：增加梯子数量，加长轨道，球滚到地上。

分析原因，预测和实施解决方案。 / 比较长板位置，判断球的滚动轨迹。 / 分析轨道加长后，球滚落的原因。

第四次：梯子调高，长板斜插，球被梯子挡住。 → 第五次：架设双轨道，最矮的梯子顶部凸起，导致球飞出。 → 第六次：搭建三条轨道，其中一组放置挡板，球多次滚出。

综合已有经验，将长板平放，球顺利落入轮胎。 / 抽象概括已有经验，用斜板与平板对接，球顺利落入轮胎。 / 概括球运动的轨迹，分析原因，迁移经验予以解决。

第七次：架设四条轨道，在斜坡末端增加轮胎延长轨道。 → 第八次：在轨道上增设障碍，探究球遇到障碍后的运动轨迹。 → 第九次：架设六条轨道，让球碰撞终点摆放的锥形桶，体验高空保龄球的乐趣。

观察轨道延长后球的运动轨迹，感受游戏乐趣。 / 预测球的运动轨迹，完善已有经验。 / 借助观察比较、实验验证、归纳概括等思维过程，获得"滚动"的经验。

——山东省济南市历下区百合幼儿园　张小艺、王彩

从上述案例中可以清晰地看到幼儿经历了多次的行动和探究、发现和解决问题、反思和调整的过程，以及在此过程中他们思维的发展与变化。没有丰富的环境、充足的时间和持续的探究，幼儿的思维将不可能获得深度发展。

推动幼儿在行动中思考，教师还可以这样做：

* 有意识地创设可以引发行动的问题情境，寻找问题出现的原因，并在解决问题的过程中引导幼儿思考先做什么、接着做什么、最后怎么办等行动策略，提升幼儿的分析、判断和推理能力
* 及时组织行动后的分享交流活动，提升幼儿的概括能力，比如，游戏活动后，鼓励幼儿介绍和谁一起玩、玩了什么、怎么玩的、结果如何等
* 在各类生活活动中抓住契机，引导幼儿发现事物与事物之间的联系，比如，在散步过程中发现气温变化与四季的关系等
* 经常邀请幼儿参加归类整理活动，从而概括事物的共同特征，比如，在整理区域材料时按照质地、功能分为木质玩具、金属玩具或运动类玩具、建构类玩具等
* 利用丰富多彩的排序活动，引导幼儿发现、创造不同的排列规律，提升思维的逻辑性和灵活性
* 在生活中寻找各种"相反"的事物，帮助幼儿从正反两方面思考问题并做出判断[①]

3. 充分利用故事中的思维素材引发幼儿思考

故事具有情境性、形象性、趣味性和情节性特点，蕴含着丰富的思维要素以及促进幼儿思维能力发展的各种有趣问题和富有逻辑性的因果关系，能拓展幼儿的认知经验，引发幼儿思考、讨论、研究和解决问题，是优秀思维素材的重要来源。

图画书《摇摇晃晃的桥》[②]讲述了一只狐狸在追捕兔子的过程中，和兔子一起跳上只有中间支点的木桥，在"吃掉"与"躲避"的过程中彼此对抗的故事。它既蕴含着力与平衡、旋转与稳定等科学经验，有助于幼儿科学思维的发展，又渗透着狐狸该不该吃兔子等具有哲学思辨意味的问题，对幼儿的经验和思维提出了挑战。针对这个故事，教师可以运用关键性提问推动幼儿理解故事内容，预测情节走向，思考问题原因，推断最终结果，从而通过自主思考、同伴观点碰撞等方式推动幼儿思维能力的提升，促进幼儿的思维品质发展。

提问：兔子和狐狸都跑到木桥上之后，木桥发生了怎样的变化？为什么？（引导幼儿分析导致木桥倾斜的原因是狐狸与兔子体重的不同）

提问：木桥越来越倾斜，如果狐狸继续向前走，会发生什么事情？（引导幼儿通过观察、思考、推理、判断来预测故事情节的发展）

提问：要避免都跌落到桥下，它们两个需要怎么做？请大家谈一谈你们的想法吧。（启发幼儿找到解决问题的关键——让木桥保持平衡，同时思考解决问题的办法）

提问：有人说让兔子往前走一点，有人说让狐狸往后退一点，你觉得有几种方法可

---

① 上海市教育委员会教学研究室. 上海市幼儿园幼小衔接活动指导意见（修订稿）[M]. 上海：上海教育出版社，2020.
② 该书的简体中文版已由湖北美术出版社于2010年出版。

以让木桥保持平衡？（引导幼儿清晰地表达自己的思考，更开放、更富有创造性地找到解决问题的办法，并在交流中与同伴的思维碰撞，发展思维的灵活性、逻辑性、创造性、批判性）

　　提问：让狐狸和兔子离中心点的位置都一样，可以吗？为什么？谁更应该离中心点近一些？为什么？（培养幼儿提出假设—反思—再假设—再反思，从而逐步得出结论的能力，发展幼儿的推理、判断能力，让思维更具逻辑性）

　　提问：木桥终于平衡了，接下来它们俩该怎么办？狐狸该不该吃兔子？（培养幼儿思维的深刻性、逻辑性、创造性、批判性）

　　这样的图画书很容易将幼儿带入故事情境，有效地引发幼儿的思考。教师的关键性提问则将故事中的思维素材进行了充分利用，一步步引导幼儿运用推理、比较、概括等富有思辨性的方法为自己的观点找理由、说依据，不知不觉中就会发展幼儿的思维能力和品质。

　　那么，蕴含思维素材的故事具有哪些特点？

* 包含开放性元素，能引发幼儿思考原因、表达感受
* 富含逻辑性，能展现层层递进、逐步深入的推理过程
* 能引发幼儿的想象，生发、创编新的情节、结局
* 能推动幼儿进行批判性思考和讨论等

4. 基于对活动的反思，推动幼儿元认知能力发展

　　反思是指针对头脑中的已有经验及获得经验的路径进行审视、思考和重新调整，从而获得相关策略的过程。反思是思维发展的催化剂。借助持续不断的反思，幼儿能优化自主学习策略，丰富元认知经验，提升思维的批判性，为自主学习能力的发展奠定坚实基础。

　　首先，要为幼儿提供持续且相对稳定的反思时间。教师应将反思贯穿于一日生活的全部环节，比如，在游戏活动前、中、后随时引导幼儿进行反思；每天的离园活动前，反思一天的生活；每个主题活动结束时，与幼儿一起用思维导图等方式回顾做过的事情、反思问题和收获等，从而帮助幼儿形成反思意识，提升反思能力。

　　其次，要运用多种方式让反思"被看见"。让反思"被看见"是提升幼儿反思能力的一个重要方法。当幼儿借助各种表征方式将自己头脑中的想法呈现出来时，他们就拥有了"第三者视角"以审视自己的思维，重新感受、体验与思考，从而提升元认知能力。

5. 充分利用思维游戏发展幼儿的思维能力

　　思维游戏的针对性和趣味性强，是提升幼儿思维能力的有效途径。思维游戏有很多

种，比如，在教学活动中进行的数学类、科学类游戏；在生活中随时进行的语言类、操作类游戏，如童谣《一只青蛙跳下水》、"同义词反义词"游戏以及用各种自然材料、低结构材料玩的按规律排序、接龙游戏；借助益智玩具进行的思维游戏，如"找规律接龙""看图片、排顺序、讲故事"以及各种拼图、迷宫、棋类游戏……教师和家长可以引导幼儿玩一些符合其年龄特点且有趣的思维游戏，从而提升幼儿思维的灵活性、创造性、逻辑性等优秀品质和能力。

案例　猜盲盒

上周，大班幼儿用泥巴做了自然盲盒（把在自然中找到的宝贝包在泥巴里），放在窗台上晾干后，各自找朋友玩起了"猜盲盒"游戏。

教师观察到大多数幼儿都是直接猜结果，虽然偶尔有猜对的情况，但在猜的过程中大都缺少思考，甚至有的非常盲目，因此成功率不是很高。于是，教师组织幼儿讨论如何更快、更准确地猜出答案。有的幼儿说，可以看看盲盒的大小和形状，比如，如果盲盒是小小的、圆圆的，里面就有可能是小果子或者小石头。如果盲盒是扁扁的，里面就有可能是一片树叶。有的幼儿说，当看到盲盒外面露出一截时，就说明里面有一个小果子……幼儿能想到的大多是通过盲盒的外形特点来猜。

教师邀请一名幼儿拿着他的盲盒让教师猜。教师会问他问题，他只需要回答"是"或者"不是"。于是，他们之间开始了一问一答。"是有生命的吗？""是的。""是植物吗？""是的。""是长在树上的吗？""不是。""是长在地上的吗？""不是。""是长在地底下的吗？""是的。""有果壳吗？""是的。""可以吃吗？""是的。""是花生吗？""是的！老师你太厉害了！答对了！"

这名幼儿把他的盲盒敲开，里面果然是一颗花生。孩子们都为教师鼓起掌来……教师邀请幼儿一起总结猜对的窍门。有的说："不能瞎猜，要问问题。"有的说："要问有用的问题，要一点一点地问。"有的说："要先问大问题，再问小问题。"……教师和幼儿一起分析她所问的每一个问题的作用，从而让幼儿知道，可以通过问题一步步缩小答案的范围，从而更快、更准确地找到答案。

慢慢地，幼儿能用这种方法准确地猜出答案了。在有趣的互动中，"猜盲盒"游戏的成功率越来越高，幼儿也慢慢体会到思考的快乐。

——山东省淄博市汇英幼儿园　白黎明

"猜盲盒"思维游戏可以发展幼儿的集合概念，以及分类、联想、推理等思维能力。在猜猜玩玩中，幼儿分析判断的能力，以及思维的逻辑性、敏捷性和灵活性都将逐渐得到增强。最为重要的是，幼儿会在其中体验到思考的乐趣，并爱上思考。

6. 运用哲学对话推动幼儿的思维发展

幼儿是天生的哲学家，当思考成为自我的下意识行为时，哲学就发生了。德国哲学家雅斯贝尔斯曾说过："哲学探究意味着点亮问题。"[①]围绕哲学问题展开的对话，也被称为"哲学对话"。成人经常与幼儿进行哲学对话，不仅能够推动幼儿思维的发展，还有助于增长幼儿的智慧，促进其批判性思维能力和洞察力的提升。

案例　把水彩笔画在手上可以吗

这天，一个孩子惊慌失措地告诉教师，豪豪把水彩笔画在自己手上了，很多很多。那语气仿佛天塌下来了。紧接着，几个孩子把豪豪拉了过来。教师一看豪豪的手，果然全是水彩笔的颜色。教师问他为什么要画在手上，他笑眯眯地说："好玩。"

---

① 莫尔夫. 小哲学家的大问题——和孩子一起做哲学［M］. 杨妍璐，译. 北京：中国轻工业出版社，2019.

教师请所有孩子回到座位坐下，开始组织大家认真地讨论水彩笔画在手上这件事。

讨论问题1：可不可以把水彩笔画在手上？

孩子们异口同声地回答："不可以。""为什么不可以？"教师追问道。"因为要画在纸上，不能画在手上。""到底为什么不能画在手上？""因为水彩笔可能有毒。""那如果这个笔没毒呢，能不能画在手上？"孩子们顿时不作声了。"有一种颜料可以专门画在人身上，这种艺术叫'人体彩绘'……"教师顺便普及了一下新知识。

讨论问题2：豪豪可不可以把水彩笔画在手上？

孩子们回答："不可以。""为什么不可以？明明可以！"教师语气坚定地说，孩子们愕然。"因为水彩笔是他自己的，手也是他自己的，用自己的笔画在自己的手上，别人是管不着的，自己的东西自己做主。"教师说。孩子们听懂了。"那豪豪能不能把水彩笔画在老师的手上？"教师进一步问道。"不可以。""为什么不可以？""因为老师的手是别人的，就不能画。"他们开始区分自己和他人了。"但是，有一种情况下也是可以的。""哦？"孩子们更加愕然。"如果老师同意他画，那就是可以的。一个愿意画，一个愿意被画，别人也管不着。""哦，是这样啊！"孩子们点头表示同意。

讨论问题3：豪豪能用水彩笔在地板上画吗？

大家都摇头说："不能。""为什么不能？""因为地板不能画。""哈哈，不是因为地板不能画，地板也是可以画的。"孩子们再次愕然。"是因为教室里的地板是集体共有的，不是豪豪自己的，所以他不能画。他画了就是损害公物。那么，哪里的地板可以画呢？""家里的地板，如果爸爸妈妈同意就可以，或者豪豪长大了自己买的地板，他就可以想怎么画就怎么画。"哇，孩子们会区分公共领域和私人领域了。

最后，教师带领幼儿再次回到豪豪手上的水彩，解决现实问题。"现在画了怎么办？要赶紧洗呀，豪豪，虽然你用自己的水彩笔画在自己的手上是可以的，但是，毕竟这不是专门的人体彩绘颜料啊！"豪豪一听，赶紧跑到水池边，开始努力清洗。这是他自己的决定，与教师要求他去清洗以及被教师拉过去清洗完全不同！

——江苏省启东市和睦幼儿园　张燕

上面案例中的教师是一位非常有智慧的幼儿教师，她能够敏锐地抓住生活中的教育契机，运用哲学对话推动幼儿的认知和思维发展。教师通过一连串的追问，让幼儿在一轮轮对话中学会从更多的角度灵活、深刻地思考问题。

除此之外，教师还可以与幼儿进行以下哲学对话：

* 你是怎么想的？这是你真实的想法吗？
* 事情可能是怎样的？
* 总是这样吗？所有情况都这样吗？

* 有没有可能不是这样的?有没有例外?
* 真的是这样吗?一切都是这样的吗?
* 给一个理由!支持和反对的理由是什么?你是怎么得出这个结论的?这是一个令人信服的理由吗?为什么是?为什么不是?①

三、创造力:未来社会极其需要的人才特质

幼儿在户外场地上扎稻草人,他们巧妙地将芦苇秆当作稻草人的身体,让芦苇絮迎风飘动,仿佛稻草人的头发在摇曳;他们用矿泉水瓶盖当眼睛,还涂上了黑黑的瞳孔;他们找来床单、桌布、纱幔、蝴蝶结为稻草人穿上独具特色的衣服;为了让稻草人站立,他们用矿泉水桶当底座,并想办法将鹅卵石放入水桶保持底座稳固……在创造性地表达表现和解决问题的过程中,一个个栩栩如生的稻草人诞生了。

——山东省淄博市汇英幼儿园　李莹

---

① 莫尔夫. 小哲学家的大问题——和孩子一起做哲学[M]. 杨妍璐,译. 北京:中国轻工业出版社,2019.

《中国学前教育百科全书》将创造力定义为：运用已知信息，产生出某种新颖、独特、有社会价值或个人价值的产品的能力。这里所说的"产品"，既可以是一种物质产品，又可以是一种精神产品。对幼儿来说，所有与众不同的想法和解决问题的能力表现都可以被称为"创造力"。

创造力是各类能力中最综合、最高级的形式，对幼儿个体和整个社会都具有十分重要的意义和价值。幼儿期是创造力培养的关键期，我们要呵护幼儿的想象力，保护幼儿的创造热情，适时推动幼儿创造力的提升。

（一）创造力是现代社会发展的重要驱动力

世界经济论坛于2020年1月发布的题为《未来学校：为第四次工业革命定义新的教育模式》的报告中提出了"教育4.0全球框架"，其中包含八个关键特征，而"创新创造技能"被列为第二个特征。由此可见，创造力对于社会发展的重要作用。

1. 创造力与创新型人才

伴随全球深刻复杂的变化进程，我们耳边常听到"创新"一词，国家把"创新"定为战略目标，各行各业也急需"创新型人才"。联合国教科文组织国际教育发展委员会在《学会生存——教育世界的今天和明天》[①]一书中指出："现代社会瞬息万变，只有创造性的人才才能适应未来的社会发展。教育的使命是为一个未知的世界培养未知的儿童、培养具有创造力的人才。"从个体的终身发展来看，创造力是一个人全面发展、实现自我价值的必备条件；从民族长远发展来看，培养创新型人才是提高国家核心竞争力的必然要求。

2. 幼儿期是创造力发展的关键期

人一生的创造力发展呈类似于倒"U"形弧线，而3—6岁幼儿的创造力正处于倒"U"形弧线的前端，即处于旺盛的发展开端，也是创造力发展的关键期。在广泛而强烈的好奇心推动下，幼儿特别喜欢玩以前没玩过的游戏，尝试做以前没做过的事情，并从中展现出创造性。

---

① 该书的简体中文版已由教育科学出版社于2017年出版。

山东省潍坊新华幼儿园

幼儿正在创造性地玩装扮和表演游戏

（二）幼儿创造力发展的特点

与成人不同，幼儿的创造活动有时没有明确的目的，是一种自发的活动，且以创造性想象为主；幼儿的创造活动一般不具有社会价值，但具有重要的个体价值。处于幼儿期的儿童虽然不能运用创造力真正去发明和创造新技术、新工艺、新产品，但是能够富有创造性地表达表现，即探究世界的好奇心、天马行空的想象力、大胆创造的意识和能力、"打破砂锅问到底"的求真精神、不畏困难勇于解决问题的勇气……

具体来说，幼儿阶段的创造力具有以下几方面的特点。

1. 幼儿具有无限的创造欲

鲁迅先生说："孩子是可以敬服的，他常常想到星月以上的境界，想到地面下的情形，想到花卉的用处，想到昆虫的语言，他想飞上太空，他想潜入蚁穴……" 3—6岁幼儿的思想大胆开放、无拘无束、天马行空，他们是天生的创造家。在他们的世界里，花儿会笑、鸟儿会唱、草儿会舞、鱼儿会说……他们不受经验的束缚，不愿意循规蹈矩，喜欢随意联想、拟人、神化，甚至"张冠李戴"也不觉得怪异，他们具有强烈的创造欲。

2. 幼儿的创造与想象密不可分

3—6岁幼儿的创造力表现之一就是想象力非常活跃，可以说，他们的一切活动都离不开想象，想象也让幼儿的生活变得更加丰富多彩。爱因斯坦曾说："想象力比知识更重要，因为知识是有限的，而想象力概括着世界的一切，推动着世界的进步，并且是知识进步的源泉。"幼儿的兴趣广泛，常以好奇和开放的态度看世界，头脑中充满千奇百怪的想象。

> 清晨起床，拉开窗帘发现天空落下小雨，小美说："妈妈，天上的仙女洗完脸忘记关掉水龙头了，我要给她打个电话。"
>
> 正在吃早餐的小麦指着被随意咬了几口的火腿三明治，对旁边的妮妮说："看，像不像妈妈穿的高跟鞋？"
>
> 户外游戏时，川川望着天上的太阳说："老师，太阳晚上去了哪里？他的家是什么样子的？"
>
> ……

幼儿用螺母积木制作了"大巴车"，并玩起了"开车"游戏，坐在前排的"司机"手握方向盘，想象着自己的大巴车正行驶在去动物园的路上

山东省潍坊市奎文区直机关幼儿园

第六章 多元学习能力的提升 • 235

四川省乐山市实验幼儿园

幼儿自己做的"沙池火锅"

3. 幼儿的创造属于表达式创造，重过程，轻结果

表达式创造是人的思维的一种表现方式，幼儿阶段的表达式创造表现为新奇的点子，以及各种艺术、建构活动中创意独特的作品。比如，幼儿经常通过绘画等方式，把自己的心绪、脑海中的意象和对周围环境的认识表达出来，创造出一个完全属于自己的"世界"。

山东省商务厅幼儿园

麦克特别喜欢坦克，在他的美术作品中，变色龙的身上有了炮台和炮筒装置，变身为独一无二的"坦克变色龙"

幼儿阶段的创造力还具有"重过程，轻结果"的特点，尤其是幼儿初期的创造活动，可能有结果，也可能没有结果，还有可能是非预期的结果，但是幼儿对此完全不在意，他们感兴趣的是创造的过程。比如，小班幼儿在玩橡皮泥时，最感兴趣的是玩橡皮泥的动作，团一团、捏一捏、搓一搓就会让他们感到满足，并赋予其象征意义。至于做得好不好，他们并不是特别关注。但是，随着幼儿年龄的增长，他们会越来越重视创造的结果。

山东省潍坊新华幼儿园
揉呀揉、搓呀搓、团呀团、捏呀捏，小小橡皮泥，变化万万千

4. 幼儿的创造力具有发散性，缺少持续性聚焦

幼儿的创造力具有发散性和随机性特点，缺乏针对性、目标性和持续性，往往来得快去得也快。比如，幼儿画画的时候，一开始打算画大树，但当看到别人画小鸟时，他又去画小鸟捉虫子。他们的创造主题不稳定，很容易受到外界影响而发生变化。

5. 幼儿的创造力表现在生活的方方面面

与成人不同，幼儿的创造力随机性强，不分时间、地点，无须提前设计、规划和反复尝试，随时随地都会表现出来。比如，图画书《大卫，不可以》中的主人公大卫，早餐时把土豆变成食物玩偶，临睡前又想象自己是超人，玩起了扮演超人的游戏……生动地向我们描绘了一个孩子在生活中的创造性表现。

在幼儿园的活动室里，我们也经常看到一些孩子拿着手偶，一边比画一边自言自语地创编故事。当讲到感兴趣的部分时，他们还会手舞足蹈。即使身边没有观众，他们的想象与创造也不会停止,因为他们已经进入自己想象的世界,体会到脑海中各种情节交相辉映带给自己的快乐。

6. 幼儿的创造力与认知经验有关,但不受制于经验的丰富与否

幼儿的创造不是"无中生有",而是"有中生有",只有积累一定的感性经验和具体表象,他们才能拥有无限的想象与创造能力。但是,他们的创造又不完全受制于自身经验的丰富与否。比如,在下面的案例中,麦克对各种坦克十分痴迷,当了解到比萨店的顾客越来越少时,他和同伴计划设计一个"坦克烤箱"来吸引顾客。强烈的好奇心、天马行空的想象力驱使他们大胆超越自己的原有经验进行创造。

案例　坦克烤箱

游戏前,麦克和乾乾制订了游戏计划,他们想开一间不一样的比萨店,于是他们开始设计一个"坦克烤箱"来吸引顾客。之后,麦克和乾乾到建构区找来各种积木,搭建了一个坦克形状的双层烤箱,并将比萨放在夹层中进行烤制。坦克造型的烤箱吸引了很多小顾客,麦克和乾乾忙得不亦乐乎。

——山东省商务厅幼儿园　刘俊

实践链接：请问，你认可下面有关幼儿创造力的观点吗？为什么？能否举出带班过程中幼儿的具体案例进行说明？

- 所有的幼儿在某种程度上都具有创造力，幼儿的创造力体现在幼儿的所有活动和每一个领域中。
- 幼儿的创造力是发展中的能力，主要表现在认识事物和进行创造的过程中，不用苛求幼儿必须创造出产品。
- 幼儿的创造力有领域之分，在某个领域的创造力水平可能高于其他领域。
- 幼儿的创造力具有个体差异，某个幼儿的创造力水平可能高于其他幼儿。
- 幼儿的创造力发展遵循天赋递减法则，儿童早期的创造力培养尤为关键。
- 幼儿的创造力可能会被家长和教师不正确的教育观念和行为破坏。

（三）推动幼儿创造力发展的路径与方法

拥有天马行空的想象力和创造力，是3—6岁幼儿的突出特点，因此，幼儿创造力培养的核心在于"保护"。教师还可以通过游戏活动、文学艺术类活动、生活中遇到的问题等促进幼儿的创造力发展。

1. 保护重于培养

幼儿的创造力蕴藏在天马行空的想象、漫无边界的发散思维、动手操作的"破坏性行为"中，面对上述行为，"不限制"和"不嘲笑"应是成人最基本的态度。尽管很多时候幼儿的想象脱离实际，甚至带来破坏，但是，它们蕴含了幼儿对现实世界和未来生活的积极态度。因此，成人能否用宽容、欣赏的眼光看待幼儿的创造性行为，是否允许幼儿自由发表意见，能否鼓励幼儿大胆提问就显得尤为重要。

教师可以对照表6.2中的适宜行为和不适宜行为检视自己是否保护了幼儿的创造力。

表6.2 教师保护幼儿创造力时的适宜行为与不适宜行为对照表

适宜行为	不适宜行为
在班级营造宽松、自由、民主、允许冒险和犯错的文化氛围，建立平等、温暖、富有支持性的师幼关系	缺乏正确的儿童观，认为幼儿需要被管理、约束、教化，教师行为高控，班级氛围压抑
鼓励幼儿尝试新鲜事物并给予足够的自主行动空间，支持幼儿提出或调整活动的想法，允许幼儿按照自己的方式探究感兴趣的活动	严格按照教师预设的活动内容和进程开展活动，处处限制幼儿，给幼儿规定学习活动的材料和方式

（续表）

适宜行为	不适宜行为
鼓励幼儿主动发现问题，当幼儿遇到问题时，能等一等、缓一缓，给幼儿留足思考和尝试的时间、空间，支持幼儿自己解决问题	对幼儿的好奇、好问感到不耐烦，当幼儿遇到问题时，总是代替幼儿出主意、想办法，包办代替较多
在该推一推、引一引的时候能够给幼儿以适宜的支持和鼓励，让幼儿的想法和创意得以实现	看不到或忽视幼儿的需要，即使看到，也不知道该如何支持幼儿实现自己的想法和创意
在集体交流、讨论活动中，鼓励幼儿有与众不同的答案，支持幼儿大胆质疑，不嘲笑幼儿特立独行的想法	教师的提问大多是封闭性的，幼儿没有机会表达自己的想法，即使幼儿表达出独特的想法，也可能被教师否定
当幼儿用不适宜的方式使用物品时，能够用积极的、发展的眼光看待，并尝试分析其中的创造性探究火花	只要看到幼儿表现出不符合成人要求的行为，就批评或制止
关注幼儿行动的过程和付出的努力	关注幼儿行动的结果

2. 让玩法固定的游戏和材料活起来

受关注结果的思维影响，很多教师习惯于固化游戏和玩具的玩法，比如，在美工区的橡皮泥旁边绘制操作步骤图，让幼儿参照操作步骤图一步步完成作品；在户外场地投放箱子、梯子、木板等玩具材料，并在游戏前将它们排成一排，再让幼儿排队走过，不能放手让幼儿自主操控，生发自己的游戏……这些做法很容易限制幼儿的创造力。我们倡导教师为幼儿创设鼓励其自主创造的环境，让游戏和材料的玩法活起来，支持幼儿自主选择、主动探究、大胆想象和创造，促进幼儿发散性思维和创造性解决问题能力的发展。

案例　卧铺火车开来啦

早餐时间，然然告诉好朋友，他周末坐卧铺火车去了很远的地方看姐姐，一边说一边感叹："卧铺火车真好呀，有床可以躺在上面睡觉，有餐桌可以吃东西。"

户外活动时，然然和两个好朋友商量用体育器械搭建一列双层"卧铺火车"。他们在两架梯子中间平放两块木板，搭成双层"卧铺火车"，又运来大桶当"火车头"，四个轮胎当"火车"的轮子，扛来一架单梯放在大桶旁边当方向盘。这时，"火车司机"然然可以上岗了，他紧握方向盘，"呜呜呜——"火车开动了。

过了一会儿，他们又用同样的方法搭建了第二节"卧铺车厢"，运来球架当作

卧铺火车开来啦

"货运车厢"。从一节车厢到两节车厢,从卧铺火车到客货同载,孩子们忙碌着、调整着,玩得不亦乐乎!

——山东科技大学幼儿园 陈佩佩

在上面的案例中,幼儿根据自己的生活经验大胆想象,改变了体育器械的用途,大胆创造出属于自己的游戏新玩法,教师则用宽容和欣赏的眼光看待幼儿的创造行为,表现出接纳和欣赏的态度。

3. 利用文学、艺术类活动发展幼儿的创造力

德国哲学家黑格尔在其《美学》一书中指出:"最杰出的艺术本领就是想象。"幼儿园的各领域活动都能从不同的角度展现幼儿的创造性,而文学、艺术类活动尤为突出,比如,美术活动中的借形想象画、创意拼贴画以及各类纸工、泥工、立体造型、创意涂鸦活动等;语言活动中的创造性讲述、续编故事等;戏剧活动、表演游戏等。

案例 表演游戏——三借芭蕉扇

活动背景

《西游记》是幼儿非常喜爱的文学作品,他们经常在表演区模仿唐僧师徒的装扮、动作和对话。这几天,幼儿对"孙悟空变身小飞虫钻进铁扇公主的肚子里"的情节产生了浓厚的兴趣,围绕如何创造性地呈现这个情节进行了多次讨论和尝试。

游戏过程中的创造

1. 如何展现小飞虫

扮演孙悟空的优优选择用动作和语言表现"变成小虫子飞进铁扇公主的肚子里"的情节。炫炫说："你这样不像,一点儿都看不出来小飞虫在肚子里。"其他孩子也纷纷附和道："小飞虫那么小,优优那么大,一点也不像。"

接下来,孩子们提出了很多建议,如蹲下身变矮、做一对翅膀、画一只小飞虫贴到铁扇公主的肚子上……

2. 变身后的孙悟空

孩子们首先尝试了制作翅膀的建议,汤圆到材料库找到一块一次性桌布,像个小裁缝一样用剪刀裁剪起来,又拿了一根扭扭棒绑在桌布的中间,一个"桌布翅膀"做好了。扮演孙悟空的优优尝试戴上翅膀进行变身,可是佩戴起来太麻烦,耽误了很长时间。

扮演土地公公的咩咩不耐烦地说："你这样真是太慢了,我们都等急了。"小溪说："不如我们画一只飞虫,粘贴到铁扇公主的肚子上吧。"

于是,他们再次调整道具,稳稳和咩咩用卡纸绘制了一只小飞虫,演出的时候扮演铁扇公主的雨林直接把小飞虫贴到了自己的肚子上。这一次,变身小飞虫的速度快了很多,但是其他孩子还是不太满意,说："小虫子贴在肚子上也不能动,看不到孙悟空在铁扇公主肚子里面的动作。"

3. 简洁化的"大变身"

第二天,孩子们继续围绕"小飞虫的问题"进行讨论,只见安安跑到图书区找来一个小手偶,说："咱们可以像手偶表演故事那样,用小木棒和纸盘做一个手偶,拿在手里表演。"大家表示赞同,于是他们找来树枝、纸盘等材料制作了一只可以拿在手里的小飞虫,演出时这个方法得到了其他小朋友的赞扬。

——山东省商务厅幼儿园　宫晓萍

文学作品是培养幼儿的想象力、创造力的有效载体,幼儿根据自己对作品的理解,运用大胆的想象、夸张的动作及生动的语言再现和创造性地表演故事,发挥了自己的创造力。在上面的案例中,"孙悟空变身小飞虫"的情节需要一定的"特效"来表现,教师并没有像传统做法那样将表演的服装道具准备好,而是给幼儿提供了自由想象的空间。幼儿根据文学作品的描述,不断尝试运用各种不同的材料和方式表现"小飞虫在铁扇公主肚子里"的情节,展现出丰富、多样、个性化和富有创造性的表现形式。

案例　各种各样的恐龙

橡皮泥是幼儿园常用的美工材料，幼儿经常利用已有经验创造和再造一些艺术作品。比如，喜欢恐龙的幼儿利用纸杯、太空泥等材料创造了张着血盆大口的霸王龙、彩虹颜色的霸王龙、拥有三个尖尖角的三角龙等，惟妙惟肖。

——山东省商务厅幼儿园　樊宇

4. 聚焦问题引发幼儿的创造

当某一问题拥有多种可能的解决方案时，以这个问题为中心进行发散性思考或尝试性探究，从而找出多个适宜的答案或解决方法，能有助于培养幼儿的创造力。幼儿在学习和生活中每天都会遇到各式各样的问题，比如，游戏材料不足、就某个问题与同伴发生争执、在使用某种材料时出现意外，等等。教师除了相信和尊重幼儿、充分放手、耐心等待外，还应适时适度地为幼儿创造性地解决问题提供各种支持，比如，提出关键性问题推动幼儿思考、组织幼儿讨论、进行经验分享等。

案例　花式救球

操场上靠近花坛的地方有一个投篮筐，小班幼儿经常在这里玩投篮游戏，时常会发生篮球掉到草丛里的现象。今天，球又掉到草丛里了。

第一次成功救球

振振指着掉进草丛中的皮球说："你们看，篮球在里面，怎么打球呀？"教师没有出手帮他，而是问道："没有球了，怎么办？"孩子们七嘴八舌地出主意，在同伴的鼓励下，振振最终成功地将球取出。教师将幼儿取球的过程拍摄下来，在活动结束时与全班小朋友分享，并提出了新的问题："小朋友们还有哪些救球的好办法？"

后续的花式救球

几天之后的一次户外活动中，孩子们的皮球又掉进了草丛中。当他们发现无球可玩时，便开始了花式救球之旅。

救球方法	救球结果
使用树枝够皮球	因树枝又细又短,失败
同伴合作把球抱出来	成功
让大姐姐帮忙拿球	成功
用剪刀剪掉皮球周围的灌木	因破坏环境被质疑,失败
借助钩子钩球	钩子被草丛缠住,失败
用吸尘器制造大风把球吸出	无法连接电源,缺乏可操作性,失败
用挖沙的铁耙子耙球	成功
用PVC管的凹槽向上托球	枝叶把球碰掉,失败
把长板搭到草丛里变成滑梯,同伴合作救球	成功

——山东省商务厅幼儿园　高兴美

在上面案例中,小班幼儿采用9种不同的方式救球,虽然有失败有成功,但是他们能运用已有生活经验充分开动脑筋、多角度思考解决问题的办法,并借助周围的环境材料、年长的同伴和成人来帮助自己,毫不气馁、反复尝试,展现出不怕困难的勇气和创造性解决问题的能力。在这个过程中,教师通过"没有球了,怎么办""小朋友们还有哪些救球的好办法"等问题引发幼儿不断尝试。当幼儿提出拿剪刀时,教师通过追问"用剪刀剪什么"来帮助幼儿将自己想出的策略——"用剪刀剪掉皮球周围的灌木"——表达得更清晰完整,同时引导幼儿思考其策略的可行性……在教师的支持下,幼儿在行动和思考的过程中提升了创造性解决问题的能力。

实践链接: 回顾班级幼儿在一日活动中的创造性行为,反思自己当时是否给予支持以及支持策略是否有效,并从推动幼儿创造力发展的角度找出进一步优化的方向和具体措施。

四、自控力:自主成长的关键力量

案例1

蕊蕊小朋友从小就不睡午觉,家长也跟老师说了不要勉强她。于是,每天午睡时间,蕊蕊就待在老师身边看书、画画、玩玩具,非常安静,跟老师说话时也用最轻柔的声音,翻书、走路也都是静悄悄的,她跟老师说不能把其他小朋友吵醒了。

案例 2

区域活动时间，孩子们都在做自己感兴趣的事情。硕硕和梓桐在玩翻翻乐的游戏，轮到梓桐的时候，硕硕总是偷偷翻开自己的看，梓桐跟他讲了好几次都不管用。

案例 3

悠悠虽然是大班的小朋友了，但是每次跟弟弟在一起玩的时候都会不开心，不是抱怨弟弟抢了她的玩具，就是嫌弃弟弟弄坏了她的东西，还经常对着弟弟大吼大叫，有时候甚至歇斯底里地大哭不止。

以上三个案例中，幼儿的自控力存在很大差异，而且表现在多个方面，比如，对自己的身体动作和行为的控制，对规则的遵守，对自己情绪的控制……那么，如何理解自控力？幼儿自控力的发展有什么特点？如何培养幼儿的自控力？自控力对幼儿的自主学习和成长有着怎样的意义？

（一）幼儿走向成熟、融入社会的关键能力

自控力是自我意识的重要组成部分，它是个体自主确定目标，在没有外界监督和控制的情况下，自觉抑制冲动、排除干扰、忍受挫折、延迟满足，控制自己的情绪和行为，以确保目标得以实现的一种综合能力。自控力并不等于传统意义上的听话或顺从，有一些幼儿可能表现得不顺从，但是有很强的自控力；有一些幼儿很顺从，但是依赖成人，不能自控。自控力包括延迟满足能力、行为控制能力、冲动抑制与自我调节能力、计划能力以及认知灵活性等。

1. 预测幼儿未来学业成就的重要指标

大量研究表明，自控力是比智力更为重要的成功素质，是自主学习者需要具备的重要能力，对幼儿的终身学习与发展具有不可替代的价值和作用。自控力强的幼儿在学习和生活上能保持较高的自我控制与调节水平，善于从优秀的同伴、父母及教师身上学习，能主动规划学习目标并制订具体的计划，也能够延迟满足并积极克服困难、解决问题以达成目标。因此，他们在未来的学业成就上会有更好的表现。

2. 幼儿自我意识的体现

自控是有意识的行为的核心，幼儿借助有意识的行为不断强化对自我的认知，进而形成自我概念，影响幼儿对自我的评价和自我效能感。一方面，自控力强的幼儿有较强

的自我约束能力和规则意识，能够遵守社会规则和行为规范，容易获得成人和同伴的积极反馈与评价；另一方面，由成人和同伴的积极评价而推动形成的积极自我概念，会反过来影响幼儿对行为的自我控制，由此形成一个正向的循环圈（见图6.2）。比如，被教师和家长夸奖"做事有耐心、能坚持"的幼儿往往在需要克服欲望、延迟满足的任务中能等待更长的时间。

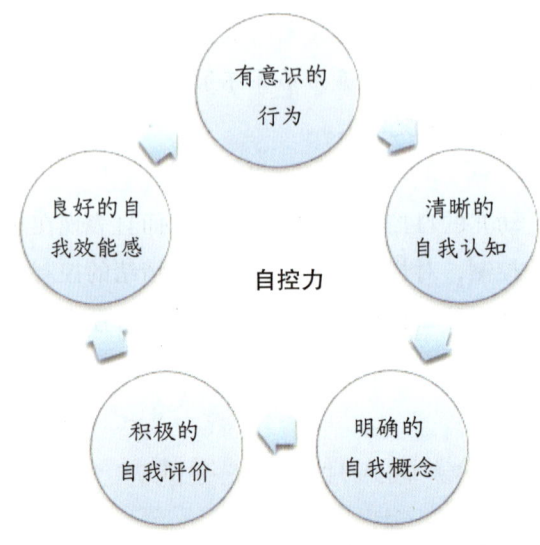

图6.2　借助自控力提升自我效能感的正向循环圈

3. 幼儿社会化的必要心理条件

自控意味着幼儿能克服欲望和冲动，站在他人的角度思考问题，并善于根据社会规范和所处情境来调节自己的情绪与行为，这是幼儿从自然人成长为社会人的重要表现。具有良好自控力的幼儿能够了解并遵守共同的行为规则，能将自己的需要与他人、集体的需要进行协调，因而能逐步脱离"自我中心"，较好地融入社会环境。在幼儿园里，那些情绪多变、无法很好地控制自己的欲望，经常与同伴发生争执和冲突的幼儿往往会受到群体的孤立，反之，在集体中得到大多数同伴信任和支持的幼儿往往都具有稳定的情绪，遇事能够换位思考，善于克制自己的欲望等。由此可见，自控力在幼儿整个心理发展过程中扮演着重要角色，是幼儿社会化的必要心理条件。

（二）幼儿自控力发展的特点

学龄前阶段是儿童身体动作和心理发展最为快速的时期，6岁时幼儿大脑的重量已达到成人脑重量的90%以上。同样，受身体发育和心理发展的影响，这一阶段也是幼儿自控力发展最为关键的时期。

1. 随着年龄的增长而增长，且个体差异性较大

> 小班幼儿一入园，教师就和他们讲好，在教室里要小声说话，轻轻走路，不可以跑，但是，总有些孩子不能很好地遵守这些规则。其中，舟舟的音量总是很大，教师用手势和语言提醒他："舟舟，要记得小声说话哦！"舟舟很认真地点头，特别小声地说："好的，老师，我记住了！"可是，一转头，他跟小朋友说话时音量就又提高了……

幼儿的自控力是随着年龄的增长和神经系统的发育逐步完善的，这个过程需要一定的时间。同时，受先天身体发育程度、气质类型以及后天成长环境和教育作用的影响，幼儿的自控力发展水平也存在较大的个体差异，即便在同一个班级的同一年龄段幼儿，他们的自控力水平也有着显著的差异。

2. 存在性别差异

有研究显示[①]，幼儿的自控力还存在明显的性别差异，即女孩的自控力水平普遍高于男孩，尤其是在抑制冲动行为、延迟满足以及冲突解决方面。男孩的自控力受先天的气质类型、神经生理特点等因素的影响较大，女孩的自控力则更容易受外界因素的影响，因此，女孩对成人提出的规则和要求更敏感。例如，在图画书《大卫，不可以》中，妈妈明明已经告诉男孩大卫不可以在客厅里打棒球，但大卫依然无法控制自己的行为，导致花瓶被打碎。

3. 受情绪情感和身体状态的影响明显

幼儿的身体发育水平和情绪情感调节机能正处在逐步完善与成熟的过程中，因此，自控力水平受情绪情感和身体状态的影响较大。当幼儿的身体状态好、情绪平和稳定时，他们的自控力水平相对较高；反之，当身体不舒服、情绪比较烦躁时，幼儿是很难控制自己的行为的。在这一点上，养育过孩子的父母肯定深有体会。当孩子不舒服时，不要说控制情绪和行为，就连不哭不闹都是不太可能的。

4. 受情境影响

幼儿的神经系统发育不完善，易兴奋，因此其自控力很容易受到所处情境的影响。比如，安静有序的班级环境、有趣的活动材料、成人生动的语言、同伴专注做事的状态都有助于幼儿控制自己的情绪和行为。

---

① 江景雅. 提升中班幼儿自我控制能力的运动"处方"游戏研究[D]. 上海：上海师范大学，2015.

山东省潍坊市奎文区直机关幼儿园

安静有序的教室环境和专注做事的同伴，为幼儿营造了发展自控力的良好氛围

5. 受到对规则的认知的影响

幼儿对规则的正确认知和深入理解是遵守规则的前提。当班级幼儿出现了违反规则的现象和行为时，教师首先应思考以下三方面的问题：

* 规则的制定是否源于幼儿的需要？
* 幼儿有没有参与规则制定的过程？
* 幼儿是否真正理解规则的含义？

在上述问题有了肯定的答案后，教师可以再考虑幼儿是否缺乏遵守规则的意识和能力，从而思考引导幼儿遵守规则的方式方法。

（三）提升幼儿自控力的路径与方法

对于幼儿自控力的培养，教师首先应有合理的期待，同时可借助良好的环境、运用积极的评价、发挥榜样示范作用、赋予幼儿行动的自主性、帮助幼儿学会延迟满足控制欲望、组织幼儿玩专门锻炼自控力的游戏等方法有效提升幼儿的自控力。

1. 抱有合理的期待

幼儿的自控力发展是一个循序渐进的过程，需要经历从动作控制到认知和情感控制、从他控到自控、从不自觉到自觉的过程。因此，教师要对幼儿的自控力发展水平抱有合理的期待，避免对幼儿提出超越其年龄特点的规则和要求，比如，长时间让幼儿"不说话""坐好"等。同时，也不能因为盲目追求自由自在而对幼儿缺乏自控的行为放任不管，忽视了幼儿自控力的培养。

实践链接：反思自己在班级管理和教育教学活动中，有没有对幼儿提出超出其年龄特点的规则和要求。如果有，应该如何改变和调整？

2. 创设有益的环境

由于幼儿的自控力发展受情境影响，因此，教师应有意识地创设有助于幼儿自控的环境，帮助幼儿提升自控力，比如：

* 利用玩具橱柜把班级较为开阔的空间分割成小区域，减少幼儿奔跑、跳跃等大肢体动作
* 在图书区贴上小声讲话的图标，提示幼儿遵守阅读图书的规则
* 在玩具区贴上玩具图片，引导幼儿玩完后按照图片的要求把玩具摆放整齐
* 在区角的地垫旁边贴上"小脚印"，引导幼儿每次进区脱鞋时将鞋子放在"小脚印"上摆放整齐

在创设物质环境的同时，教师还应该特别重视营造让幼儿感到放松、支持他们主动发起活动、让他们有活力且自信的班级氛围，满足他们对关爱与情感、安全与确定性以及社会认可的需求，从而为幼儿的自控力发展奠定心理基础。

3. 采用积极的评价

> 壮壮总是爱生气，一生气就动手打人，他也知道这样不好，但总是控制不住自己。教师平时教给他很多自控的办法，比如，生气的时候深呼吸、数数、用语言表达自己生气的原因、想打人的时候先把双手抱到胸前或者去私密角打抱枕等。
>
> 有一次，在和小朋友发生争执时，壮壮把自己的双手紧紧地抱在胸前，虽然他眼睛通红，但是忍住了没有打人。教师看到后给了壮壮一个大大的拥抱，告诉他："壮壮，这次你管住自己的手了，老师真为你高兴！"然后，拉着他的双手，让他说出自己生气的原因，又鼓励他向同伴表达自己的不满。慢慢地，壮壮生气打人的次数越来越少了。

教师要善于运用积极的评价引导幼儿不断修正自我概念，建立积极的自我效能感。即便幼儿由于缺乏自控而出现一定的情绪和行为问题，教师也不可过于焦虑，应该与幼儿讨论，帮助幼儿思考行为的后果，找到一些应对负面情绪的恰当方法，而非对幼儿的

违规行为施加严厉的惩罚和纪律约束。

4. 发挥榜样示范作用

班杜拉等人研究了社会模仿对幼儿自控力的影响，发现模仿社会环境中的榜样是提升幼儿自控力的一个重要方法。因此，教师应有意识地发挥自身、同伴群体、家庭成员的榜样作用，让幼儿在潜移默化中增强自控意识，提高自控力。具体来说，可从以下方面入手：

* 经常审视自己的行为，反思自己能否成为幼儿学习和模仿的榜样
* 在班级中建立具有积极影响力的同伴群体，经常引导幼儿辨析和讨论不同情境下同伴的具体行为，分析哪些是有自控力的表现
* 为幼儿提供分组交流、讨论协商、彼此监督、相互影响的机会，帮助幼儿在行为与规则、行为与后果之间建立联系
* 争取家长的配合，家庭与幼儿园对幼儿的自控力保持一致的要求
* 了解家长能否为幼儿提供有自控力的榜样形象

实践链接： 教师是幼儿成长过程中的"重要他人"，请分析和反思自己在遵守规则、抑制冲动、延迟满足以及富有自律性、目标性和计划性等方面能否成为幼儿学习和模仿的对象。

大班教师与幼儿一起阅读图画书《大嗓门爸爸》[①]，并一起制定规则，即不管是老师还是小朋友，在班级里都要小声讲话；教师从自身做起，为幼儿树立榜样

山东省潍坊市奎文区樱园幼儿园

---

① 该书的简体中文版已由二十一世纪出版社于2013年出版。

5. 赋予幼儿行动的自主性

自控力作为一种主动对自己的情绪和行为进行约束的能力，是幼儿自主性发展的体现。因此，幼儿自控力的发展也必须以幼儿的自由和自主活动为前提。

（1）自主选择活动

有研究表明，自主性与自我控制之间具有很强的相关性。在完成自主选择的事情时，无论幼儿自身的控制能力是强还是弱，他们往往都会表现出更好的自控水平。因此，培养幼儿的自控力必须以尊重幼儿的自主性为前提。具体来说，教师可以这样做：

* 在一日生活中尽可能多地为幼儿提供自主选择的机会，比如，进餐时可以让幼儿自主取餐，区域活动时可以让幼儿自主选择不同的区域，游戏时可以让幼儿自行决定在哪里玩、玩什么、和谁玩、怎么玩
* 在与幼儿相关的班级事务上给予幼儿参与权，如班级里需要购买哪些绘本、需要饲养什么样的动物、需要投放哪些区域材料等
* 在各类活动中尽可能地让幼儿自主设定行为目标、选择活动内容、计划行动过程、选择活动方式

（2）参与对规则的讨论和制定

邀请幼儿参与对规则的讨论和制定，可以改变幼儿与规则之间的关系——由原来的"教师让我遵守规则"变成"我要遵守自己定的规则"，这种变化蕴含了责任心的种子。一旦有了责任心，幼儿就会很自然地将遵守规则视为自己分内的事情。引导幼儿制定规则，教师可以采用以下流程：

* 由活动过程中出现的问题或矛盾引发讨论：针对这个问题需要制定规则吗？为什么？
* 根据讨论预设结果：如果制定规则，需要制定怎样的规则？制定规则后要怎么做？
* 根据结果呈现表征：能否用大家看得懂的符号或图画把规则表征出来？

幼儿针对区域活动应该遵守的规则进行讨论并用符号进行表征

（3）自主解决同伴冲突

当幼儿与同伴发生争执或冲突时，教师应赋予幼儿自主解决问题的权利和机会。这样做不仅能提升幼儿解决问题的能力，还能帮助幼儿学会换位思考，努力克服自我中心倾向，理解"没有自控就没有自由"的道理。

案例　和平桌

美术区里，轩轩和成成忽然吵了起来，轩轩气得小脸儿通红，成成的眼睛里则泛起了一丝泪光。教师和旁边的几个小伙伴围了过去。

轩轩：你为什么把我的脸谱画坏？

成成：你也画了我的脸谱。

轩轩：你是个超级大坏蛋！

成成：你也是超级大坏蛋！

……

教师正要安抚他们，壮壮说："你们别吵了，吵也没用，不是可以去'和平桌'说明白吗！"

轩轩冷静了一下，先跑到"和平桌"拿起了掌握发言权的玫瑰花，对着跟过来的成成说："你为什么画了我的脸谱画？"

成成接过花说："我看的时候，笔不小心戳到了。"

轩轩拿回花说："我就是给你看看，又不是让你画。"

成成说："我是没看见，再说你也画坏我的啦。"

轩轩说："我以为你是故意的，你画我的，我就画你的。"

成成说："我不是故意的。"

说完，两个孩子笑了起来，壮壮说："你们应该互相道歉才对。"

轩轩先说了"对不起"，而后成成也说了"对不起"。

轩轩说："我们选一个和解方式吧，你想选什么？"

成成看了看旁边的提示图说："握握手吧。"

轩轩伸出手和成成的手握在一起，两个人有点不好意思地笑了，然后又一起回到美术区，继续投入装饰脸谱的活动中。

——山东省商务厅幼儿园　刘静

上面案例中，幼儿在"和平桌"旁平复情绪，借助轮流发言的"玫瑰花"自主表达观点，既说出了自己的想法，又倾听并理解了同伴的委屈。"和平桌"所提供的和解方式和规则为幼儿自主解决矛盾、增进友谊提供了具体策略，可以有效提升幼儿的自控力。

6. 延迟满足，让幼儿学会控制自己的欲望

斯坦福大学的米歇尔（Mischel）教授在"棉花糖实验"中发现，能为所喜爱的奖励坚持更长时间的幼儿通常具有更好的学业成绩、教育成就、身体质量指数以及更好的人生表现。延迟满足可以让幼儿更具心理韧性，对压力有较高的耐受性。因此，教师可以采取小步递进的方式增加延迟满足的时间，让幼儿在循序渐进的过程中提升自己的延迟满足能力。

7. 组织幼儿玩专门锻炼自控力的游戏

游戏是幼儿的天性，也是最符合幼儿年龄特点的学习方式。在游戏中，受情境的影响、游戏情节的带动以及同伴沉浸在游戏中的状态感染，幼儿往往会展现出超出日常水平的自控力。苏联心理学家马努依连柯曾做过一个"哨兵站岗"的实验，即要求幼儿在空手的情况下保持哨兵持枪的姿势，实验在幼儿园的活动室内进行。一种情境是非游戏情境：其他幼儿在一边玩，要求被试在一边站着；另一种情境是游戏情境：其他幼儿是糖果厂的"工人"在包糖果，被试现在是"哨兵"，在为糖果厂站岗放哨。结果发现，在非游戏情境下，4岁多的幼儿大多数难以坚持1分钟；而在游戏情境下，幼儿普遍能坚持4分钟以上。

游戏是儿童的生命，是童年期的主要活动。我们应该尊重幼儿对游戏的需要，让幼儿在游戏中学习，在游戏中获得身心发展。为提高幼儿的自控能力，幼儿园教师可组织幼儿玩富有趣味性、挑战性的小游戏，如"木头人""老狼老狼几点了""雪花融化了"等。

> **案例　1，2，3，木头人**
>
> 游戏目标
> 1. 提升听觉器官的敏锐性和对口令的听辨能力。
> 2. 增强注意力和身体控制能力，能够在听到口令后立刻保持不动。
>
> 游戏玩法
> 幼儿在宽阔的场地上四散行走，可以做任何动作。当听到口令"1，2，3，木头人，不许说话不许动，不许走路不许笑"时，立即保持静止状态。如果有人忍不住说话、发出笑声或者动了，就被视为违反规则暂停游戏一次，然后再开始下一轮游戏。
>
> 待幼儿熟悉游戏规则后，教师可以邀请幼儿做发出口令的人，以增强幼儿的游戏兴趣和自主意识。

在上面的游戏中，幼儿需要集中注意力倾听口令，准确听辨其中的变化，并快速反

应控制自己的身体动作。类似这样的游戏能很好地增强幼儿的有意注意和大脑－身体之间的快速联结及控制能力，不断提升幼儿的冲动抑制能力和自我调节能力。

此外，针对控制能力弱的幼儿，教师要在尊重幼儿的情绪体验和正当的情绪表达方式基础上多与幼儿交流，在交流中感受幼儿情绪的爆发点，帮助其宣泄负面情绪，并引导其掌握符合社会规范的情绪表达方式和交往规则。但是，需要注意的是，不应过度要求幼儿自控。过度自控的幼儿在人际交往中往往会表现得退缩和被动，逐渐被群体忽视。让幼儿具备适宜的自控力才是我们需要培养的方向和目标。

实践链接： 观察班级幼儿在自主活动中的表现，针对自控力较弱的 1~3 名幼儿，与同事和家长一起交流、协商，寻找帮助其提升自控力的具体策略。

五、合作学习能力：共生智慧的重要能力

班里几个男孩用一大一小两个纸箱、树枝、积木做出一个机器人，受到老师和小朋友的一致赞赏。他们又想做一个会动的机器人，于是，开始了长达 3 周的忙碌。

他们每天都会遇到各种问题，比如，用什么办法让机器人的头动起来？怎样让机器人有脖子？机器人的眼睛可以动吗？机器人的胳膊和腿怎么动起来？每天的游戏活动时间，他们都在区域里忙忙碌碌地做着各种尝试。

泽宇找来玻璃管做脖子，发现这样太硬，固定后机器人的头动不起来。乐乐说："要是有个弹簧就好了，那样机器人的头就可以很灵活地动起来了。"第二天，浩浩让爸爸帮自己找了一段弹簧。孩子们想把弹簧固定在两个纸箱中间，他们使用透明胶、胶枪都无法粘牢，又用电线捆绑也不行。浩浩说可以把弹簧穿过两个纸箱，然后再在下面的纸箱里放上东西固定。他们发现弹簧有点短，于是在下面的纸箱里放上一块大的泡沫板。浩浩负责指挥，几个男孩有的拿弹簧，有的按住泡沫板，有的负责拿胶枪固定……就这样，弹簧固定好了，机器人的头终于动起来了。接下来，他们做出了会动的眼睛和胳膊。但是，如何让机器人的腿走起来呢？这个问题可把他们给难住了。无论是进餐还是洗漱时，他们都在讨论解决方案。大壮说："我们可不可以像坦克小组的小朋友那样在机器人的下面加上轮子，这样不就动起来了吗？"这个建议把大家从困境中解放出来。他们到积木区找来木轮子，用木棍将轮子两两穿在一起，把机器人放在上面固定好，一个摇头晃脑的机器人真的动起来了。

他们又在纸箱的最下面粘上一圈布条，把它变成扫地机器人。几个男孩在大家钦佩的目光中，开心地相互击掌庆祝！

——山东省淄博市汇英幼儿园 李莹

幼儿在自主游戏和学习活动中，经常与同伴自发形成一定的合作关系。正如上面案例中的幼儿，他们围绕共同的目标，自主地协商和解决面对的各种问题。在这个过程中，他们从同伴那里获得支持与帮助，受到启发与影响，获得新经验，体验成功感，同时产生团体荣誉感和自豪感。当然，在与他人交往、合作的过程中，他们也有可能体验失败和挫折，从而不断地反思和调整自己的言行，获得成长。这些都是幼儿的合作学习。

（一）合作学习：成就自己与支持他人

合作推动人类不断地战胜恶劣环境得以生存，"学会共同生活，是面向21世纪的四大教育支柱之一"[①]。《幼儿园教育指导纲要（试行）》也提出，要"通过引导幼儿积极参加小组讨论、探索等方式，培养幼儿合作学习的意识和能力"。因此，培养幼儿的合作意识，提升幼儿的合作学习能力，已然成为学前教育工作者的共识。

合作学习是指两个或两个以上的幼儿围绕一个共同目标，运用自己的已有经验，借助成员之间的分工、交流与协作，在齐心协力地完成任务或解决问题的过程中所发生的学习。与传统学习相比，合作学习突出了幼儿的主体地位，在幼儿与同伴之间建立了彼此交流、沟通、协商与支持的平台，发挥了同伴之间相互学习、互为促进的作用，也为每一名幼儿提供了展示自己和发挥潜能的机会。

---

① 联合国教科文组织. 教育——财富蕴藏其中［M］. 联合国教科文组织总部中文科，译. 北京：教育科学出版社，2014.

四川省乐山市实验幼儿园

山东省潍坊新华幼儿园

在幼儿园的自主学习、游戏和生活活动中，我们常常看到幼儿自发与同伴合作学习的身影

1. 让学习更快乐

合作学习强调同伴之间的相互信任和彼此支持，在学习过程中有助于幼儿形成"我为人人，人人为我"的意识，满足幼儿内心深处对同伴和友谊的需求与渴望，促进幼儿同伴间形成亲密融洽的人际关系，帮助幼儿形成积极、利他的情感态度。

广东省广州市番禺区东城幼儿园

幼儿相互合作测量手臂的长度，体验合作学习的快乐以及与同伴在一起的积极情感

2. 让学习更深入、更有效

美国心理学家加德纳提出的多元智能理论指出，每个人都有不同的优势智能，有自己独特的学习方式、节奏和速度。合作学习让幼儿得以展现不同的优势智能和学习方式，并将个体差异作为一种积极的教育资源加以利用，帮助每个幼儿获得成功的体验。同时，合作学习需要幼儿通过各种渠道获取信息，围绕一个主题广泛查阅资料、书籍，可以培养幼儿对信息的选择、加工能力。此外，以讨论交流为主要方式的合作学习还会营造浓厚的学习氛围，有助于拓展幼儿的经验，提高幼儿解决问题的创造力以及认知、语言表

达、社会交往等能力,从而让学习更深入和有效。

3. 有助于增强幼儿的团体归属感和责任感

在合作学习的过程中,幼儿是学习的发起者、参与者和推动者。这样的学习方式可以增强幼儿的主动性,并促使同伴间因共同的学习目标和任务而产生更多的互动与联结,从而形成真正意义上的学习共同体。每个小伙伴都为了实现共同的目标而努力,从而将增强团体归属感和责任感。

4. 有助于构建学习型社会,培养终身学习者

世界经济论坛发布的报告《未来学校:为第四次工业革命定义新的教育模式》提出了"教育4.0全球框架",指出学习内容和经验的八个关键特征,其中多个特征都与幼儿的合作学习能力密切相关,尤其是"基于问题和协作的学习"更是把合作学习作为实现高质量学习和未来教育模式创新的重要特征予以提出。由此可见,培养合作学习的意识和能力对幼儿自主学习能力的形成以及未来的发展有着积极的意义,有助于构建人人学习的学习型社会,培养终身学习者。

实践链接:针对表6.3[1]所列的鼓励合作与不鼓励合作的两种学习方式,回顾和思考自己带班过程中的哪些行为鼓励和支持了幼儿之间的合作学习?哪些行为产生了相反的效果?如何更好地鼓励和支持幼儿的合作学习?

表6.3 两种学习方式之间的差异

不鼓励合作的学习	鼓励合作的学习
仅仅让幼儿着眼于自身	鼓励幼儿了解同伴正在做什么,引导他们彼此学习,并帮助他们分享各自的材料和观点
禁止幼儿在活动中交头接耳	经常提示幼儿和周围的伙伴交流,并相互交换意见,看看有什么疑问、说明和建议
总是让每个幼儿干自己的部分	强调幼儿和同伴分享自己的想法与收获,让幼儿明白自己所得的收获远大于所分享的部分
在幼儿遇到问题时引导他向教师求助	提醒幼儿如果需要帮助,可以在问教师之前先问问同伴
每个幼儿都争着吸引教师的注意	教师会给每个幼儿发言的机会
为了获得外在的奖励如表扬等而学习	既有外在的奖励,也有内在的激励

---

[1] 雅各布斯,等. 合作学习:实用技能、基本原则及常见问题[M]. 林晶晶,马兰,译. 宁波:宁波出版社,2018.

（二）幼儿合作学习能力发展的特点

幼儿期是合作意识与合作能力形成、发展的重要时期。伴随着年龄的增长，幼儿逐渐开始走向与同伴间的沟通、交流、分享与合作，合作的目的性、稳定性慢慢增强，合作的内容也逐渐丰富。

1. 发展较晚

小班幼儿大部分时间都沉浸在自己的事情中，较少关注同伴的行为，他们还不理解合作有助于任务完成得更快、更好。因此，这一年龄段的幼儿合作学习的意图不明显、目标不明确。另外，受语言表达能力的限制，他们还无法清晰、准确地向同伴表达自己的想法，因而合作学习无法很好地开展。伴随着思维水平、认知能力、语言表达能力的发展，从中班开始，幼儿逐渐萌发真正意义上的、基于共同兴趣和探究欲望的合作学习。

2. 动机受具体情境的影响

在合作学习的过程中，幼儿的合作动机往往受具体情境的影响较大。在游戏和探究深入开展的过程中，他们的合作意识逐渐清晰，进而开始产生一定的合作行为。比如，最初可能只是某一个幼儿自发的游戏行为，伴随着游戏主题的清晰、游戏情节的发展，更多的幼儿开始加入其中，这时，他们才考虑根据需要进行任务分工、协商各自的角色和职能，逐渐进入高水平的合作学习阶段。

3. 与社会性发展水平直接相关

幼儿的合作学习建立在他们愿意与同伴交往、友好相处，能够遵守学习小组共同的规则，具有一定的自信心，能提出自己的想法和主张，愿意信赖同伴，和同伴共同分担任务目标的基础上。这一切都与幼儿社会性发展中的人际交往和社会适应水平密切相关。因此，良好的社会性发展水平为幼儿的合作学习提供了可能，也决定了幼儿合作学习水平的高低。

（三）提升幼儿合作学习能力的路径与方法

在推动幼儿合作学习能力发展的过程中，教师可以根据幼儿合作学习的特点和身心发展规律，从学习环境的创设、积极伙伴关系的建构、合作学习意识和能力的提升、合作学习方法的掌握等方面进行有针对性的指导。

1. 有意识地创设引发幼儿合作学习的环境

丰富的、能够产生真实问题的环境可以引发幼儿的合作学习。这样的环境既来源于幼儿感兴趣的游戏活动,也来源于学习活动和生活活动。以下几点提示可供参考:

* 幼儿园有丰富多元的、可供幼儿游戏和探究的物质环境
* 幼儿能够自主决定空间的分布和利用,可以灵活地调配和使用班级的物品与材料
* 幼儿有充足的、可自由支配的、能与同伴一起游戏、学习的时间和机会
* 幼儿有共同的目标和任务,以及有可能需要共同面对的问题和困难
* 有时候给材料做"减法",能够促成幼儿的合作学习

除物质环境外,教师还需要帮助幼儿营造宽松愉悦的氛围,构建积极的、相互信赖的伙伴关系。积极的、相互信赖的关系是影响小组成员之间合作学习最重要的精神因素。当成员之间彼此信任、相互鼓励时,小组就容易形成一种积极互动的模式,既可以保障合作学习活动顺利进行,又能够增强每个人对团队的归属感。

山东省潍坊市奎文区樱园幼儿园

幼儿在山坡上一起探究西瓜虫最喜欢待的地方,他们一起寻找、记录并讨论各自的新发现,最终得出了自己的结论

2. 建构基于共同兴趣和探究目标的伙伴关系

在班级中,教师可以观察幼儿之间的共同兴趣,鼓励和帮助他们建立"项目小组",支持幼儿形成以共同兴趣和探究目标为基础的伙伴关系。

案例　我们班的纸箱游戏

教师在大班投放了大大小小的很多纸箱，幼儿利用纸箱玩起了各种游戏。周五，小辰和小泽用纸箱做了一个机器人，由此，点燃了幼儿用纸箱创作的热情，小轩在活动结束后向大家介绍了自己做的纸箱坦克。

我们班的纸箱游戏

小轩说："我设计的坦克是可以坐上去开炮的。"

小凯忍不住说："我也要做一个坦克，到处都有炮筒，可以四处发射炮弹。"

看到孩子们的兴趣如此浓厚，在第二天活动的导入环节，教师和孩子们欣赏了很多坦克的图片和视频，几个孩子还带来关于坦克的书籍、资料。喜欢坦克的小朋友从1个到3个慢慢变成8个。当孩子们越来越多时，坦克项目小组成立了。教师在活动室里为坦克小组的孩子们开辟了一块墙面，坦克小组的成员一起将合照、自画像、活动计划等放在互动墙上，并在集体面前自豪地做了自我介绍。

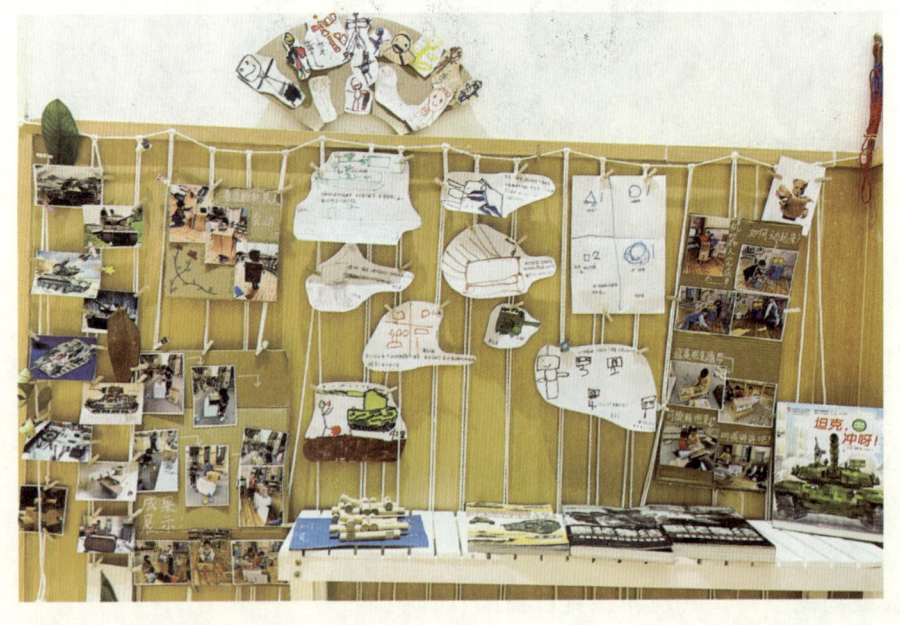

这一天，小辰看到小骏在坦克里安装方向盘，说道："坦克里面有方向盘吗？坦克里面没有方向盘！"这个问题引起了大家的兴趣。孩子们一起查阅资料，小睿还带

来了图画书《惊奇的构造：坦克》[1]。孩子们在自主阅读图画书的过程中，对坦克有没有方向盘有了大概的了解，并把查阅到的资料张贴到项目小组的互动墙上。户外活动时，小跳给自己的坦克装了方向盘，大壮给坦克设计了操纵杆，小凯给坦克安上了座椅……活动结束时，他们依然沉浸在制作坦克的过程中。看到孩子们专注、痴迷的样子，教师告诉他们："如果你们的坦克还没有做完，可以吃完午饭后继续在这儿做。"

坦克组的孩子们对坦克的研究一直在持续，他们互相提问题、出主意，共同解决问题，一起探索、反复尝试，展现了同伴间相互鼓励、相互学习、共同成长的团队精神，令人敬佩。

——山东省淄博市汇英幼儿园　石娜

在上面的案例中，幼儿基于对制作纸箱坦克的共同兴趣和热情，自发成立了纸箱坦克制作小组。在小组探究过程中，成员间彼此启发、相互学习、互相帮助、协调配合，成功为坦克安上了方向盘、操纵杆、座椅……完成制作纸箱坦克的目标。在这个过程中，教师的引导、支持至关重要，比如，鼓励幼儿建立相互信任、彼此支持的伙伴关系，形成项目小组；为小组提供展示探究成果的互动墙面；为满足小组持续深入地探究而灵活地调整作息时间；适时组织小组成员分享、交流经验，引导遇到困难的幼儿向同伴学习等，所有这些都有效地支持和推动了项目小组活动的持续进行并走向深入，促进了幼儿之间的合作学习。

3. 提升幼儿的合作意识和合作能力

合作学习需要同伴之间沟通、互助、协调、配合，同时还要达成一定的学习和探究目标。因此，有必要增强幼儿的合作意识，提升幼儿的合作能力（见表6.4）。

表6.4　幼儿合作意识与合作能力的具体表现

分类	具体维度	具体行为
合作意识	自主性和自信心	能自主地掌控自己的行为，愿意主动参与各项活动，充满自信
	同理心和分享意识	富有同理心，初步具备分享的意识，愿意与人交往、互助和合作
	规则意识	能够理解日常生活中基本的社会行为规范和活动规则，有主动遵守规则的意识
	责任感与归属感	有责任感和初步的集体荣誉感

---

[1] 该书的简体中文版已由机械工业出版社于2016年出版。

(续表)

分类	具体维度	具体行为
合作能力	倾听与表达能力	能认真倾听他人的表达，对不明白的地方能主动询问，善于听取他人的意见
		能清晰、准确、连贯地表达自己的观点
	自我控制能力	小组讨论时，能围绕话题有序发言，声音要轻，不影响其他小组；发言和做事有耐心，能等待，也能坚持
	遵守规则的能力	能根据合作任务制定并遵守相应的规则
	沟通协调能力	对同伴的观点有不同看法时能有礼貌地提出，积极与同伴进行协商；能主动、热情、耐心地帮助同伴，善于鼓励和赞扬同伴，能大胆地表达对同伴的感谢，对于自己的不当行为能勇敢地道歉
	问题解决能力	能够针对问题提出具体的解决方案，在与同伴互助的过程中尝试解决问题，遇到困难不放弃

提升幼儿的合作意识和合作能力，教师可以从以下几方面入手。

(1) **主动反思和改进自己的教育行为**

在一日活动的组织与实施过程中，教师要善于反思自己的教育行为，尽量避免采用引发幼儿竞争的做法，淡化幼儿的个体竞争氛围，增强幼儿的合作意识。

> 自主游戏活动结束了，高老师对全班幼儿说："现在是收拾整理玩具的时间，我来看一下哪个小朋友收拾得又快又好！"一听老师这么说，正在游戏的孩子全都放下手中的玩具，争先恐后地去抢装玩具的小推车。由于小推车的数量有限，铭铭和嘉嘉两人抓着同一辆小推车争了起来，谁也不松手，一边抢还一边大声嚷嚷："是我先拿到的！""是我先看到的！"最后，力气大的铭铭抢走了小推车，嘉嘉噘着嘴一屁股坐到地上生闷气，眼泪在眼眶里打转转。看到嘉嘉这样，高老师出来打圆场："小朋友之间要友好相处，要合作收拾玩具，不要争、不要抢。铭铭，你为什么不让嘉嘉和你一起收拾呀？"这回，轮到铭铭噘起了小嘴巴。

实践链接： 铭铭和嘉嘉争抢小推车的行为与高老师有关系吗？在游戏后的收拾和整理环节，怎样对幼儿提要求可以避免上面案例中出现的问题？

(2) **在一日生活环节中强化幼儿之间相互关心的意识**

幼儿园一日生活的各个环节都蕴含着培养幼儿合作意识的契机，教师应利用这些契机增进幼儿之间的互助与关心，增强幼儿的合作意识和团队意识，帮助幼儿建立集体归属感。

* 在分餐具环节鼓励幼儿自行结成小组，推选代表取本组餐具
* 在收拾玩具时分组进行，每个小组负责收拾某个区域的玩具
* 在天气转凉的时候，引导幼儿之间互相提醒和帮忙穿脱外套
* 在打电话问候生病的幼儿时，鼓励其他幼儿一起表达问候
……

（3）利用生动有趣的活动提升幼儿的合作能力

除了在一日生活各环节培养幼儿的合作能力外，教师还可以开展专门的小游戏，例如，将一些传统的竞争性游戏，如"抢椅子"游戏，改编为合作性游戏。

案例　抢椅子

在竞争性游戏"抢椅子"中，随着椅子被一把一把地拿走，参加游戏的幼儿也相继被淘汰出局。但是，在合作性游戏"抢椅子"中，游戏的目的由淘汰幼儿变为让幼儿想出各种方法尽可能留住每一个参加游戏的人。当音乐停止时，每个幼儿都必须设法与别人分享椅子，通过抱在一起、挽住胳膊等各种方法把所有同伴留在游戏中。

——山东省潍坊新华幼儿园　肖红英

4.借助分享与评价,引导幼儿掌握合作学习的方法

在提升幼儿的合作学习能力方面,适时组织小组成员分享以及引导幼儿开展多角度评价,具有非常重要的作用。它既能帮助教师了解每一名幼儿的发展状况,又能引导幼儿不断反思,增强幼儿的合作学习意识和能力,促进学习小组之间成果的分享与交流,共享学习经验。

(1) 观察与记录,展现幼儿合作学习的真实样态

教师在组织幼儿分享和评价之前,可以借助观察,记录小组成员在合作学习过程中的行为表现,了解小组成员个体及团体合作学习的状况和发展情况。

教师可以使用表6.5[①]记录幼儿合作、学习的情况,为后期组织幼儿分享并引导幼儿进行评价和讨论做好铺垫。

表6.5 小组活动观察表

小组名称: 活动名称: 活动时间:

观察项目	观察结果	即时评论
共同目标	1.小组共同目标不明确 □	
	2.部分幼儿能知道共同目标 □	
	3.小组有明确的共同目标 □	
分工情况	1.小组分工不明确 □	
	2.部分幼儿能按事先的分工工作 □	
	3.小组分工明确 □	
资源共享情况	1.小组成员间不能共享资源 □	
	2.部分幼儿不能与同伴共享资源 □	
	3.小组成员能做到资源共享 □	
合作情况	1.小组成员不能有效合作 □	
	2.偶尔合作,但不能坚持 □	
	3.有小的矛盾与分歧,但能产生成果 □	
	4.一直做得很好,有小组成果 □	
个人贡献	1.没有人为小组出力 □	
	2.只有部分幼儿为小组出力 □	
	3.所有幼儿都很努力 □	

(2) 组织幼儿反思,对学习小组与个人进行评价

教师可以通过设计一些富有启发性的问题,引导幼儿针对小组和自我进行评价,

---

① 范玲丽.幼儿合作学习活动的指导策略研究[D].长春:东北师范大学,2008.

比如：

* 当初你们小组想要解决的问题以及想要探索和发现的内容都完成了吗？
* 你们得出了什么样的结论？是怎样得出这个结论的？
* 在这个过程中，你们利用了什么材料？采用了哪些方法？
* 你们认为自己做得怎么样？成功在哪里？失败在哪里？为什么？
* 小伙伴之间是怎样合作的？
* 你为小组做了什么？你的小伙伴做了什么？你们小组一起合作做了什么？
* 如果这件事由你自己来做，会怎样？大家一起来做，又会怎样？
* 下一步，你和小伙伴还有哪些想法和打算要去实施？

这些问题能够促使幼儿反思自己和小组成员的合作表现，不断增强合作意识，积累合作经验，从而为更好地开展合作学习做好能力上的储备。

教师还可以引导幼儿在集体面前分享合作学习的经验，帮助幼儿掌握合作学习的方法，比如：

* 耐心倾听
* 准确表达
* 合理分工
* 接纳同伴
* 遵守规则
* 学习共同制订并推进计划
* 掌握矛盾和冲突的解决办法
* 互相配合呈现合作学习的结果

合作学习让幼儿不仅仅作为个体，而且作为群体中的一员学习和成长。为了达成这一目标，教师首先要学会放手，在班级里营造宽松的、彼此尊重的、共同学习和生活的氛围，让每个幼儿都成为具有内驱力的自主学习者，享受集体生活的温暖，获得伙伴的激励。其次，教师要积极承担观察者、支持者、协调者、引导者的角色，为幼儿创造各种合作学习的机会，增强幼儿的合作意识，提升幼儿的合作学习能力。只有那些具备可持续学习能力、坚持合作学习以保持无限可能的终身学习者，才可以适应不确定的未来。

实践链接：请选择户外游戏或室内区域活动中的一组幼儿进行观察，分析幼儿的伙伴关系以及合作行为，找出后续提升幼儿合作学习能力的策略并予以实施。

本 章 小 结

本章核心内容如下。

- 提升幼儿的自主学习能力应成为学前教育工作者的共同追求。自主学习能力既可以为幼儿提供后继学习的不竭动力,帮助幼儿获得良好的学业表现,又有助于其终身可持续发展。
- 学习能力与学习品质之间彼此影响、互为促进,积极的学习品质可以推动幼儿学习能力的发展,帮助幼儿成为优秀的自主学习者。
- 观察是自主学习的起点,观察为大脑进行思维加工输入丰富的、高质量的信息。观察不只是用眼睛看,还包括用耳朵倾听、用鼻子闻嗅、用嘴巴品尝、用手触摸等。打开感官通道、掌握观察方法、及时记录分享,将有助于提升幼儿的观察能力。
- 思维品质和思维能力决定着自主学习的过程与结果,要让幼儿经历直接感知、实际操作、亲身体验的学习过程,帮助幼儿在行动中提升思维品质,在反思中增强元认知能力,在不断质疑与追问中提高批判性思维水平。
- 创造力是幼儿与生俱来的重要能力,是自主学习能力中高阶思维的最优表现。要呵护幼儿天马行空的想象力、"打破砂锅问到底"的不断追问,允许幼儿出现因动手操作而导致的"破坏性行为",为幼儿留出充足的时间和空间,支持幼儿在表达表现和问题解决过程中展现与发展创造力。
- 幼儿自控力的提升是一个循序渐进的过程,借助不断的自我控制,幼儿逐渐发展为成熟、坚毅的自主学习者。成人要对幼儿的自控力水平抱有合理的期待,让幼儿在爱、尊重、信任与支持中慢慢增强自我控制能力。
- 合作学习是面向 21 世纪的学习者最重要的学习方式之一,合作学习能力也是自主学习者的必备能力。要鼓励幼儿与同伴建立基于共同探究兴趣的伙伴关系,提供支持幼儿合作探究所需要的各项保障,从而有效推动幼儿的合作学习走向深处。

# 中华女子学院附属实验幼儿园

第七章

教师的自主学习

随着教育改革的不断深化，自主学习能力已成为教师专业发展必备的重要能力之一。为了解幼儿教师自主学习能力现状，笔者团队面向山东省在职幼儿园教师进行了"幼儿教师自主学习能力问卷调查"，共收回有效问卷 4828 份。其中，3 年以内教龄的教师占 35.46%，4～6 年教龄的教师占 20.75%，7～10 年教龄的教师占 15.56%，10 年以上教龄的教师占 28.23%。从学历来看，高中或中专学历的教师占 12.2%，大专学历教师占 49.4%，本科学历教师占 38.4%。

通过对调查结果进行分析，我们发现：幼儿教师在认识上高度重视自主学习，其中 99.5% 的幼儿教师认为自主学习对自身专业成长非常重要。但是，在个人的专业学习中，自主学习仅占比 1/3。影响幼儿教师自主学习的原因主要有：照顾家庭没有精力（51.62%），工作太累不想学习（48.76%），学习动力不足（36.23%），学习能力不够（29.97%），上级要求的学习量大、没时间自主学习（25.46%）（见图 7.1）。

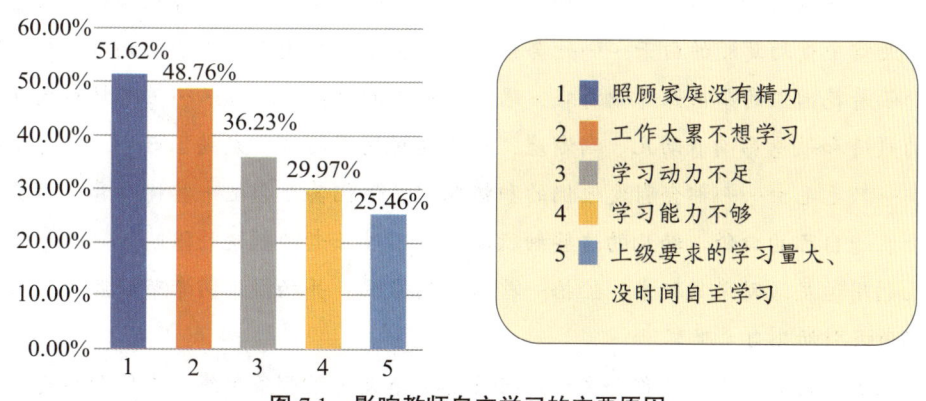

图 7.1　影响教师自主学习的主要原因

由此不难看出，忙碌的家庭生活、工作以及上级要求带来的巨大心理压力，造成幼儿教师"想学但是没时间和精力学"的窘境。此外，幼儿教师自身的学习动力不足、学习能力不够也是影响他们自主学习的重要因素。究其根源是幼儿教师缺乏专业学习与成长的主动意识，导致他们被生活和工作牵着走，逐渐失去了主动学习的热情和专业发展的动力。

《国务院关于加强教师队伍建设的意见》明确提出："建设教师网络研修社区和终身

学习支持服务体系,促进教师自主学习。"自主学习既是现代社会发展、教育改革对幼儿教师的必然要求,也是教师自身实现专业化发展的必然路径。

一、教师自主学习的意识和能力

《幼儿园教师专业标准(试行)》提出"师德为先""幼儿为本""能力为重"和"终身学习"四个基本理念,要求幼儿园教师将理论和实践相结合,职后培训与自主研修并进,提高自主学习的意识和能力[①]。可见,在终身教育时代,教师自主学习的意识和能力极为重要。

(一)教师的探究热情影响幼儿的学习体验

案例 不一样的远足

王老师所在的幼儿园要求各班教师定期组织幼儿开展一些远足活动,但是有的教师嫌麻烦、不愿组织,即使组织也是抱着完成任务的心态,机械地带着幼儿到达目的地后再返回。王老师的做法却大不相同,每次远足活动中,她都会引导幼儿不断地发现一些新奇有趣的事情,如路边刚刚发芽的小树、花丛中翩翩起舞的彩色蝴蝶、天空中变幻莫测的白云……她会鼓励幼儿主动与公园里的爷爷奶奶打招呼、聊天,带着花园里的弟弟妹妹做游戏,跟着广场上的大人们跳舞……王老师对周围环境的热情和敏感影响着幼儿。渐渐地,幼儿也对周围的环境充满了好奇,一片小树叶、一只毛毛虫……都会引发他们的积极探究,他们甚至会把一些树叶和小石头悄悄地装进自己的口袋。幼儿的这些细微动作逃不过王老师敏锐的眼睛,她开始带着幼儿利用远足活动采集标本,捡拾一些好玩的东西,并拍摄不同季节的照片,放入观察角吸引幼儿自主观察。

每次远足后,王老师都会主动进行反思:今天走了哪条路线?走的距离是否让某些幼儿感到吃力?在爬山、上台阶的过程中,哪些幼儿体能不足?哪些幼儿的动作发展不够灵活?路途中,幼儿有哪些新的发现?这个季节更应该引导幼儿关注哪些动植物和自然现象的变化?回到班级后,还应该引导幼儿拓展哪些经验,由此生发哪些有意思和有意义的课程?需要与家长做哪些沟通……

---

① 刘延金,钟杨. 基于终身学习理念视角下的幼儿教师职业生涯发展[J]. 湖南第一师范学院学报,2015(04).

——山东省商务厅幼儿园 阎莉

上面案例中,在教师的探究热情影响下,幼儿表现出认真专注、善于观察、主动探究、不怕困难、敢于表现等良好学习品质。教师会自然地将自己的生命体验和对生活的态度带到工作中,进而影响幼儿的体验和习得经验。

(二)教师的自主学习意识有助于改进教育观和教育实践

自主学习意识有助于教师修正自己的儿童观、教育观、课程观,进而影响教育行为与班级一日活动的质量。具备自主学习意识的教师,会主动接受先进的教育理念,并将其与自己的日常教育实践密切结合起来,真正体验到自主学习生发于教育实践继而改进教育实践的效果。

> **案例 专业求索:解决"真问题",学习"真学问"**
>
> 工作中,我们经常会遇到一些专业上的困境和矛盾点,解决"真问题"、刨根问底,这既是一种学习方法也是一种学习精神。围绕迫切需要解决的问题,进行捆绑式学习,积累系统完善的解决办法和思路,将帮助我们举一反三、触类旁通,逐步提升元认知能力。
>
> 比如,刚参加工作时,我参加了区级优质课选拔。初赛时,我模仿上海名师龚

敏老师的示范课《我爸爸》上了一节课，园长评价我的课是"回应方面不行"。刚毕业的我并没有系统学过或接触过"回应"，也不知道应该从哪里开始调整。在一次外出培训时，我听专家谈到回应有九种类型，即追问、停顿、推演、补充、梳理等，这让我突然意识到专业的知识储备和信息检索的重要性。于是，我立马在网络上检索出各个回应类型的定义，并把自己的活动视频转录成文字，然后对回应部分进行编码分析，并通过角色扮演强化自己的回应技巧。后来，我的课堂回应技巧进步显著，我的教育教学活动也越发灵活和生动起来。

——浙江省杭州市临平区塘栖镇第二幼儿园　吴赛姬

很多幼儿教师习惯于将自主学习与工作分割开来，导致"想学但没有时间和精力学"。而吴赛姬老师由工作中的"真问题"导向对专业理论的学习，再链接自己的教学实践，在学习与实践中不断修正自己的认识，完善儿童观和教育观，提高自己的教学水平，值得我们学习。

（三）教师的自主学习能力直接影响其对幼儿自主学习的引导

"儿童是自主的学习者，教师是学习的促进者。"[①]幼儿教师自主学习的能力不仅能够给予幼儿榜样示范作用，帮助幼儿获得真正的学习和最佳发展，还能树立自己的专业形象、更新自己的专业理念、拓展自己的专业知识、提高自己的专业能力。

那么，具备自主学习能力的教师是什么样子的？
* 具有较强的观察能力，热情而敏感，能够感受世界的美好和自身的价值
* 具有较强的思维能力，能够透过现象看本质，进行批判性思考
* 具有开放和包容的心态，富有创造力
* 计划和调控能力较强，能够制订计划、修正行为、完成目标
* 善于与他人合作
* 善于对自己的教学实践进行自我审视和评价
* 随时记录自己的所思所想、所见所闻中有价值的东西，不断积累学习和教研材料
* 能够安排专门的时间阅读有关材料，进行反思与写作

---

① 贝蒂. 幼儿园自主性区域活动：环境、课程与儿童发展［M］. 邱学青，等译. 北京：中国轻工业出版社，2021.

（四）自主学习意识和能力有助于教师感受幸福感和成就感

教育本来是一项特别具有创造力的事业，然而在急功近利思想的影响下，很多教师表现出不同程度的职业倦怠，对幼儿进行简单、重复的填鸭式教育……苏联教育家苏霍姆林斯基指出："如果你想让教师的劳动能给教师带来乐趣，使天天上课不至于变成一种单调、乏味的义务，那你就应当引导每一位教师走上从事研究这条幸福的道路上来。"自主学习的意识和能力有助于教师进入"积极循环圈"（见图7.2），通过主动学习、自主思考、积极创造、忘我工作，看到幼儿的成长变化，赢得社会、家长的认可，获得胜任工作的满足感，从根本上克服职业倦怠，体验自身成长和专业发展带来的幸福感和成就感。

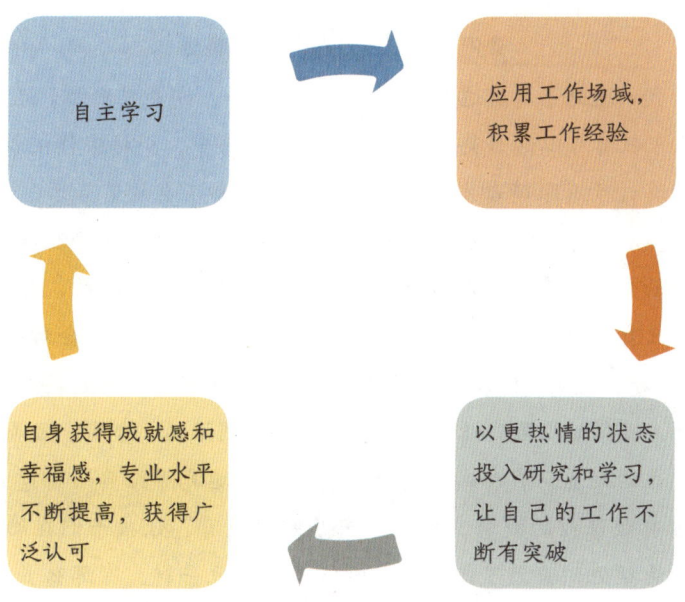

图 7.2　教师自主学习与发展的积极循环圈

实践链接：请收集整理一些有关教师具备自主学习意识和能力对工作产生影响的实例，并结合个人经历，谈谈自己的感悟。

二、唤醒教师自主成长的意识，构建学习共同体

专业学习和成长的主体是教师自身，唤醒教师自主成长的意识，就是要保护和激发教师内在的学习动力，满足其自我成长的需要。

（一）回归初心：爱的情感与理想的教育

"做好的教育"是每一位幼儿教师都曾经有过的教育初心，或者是一直在追求的教育理想。随着"看见"一些好的教育、理想的教育，以及对自己所做教育的反思，幼儿教师的自主学习意识变得越来越强烈。

> **案例 "看见"好教育的样子**
>
> 2004年，我们遇到了《窗边的小豆豆》①这本书。作者黑柳彻子笔下的巴学园让我们感叹，原来教育可以这么美好、这么有意思！书中，小林宗作校长说："世界上最可怕的事情莫过于有眼睛却发现不了美，有耳朵却不会欣赏音乐，有心灵却无法理解什么是真。不会感动，也不会充满激情。"对小豆豆的成长产生深远影响的不是巴学园教给她的知识，而是她在巴学园所经历的事和所遇到的人，是她在巴学园里的生活！原来只有真正走进孩子心灵的教育才是理想的教育，才会对孩子发生作用。
>
> "看见"了好教育，我们开始反思自己的教育，开始努力地也要给孩子们这样好的教育。于是，我们幼儿园陆续开展了难忘童年系列活动、合宿、跳蚤市场、"六一"快乐风、小豆豆运动会、我和四季有个约会、毕业典礼等经典而有意义的活动……最初，我们没有做课程的概念，我们只想做好的教育，让孩子们在幼儿园过快乐、幸福的生活，希望他们长大了回望童年时能像小豆豆一样，有那么多让他们念念不忘、生动鲜活、温暖而又美好的回忆。
>
> ——山东省淄博市汇英幼儿园 韩冰川

上面案例中，幼儿园通过引导教师"看见"好的教育的样子，唤起了一种有助于凝聚教师智慧和思想的学习意识，进而实现了幼儿园教育实践的改革与突破。让人感受最强烈的是从幼儿园管理者到每一位教师展现出来的充满爱的情感，正是这份对幼儿的深深的爱，激励他们不断"发现"好的教育的样子，在学习、实践与反思中突破旧有的框架，实现幼儿、教师、幼儿园三位一体的协调发展。

---

① 该书的简体中文版已由南海出版公司于2018年出版。

我是一位在一线工作了9年的幼儿教师，其中在助教岗位工作2年，在教师岗位工作7年。我毕业于职业高中，是我们幼儿园学历最低的一位教师。我曾经因为学历低而在工作中非常不自信，但我很想证明自己，因为我热爱这个职业，我想给我的孩子们最好的教育。曾经一度，我找不到努力的方向，直到遇到了孩子们并与孩子们一起游戏、一起学习，我才体会到发现儿童、支持儿童成长的乐趣，体会到职业的幸福感，也越来越懂幼儿，越来越懂幼儿教育。不仅如此，幼儿园也为我们搭建了很好的学习和发展平台。在四川师范大学鄢超云老师和余琳园长的带领和指导下，我参与了"玩出来的课程"系列丛书之《嘉阳的18次挑战》《玩帐篷》的编写，这让我感受到与孩子一起学习和成长的巨大幸福。只要我们的心始终和儿童在一起，始终对儿童充满好奇和热情，相信儿童平凡的行为背后有着不平凡的意义，我们就会心怀感恩和敬畏，和孩子一起向光而生。

——四川省成都市第十六幼儿园　张玲

　　张老师的成长经历特别具有代表性。在幼儿园平凡岗位工作的教师很多时候会迷失自己，不知道自己努力的方向，不知道自己的价值，缺乏成就感和自我认同感，承受着诸多压力……如果我们能回归自己的初心，永远不放弃对孩子的爱和对理想教育的追求，我们就会一直拥有"向光而生"的积极心态！

（二）让反思成为教师专业成长的关键路径

　　20世纪80年代，美国学者唐纳德·舍恩（Donald Schon）首次提出了"反思性实践"这一概念，由此"反思是教师专业成长的关键路径"的理念被广泛接受。南京师范大学虞永平教授提出："无论是对理论观点还是对实践状况的比较和分析……都能引发教师的深入思考，形成一些新的思想。"[①] 这就是反思的价值和意义。一名优秀的教师会经常对自己的工作进行"复盘"：自己当时是怎么想的？幼儿为什么要这样做？自己是如何做的？如果不这样做会有什么样的结果？怎样做才是最佳方案？……

　　南京师范大学副教授、南京市鹤琴幼儿园园长张俊老师在一次讲座时曾提出幼儿教师需要经常对自己的实践进行"灵魂三问"：

　　儿童在哪里？就是要反思儿童的兴趣和需要；

　　学习在哪里？就是要反思儿童的经验和成长；

　　课程在哪里？就是要反思成人的支持和影响。

---

① 虞永平. 拓展幼儿园课程的空间和可能［J］. 教育导刊，2021（05）.

《幼儿园教师专业标准（试行）》提出了教师应具备的七大专业能力，其中一个能力就是"反思与发展"，其基本要求如下：

1. 主动收集分析相关信息，不断进行反思，改进保教工作；
2. 针对保教工作中的现实需要与问题，进行探索和研究；
3. 制定专业发展规划，积极参加专业培训，不断提高自身专业素质。

反思的方法多种多样，教师可以针对不同的内容采用不同的方法。现阶段，幼儿教师经常做的观察记录、教育笔记、教学反思以及家长会、开放日活动、节庆活动之后的复盘与研讨等，都属于反思的范畴。幼儿教师所做的行动研究和个案研究也都贯穿反思的精神。某些教师会自觉撰写反思日记，也很值得借鉴。

案例 一位教师的反思日志

班级：小一班	教师：刘老师	日期：2019年9月26日
自我觉察	从开学到现在，我感到自己陷入了一种焦虑、疲惫、忙乱的死循环和一种深深的自我否定、自我怀疑当中。同时，这样的状态也影响到同班教师的工作状态与情绪，整个班级工作比较混乱，教师们疲惫不堪，很难找到自己在工作中的价值。	
	客观原因	主观原因
自我反思	1. 个别幼儿引发的特殊事件扰乱了教师的工作计划与节奏，同时也扰乱了正常的班级秩序。 2. 对于新的工作环境、岗位、工作方式不熟悉，对新的工作节奏不适应。 3. 全新的班级组合，彼此之间不够熟悉，配合不够默契。	1. 工作安排不够细致，造成班级教师在做事时有些茫然无措。 2. 缺乏对突发事件的掌控能力，当有突发情况出现时就会打破原本的分工与节奏，陷入忙乱的状态。 3. 因为自己本身的不自信和焦虑，对教师和孩子不放手，所有的事情都想亲力亲为。当其他教师遇到困难和困惑时，没有给予他们有效的支持。
自主学习	1. 寻求帮助，与有经验的老教师沟通，向他们学习有效的办法。比如，通过分组和个别指导方式，解决幼儿基本的生活能力问题；关注细节，做好细节是赢得家长信任的开始。 2. 利用起床后的黄金1小时和一些教育软件，学习一些解决幼儿具体问题的好方法。	

（续表）

班级：小一班	教师：刘老师	日期：2019年9月26日
完善与调整	1. 明确记录的目的是帮助自己理清思路，从忙乱中解脱出来。减少随手记的各种小本子、纸张、备忘录等，保留清晰明了又方便的记录方式，比如： （1）会议记录本； （2）备课本（包括复盘、工作计划、备忘、反思等一系列可以支持和帮助实际工作的内容）； （3）把手机备忘录改成班级教师可以共同看到的钉钉复盘群； （4）口袋里随时装一支笔，把急需处理的"小事情"随手记录下来。 2. 学期初每日复盘，并至少解决一个实际工作中的小问题。 3. 经常与同事交流，听取一些实用、有针对性的建议。	

——山东省淄博市汇英幼儿园　刘玉莲

（三）构建学习共同体

虞永平教授曾经谈道："一所幼儿园如果经常有各类人员尤其是教师之间真正的专业对话和思想交流……那么一定能产生思想火花、拓展思想空间。"[1] 搭建多元化的学习型平台，有利于志趣相同的教师形成共同体，开展多样化的对话、学习与研究。

学习型平台的组织架构类型如下：

* 按幼儿的年龄班分组，如小班组、中班组、大班组
* 按教师发展的层级分组，如名师组、骨干组、新教师组
* 按学习或研究的专题分组，如户外游戏活动研究组、区域活动研究组、幼儿生活习惯培养研究组、图画书阅读研究组、环境创设研究组、家园共育研究组、幼小衔接研究组
* 按照各领域教育教学研究分组，如健康教育研究组、语言教育研究组、科学教育研究组、社会教育研究组、艺术教育研究组
* 按照个人的生活兴趣爱好分组，如文学阅读组、书法学习组、烹饪研究组、舞蹈学习组、茶艺学习组、插花学习组、戏剧学习组

---

[1] 虞永平. 拓展幼儿园课程的空间和可能[J]. 教育导刊，2021（05）.

（四）管理放权：减负与赋能

当学习动机来自内部需要时，教师就会热情地投入学习。外部管理措施，如设定任务期限、强加学习或工作目标、管理者进行监督与评价等，则有可能破坏教师的学习热情，导致他们的学习变得形式化、效果差。

> **案例　"活教师"的养成：减负与赋能**
>
> 如何激励教师自主成长？并不是无谓地增加任务，而是让他们看到这件事情是有意义的。比如，我们幼儿园的公众号，我要求他们出"干货"，要有自己真正的思考。最近，我们推送了一篇大班亲子运动会的文章，虽然这篇文章隔了一个星期才推出来，但没有关系。在那一个星期，整个大班教研组都在反复讨论。这个过程中，就能看到教师们的一点点用心。从前面的讨论、筹备到展开，每一个环节都渗透着教师对课程的思考。我经常和教师说，哪怕你像蜗牛一样向前爬，只要你方向是对的，就没关系，我们有一辈子的时间进行专业发展。在我们幼儿园有两句话，即"你做，你说了算""不问对错，只问思考"，这就是教师的专业自主权。
>
> ——节选自张俊老师的讲座《回归生活、回到儿童的"活教育"实践》

（五）激励性评价与个性化支持

"水激石则鸣，人激志则宏。"这句话充分表明了激励性评价的重要性。评价不是为了贴标签、晋升和发奖金，而是要让教师看到自己的成绩、特点和优势，从而产生自主学习的动力，激发出更大的工作、研究热情。激励教师学习与发展的方式有很多，如管理者的赞赏和参与、家长的认可和鼓励、提供专业学习和交流的机会、提供更多展示的平台、给予教师个性化的支持等。

> **案例　神奇种子丁丁绘本花园**
>
> 丁隽老师酷爱阅读，喜好写作。针对她的这一特点，除了培养她成为语言领域的专长教师外，我还鼓励她进行绘本的专项研究，由此开启了丁隽老师个性化的研究探索之路。作为园长，我为她提供了大量的学习机会，比如，每年推荐她参加绘本提升营、国际童书展等活动，从而拓宽她的视野，帮助她汲取最前沿的学习资讯。同时，赋予她一些权利，比如，自主购置班级图书、策划组织全园大型活动等。目前，她所在班级的藏书近千册，组织了爸妈故事团、为爱朗读、"神奇飞书"等绘本

推广活动，开通了"神奇种子丁丁绘本花园"微信公众号，带领教师团队制作经典有声绘本，每周更新，赢得了很多"粉丝"。在我的激励下，丁隽老师逐渐成长为绘本阅读方面的专家型教师。

——山东省青岛市市南区栖霞路幼儿园园长　于斐

实践链接：请围绕本章内容，关注幼儿园的一位教师，观察他有哪些自主学习的习惯和行为，思考他的自主学习意识如何，以及哪些因素影响了他的自主学习意识。

三、多元活动支持和推动教师的自主学习与成长

除了激发教师自主学习的动力外，幼儿园还需要通过组织各种各样的活动，为教师的自主学习赋能，满足教师职后的多样化学习和成长需求。

（一）让常规的专业活动推动教师自主学习

各级培训、读书和教研活动是现阶段幼儿教师经常参与的学习活动，为避免这样的常规专业学习流于形式，幼儿园应探索更具体的落地实践策略，以发挥此类活动激发教师自主学习内驱力的最大价值。

1. 读书 + 自省

如果教师只是读书，没有将它与自己的实践相结合进行反观内省，没有通过读书促进心灵的深度思考，那么读书只不过是积累了一大堆知识而已，很难成为教师终身学习与发展的助推剂。

（1）链接式阅读

链接式阅读，指教师根据自己的实践需要，通过读书在知识点与已有经验、实践工作之间建立关联，并运用到工作实践中。链接式阅读是一种与工作、思考建立链接的阅读方式，也是教师通过自驱式学习提升专业能力的有效方式。

案例　书犹药也医愚钝　修身心　成思想[①]

在自主游戏实践过程中，教师对安全和风险的担忧时常禁锢幼儿的游戏。教师应该如何在放手和安全的两难中做出选择呢？我在《自主游戏：成就幼儿快乐而有

---

① 节选自"董旭花教授工作室"微信公众号的文章《一个假期　一本书　走进童年世界》。

意义的童年》一书中找到了答案，书中阐述了教师对待挑战和风险应持积极的态度，但同时也强调首先要保证环境和材料的安全，这样才能支持幼儿的大胆探索和适度挑战。这让我想到，当幼儿玩鞍马箱时，我需要首先思考：鞍马箱的高度如何设置才能既对幼儿形成挑战，又便于幼儿自主控制？还可以为幼儿提供什么样的辅助材料，既便于幼儿随时使用，又让他们学会自我保护……教师要想处理好"挑战和风险"的问题，就要对幼儿的活动进行细致观察，对活动中的风险进行预估，在活动中靠近幼儿，在发现幼儿出现意外风险时，及时出手救助，降低风险指数。

一本好书就是这样，它能帮助你将遇到的困惑变成思考，在反思中找到答案。它不一定能解决你工作中遇到的所有问题，但能让你不断地反思自己的教育实践，并将实践经验内化为教育智慧，成为自己教育思想的一部分。

——山东科技大学幼儿园　于雷平

（2）扩展式阅读

在阅读的过程中，当遇到陌生的概念或者感兴趣的知识点时，教师可以通过查阅其他书籍或上网检索等方式，进行以点带面的扩展式阅读，这是一种有深度、高质量的阅读。

案例　读《自主游戏：成就幼儿快乐而有意义的童年》一书有感[①]

我不是学前教育专业出身，我在大学时读的是音乐教育专业，所以没有系统地学习过学前教育的相关理论。虽然入职以后通过不断地接受培训，我积累了较多的实践经验和专业知识，但是读书时难免还是会遇到一些一知半解的专业术语，对课程理论体系的了解也还有欠缺。所以，第一遍读这本书时，我一边虔诚地阅读，一边翻阅大量教育理论专著，查阅本书提到的"元认知""随意机能""主体性"等词汇的含义。书中阐述了幼儿游戏的百年发展史，这促使我翻阅《学前教育史》，细读古代教育家颜之推、朱熹和近现代教育家张雪门、陈鹤琴、张宗麟等人的教育观点。我以《自主游戏：成就幼儿快乐而有意义的童年》为载体，借助书中对自主游戏的论述和实践案例，拓展了自己的专业视野，深化了对教育实践问题的认识，也学会了更专业地思考自己实践中出现的种种教育难题。

——山东科技大学幼儿园　于雷平

（3）思维导图式阅读

思维导图是近年来比较常见、也比较实用的思维工具，将这种工具运用到阅读中，

[①] 节选自"董旭花教授工作室"微信公众号的文章《一个假期　一本书　走进童年世界》。

可以训练教师的思维能力，有助于教师更好地了解书籍的整体结构，理解章与章之间的逻辑关系和知识点。图 7.3 是湖南省郴州市北湖区第一幼儿园的何丽芳老师在阅读了《自主游戏：成就幼儿快乐而有意义的童年》一书后绘制的部分思维导图，对大家有一定的借鉴意义。

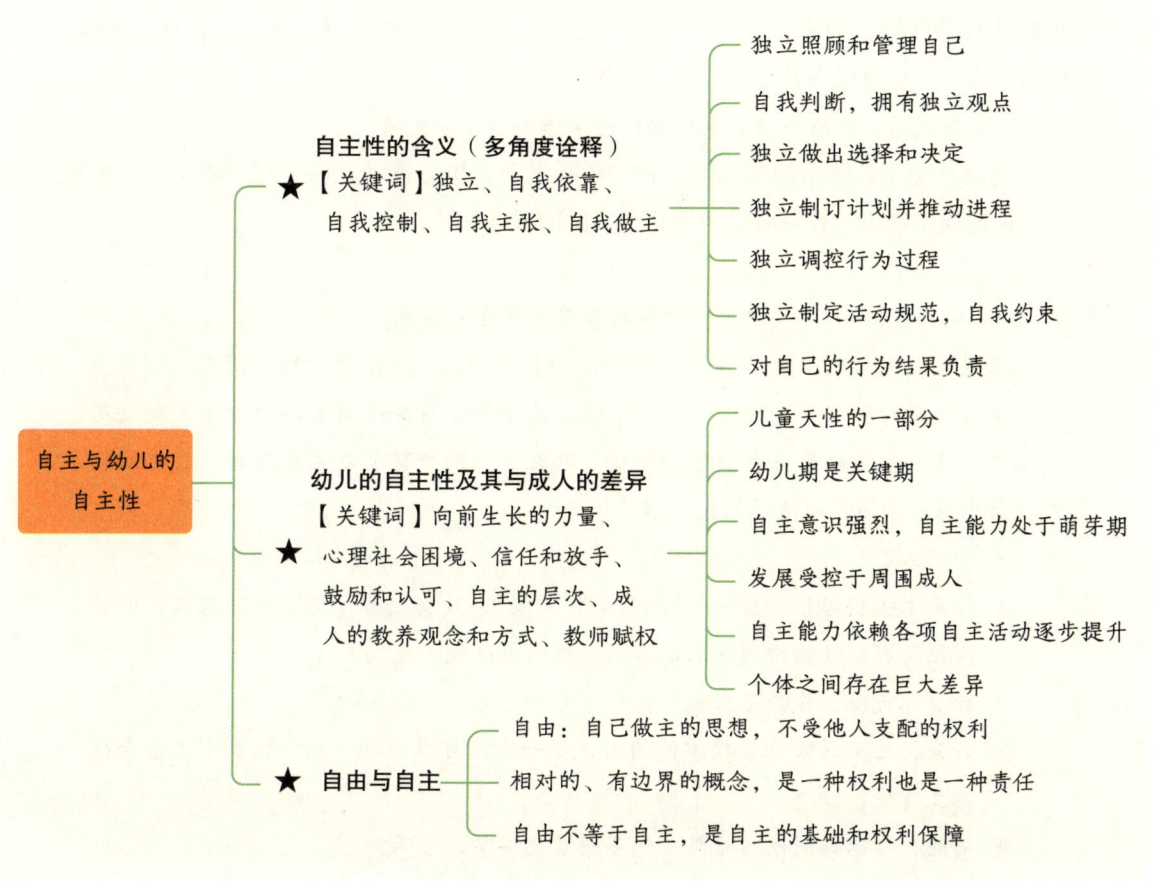

图 7.3 《自主游戏：成就幼儿快乐而有意义的童年》一书的部分思维导图

实践链接：请选择一本自己感兴趣的书，利用以上阅读方式进行自主阅读。

2. 培训 + 实践反思

培训是幼儿园常见的教师学习形式之一，那么如何借助培训引发教师的自主学习呢？

（1）自下而上，确定培训主题和内容

根据教师的内在需要确定培训主题和内容，更有助于增强教师学习的积极性，把外在的培训任务变为教师自主的学习。在培训的计划方面，切勿"一刀切"，可以采用"共性培训"和"个性化培训"相结合的方式，满足教师自主发展的需要。"共性培训"的内容可针对共性问题邀请全员参与,"个性化培训"可以提供多种形式的"培训套餐",允许教师根据个人的喜好和专业发展方向各取所需。

(2)**角色身份转换,让教师成为培训者**

很多幼儿园会要求外出参加培训的教师对培训内容进行归纳、整理,在园内进行二级培训。对授课教师来说,这也是一次很好的自主学习机会,在备课的过程中,授课教师需要认真领会培训的内容,对于不明白的部分进行扩展式学习,将理论转化为实践,并结合本园的实际情况为其他教师提供一些建议。

(3)**实践链接,将培训内容及时转化为工作的动力和支持**

现阶段,幼儿教师参加培训时存在"听听激动,想想感动,回去后一动不动"的现象。培训的质量取决于教师将学习转化为实践的程度。

案例 一次讲座学习带来的启发

记得有一次,我聆听了一个关于"RULER 五步法"[①]情绪管理的讲座,该讲座运用生动的案例和"心情晴雨表"简单明了地介绍了有关情绪管理的方法。我决定尝试运用这一方法疏导班上孩子的情绪。这天,当两个孩子发生矛盾时,我把他们叫过来平静地询问情绪波动较大的孩子:

- 你怎么了?
- 你看上去好像很"生气"(或伤心、不安),是安安拿了你喜欢的玩具,你觉得他没有经过你的同意就这么做,所以很生气,是吗?
- 如果你是他,你会怎么做?
- 安安,他不喜欢你直接拿他的书,下一次你可以用什么办法借到书又不会让他生气呢?
- 对的,可以询问他的意见,他不同意就不拿,好吗?

我采用这一方法接二连三地解决了很多类似的问题,既成功地帮助孩子减少了攻击性行为,逐步走出自我中心的思维习惯,发展了幼儿的利他情绪情感和社交技能,又极大地提升了自己管理班级的信心,也越来越多地感受到职业的幸福感。

——浙江省杭州市临平区塘栖镇第二幼儿园 吴赛姬

实践链接:请尝试把你参与过的某一次培训的内容应用到实践中,并总结自己的做法和体会。

[①] 由美国耶鲁大学情商中心创始主任、心理学家马克·布雷克特(Marc Brackett)提出,"RULER"是 recognizing、understanding、labelling、expressing 和 regulating 这 5 个单词的首字母的缩写,代表了管理情绪的 5 个关键步骤,即识别自己及他人的情绪、了解情绪的起因和结果、准确分辨各种情绪、适当地表达情绪以及有效地调控情绪。

3. 教研 + 对话

幼儿园可以借助教研，推动教师的自主学习。

（1）支持教师之间的对话

教研是教师之间围绕教育实践中遇到的问题，通过积极地交流探讨，总结教育经验、发现教育问题和研究教育方法的常规实践活动，其本质强调学习者视角，强调教师彼此之间通过深度对话进行自主学习和思考。教研中的对话可以启发、提示每个人从更多的角度考虑问题，促进大家反思、检查、重构和扩展自己的经验与理论。即使教师有时出现认识上的冲突，也是一个智慧碰撞、交流思想的机会。可以充分利用教研促成教师之间的对话，以深度对话引领教师的自觉学习和对实践的不断反思。

（2）营造积极的氛围让深度对话发生

教研的过程和结果不仅取决于教研计划的可行性、教研方法的有效性、教研主持人的带动性，还取决于教研活动的氛围。只有宽松、友好又相互激发的积极氛围才有可能取得良好的教研实效，起到推动教师自主学习的作用。

什么样的氛围是积极的？

* 去权威性
* 以教师为教研主体
* 无对错、无批评
* 热情主动
* 专注投入
* 积极参与
* 自主形成团队
* 畅所欲言、敢于质疑

营造积极氛围的先决条件是教师的归属感和认同感。只有开放、包容、接纳、平等的团队，才能让教师畅所欲言，不担心说错话或者得罪人，深度对话也才能发生。

案例　涵养教师的"心田式教研"

"心田式教研"分为三个步骤。

第一步：说你，说我。教师们想说什么都行，可以分享自己的高兴、幸福、悲伤、难过，可以诉说自己的颠覆时刻，也可以分享自己的"跌落体验"。有的教师会说："我觉得这个星期我的状态特别糟糕，我什么都没有做。"有的教师可能会说："我觉得这一周我的感觉太好了，我发现了……"在这个过程中，每个人都可以充分地表达自我。

第二步：共同面对困难。每个人的问题都不一样，但都是真实的、开放的，什么问题都可以被谈论。大家甚至谈论过"班里有一个我不喜欢的孩子,我该怎么办""当我出现职业倦怠的时候,是走还是留"等问题。

第三步:谈论下一步自己的工作目标和方向。这个目标不一定是高大上的,但一定是从自己出发的。比如,一位羞涩的新教师的目标可能是:今天我不敢抬眼看家长,到后来开始和一两位合作度高的家长讲话,再到后来可以与所有的家长讲话。

"心田式教研"的三步使每个人都能充分、真诚地表达自己,是一种激发教师深度对话的教研方式。在"心田式教研"会上,花草园谈论的不是教研技术,而是每位教师的感受和深层的困惑。只有当我们可以公开而真诚地讨论我们失败的经验、挫折的瞬间、纠结的瞬间、不那么完美的自己的时候,深度学习才会发生。这也正是问题的价值,每一个困惑都是正在实践中的教师的一个成长突破口。

——节选自"胡华名师工作室"微信公众号文章《如何让教研活动深度发生》

中华女子学院附属实验幼儿园

"心田式教研"是对每个人的滋养

(二)让丰富多样的活动满足个性化的发展需求

教师的自主学习不仅涉及专业学习,还应涵盖教师自身成长和生活的方方面面,比如,利用业余时间学习插花,跟着网络学习烹饪菜肴,阅览杂志上的色彩搭配,观察花艺师修剪树木……对教师来说,专业学习固然重要,通识性知识的学习也很重要,它们是相辅相成的。

除专业学习之外，教师还可以围绕哪些内容进行自主学习？
* 自然科学、人文社会科学等拓展知识面的内容
* 声乐、舞蹈、绘画等陶冶艺术情操的内容
* 收纳、烹饪等提升生活品质的内容
* 婚姻家庭、亲密关系、养育孩子等提高幸福生活能力的内容

1. 热爱生活的活动

越来越多的教育者认识到，只有幸福的教师才能培养出幸福的孩子。因此，越来越多的幼儿园开始关注教师自身对待生活和生命的态度，努力培养热爱生活、尊重生命、热情投入、积极向上、有幸福感的教师。

案例 "爱生活"系列活动

我园定期组织"我和四季有个约会"活动，带领教师们走进自然，与自然深度链接，感受自然的魅力，让教师们爱上自然、获得滋养。

我们还邀请幼儿园的大厨和教师们一起切磋厨艺，引领教师们学会做饭、爱上做饭，因为我们相信"母爱是一顿饭一顿饭堆积起来的""爱，就是在一起吃好多好多顿饭"。

此外，教师们还一起学习如何布置整理自己的家，如何让自己家的每一个空间都成为家人们喜欢的地方。教师们把自己的家收拾得整洁、舒适、有美感，她们的教室也都变得越来越温馨、美好。

——山东省淄博市汇英幼儿园 韩冰川

2. 文学、美学赏析活动

是否具备良好的文学、美学素养，往往成为一个人自身素养高低的标志。科学家爱因斯坦除了对物理学着迷之外，对音乐也很着迷；被誉为"世界杂交水稻之父"的袁隆平喜欢游泳、打排球和音乐；获得诺贝尔医学奖和"共和国勋章"的屠呦呦不仅对医学感兴趣，在文学方面，她的修养也不亚于一个中文专业出身的人。对教师而言，具备一定的文学、美学素养更加重要，因为它们不仅关系到自身的人文素养，还会影响自己的教育工作。因此，幼儿园可以通过组织名画名曲欣赏、艺术展观摩、文学作品以及电影赏析沙龙等活动，提升教师的综合素养。

案例 在电影中反思教育，在反思中提升理念

我园一直以来都有组织教师们一起开展教育电影赏析活动的传统。新学期，一部优秀的教育电影《零零后》进入我们的视野，它是我们之前赏析过的电影《小人国》《成长的秘密》的姊妹篇，是张同道导演历时12年对巴学园毕业生跟踪拍摄的一部纪录电影。我园的教师借由这部电影一起探讨了家庭教育、学校教育、生命教育以及有关孩子成长的话题。

幼儿教育最重要的价值是什么？它对孩子一生的成长有着怎样的意义？我们正在实施的教育有没有关注那些最重要、最基础的东西？就像这部电影所传递的理念一样，没有任何一种教育适合所有孩子，每一个孩子的成长都与众不同。之所以说6岁之前的教育非常重要，是因为这个阶段所形成的人格支撑着他们接下来十几年的学习生活，乃至整个人生。所以，幼儿教育要朝向人格建构，而不仅仅是知识技

能。这部电影引发了我们对当下教育的反思，对幼儿教育价值的思考，也再一次让我们的教育理念获得了提升。

——山东省淄博市汇英幼儿园 韩冰川

实践链接：回顾一下你所在的幼儿园开展过哪些满足个性化发展需求的活动，反思这些活动对个人学习与发展有哪些影响。

四、利用信息化手段助力教师自主学习

2018 年，教育部印发的《教育信息化 2.0 行动计划》指出，"全面提升师生信息素养，推动从技术应用向能力素质拓展，使之具备良好的信息思维，适应信息社会发展的要求，应用信息技术解决教学、学习、生活中问题的能力成为必备的基本素质"。由此可见，随着教育和信息技术的融合，利用信息技术是教师最基本的能力之一，也是助推教师自主学习的关键要素之一。

（一）以积极的态度面对信息技术

现阶段，信息技术已经深度影响到幼儿园教育实践和教师学习、工作的方方面面。具体作用如下：
* 拓展教师的知识边界
* 让教师、幼儿的学习更立体、更生动
* 丰富教学内容和方式
* 提高教育研究的专业性
* 提高家园沟通的即时性和有效性
* 提高班级管理和园所管理的水平
* 对幼儿进行科学的发展性评价

信息技术给我们的学习和工作带来许多便捷之处，管理者和教师都应该具有学习的热情和敏感性，以积极的态度学习各种新媒介和技术，不断提升自身的信息技术素养，并将其应用于教育实践中。

（二）信息技术助力教师自主学习的具体路径

当前，很多幼儿教师的信息技术综合运用能力，还停留在撰写文字材料和制作课件等较浅的层面，这些远远不够。我们可以将信息技术广泛地应用于我们的学习和工作中，助力自己的专业发展。

1. 管理者的影响和带动

教师对于网络资源学习的敏感性和热情，与幼儿园的整体氛围有关。幼儿园的管理者如果具有极高的学习热情，对于现代信息技术极为熟悉和敏感，那么就会在幼儿园营造良好的学习氛围，并带动教师有效地利用各种信息技术进行自主学习。

> **案例　网络学习益处多**
>
> 幼儿园教师岗位人员紧缺，往往一人多岗。加之近两年受新型冠状病毒肺炎疫情的影响，外出集中学习的机会极少。所以，作为园长，我非常重视信息技术在教师专业学习方面的作用。
>
> 首先，网上信息量大，各种专业资源非常丰富，大家在浏览学习的过程中可以随时关注自己感兴趣的内容。小小手机在手，天下信息全有。
>
> 其次，网络资源可供教师随时浏览学习，时间自由、可控。每位教师的学习时间和学习特点不同，他们可以根据自己的兴趣和空闲时间灵活地进行网络学习，比如，茶余饭后、上下班路上、入睡之前。这样一来，教师的学习压力小，学习效果好。
>
> 最后，网络上很多有价值的专业内容，篇幅短小、图文并茂，适合幼儿教师的业余学习特点，便于教师在较短的时间内了解某一方面信息。
>
> 为了进一步发挥网络学习的优势、营造学习氛围，我们还建立了幼儿园学习资源云盘，录制专家的讲座并将其上传到云盘，供大家自由安排时间学习，这样既不影响生活，也不耽误工作。业务园长每月会选择有价值的文章和讲座视频发到幼儿园教研群里，组织大家共同学习和研讨。
>
> ——山东省文化和旅游厅幼儿园　郭志杰

2. 学会巧用各种软件

随着信息技术的快速发展，各类软件层出不穷。熟悉和掌握各种软件的功能和使用方法，可以有效地促进教师的学习与发展。

案例 专业知识的存储与运用

对于海量的专业信息，我们没有必要用大脑硬记，大脑是内存处理器，不是硬盘。我们完全可以巧妙地运用各种软件来存储、编码和运用这些信息。以下是我自己的信息资源库管理和使用的心得。

存储内容：教养灵感与困境

常用软件：备忘录、WPS、OneNote、有道等

我经常利用空闲时间翻阅教育杂志，看到特别新鲜实用的关键词就会记录下来，也有记录自己的教育灵感的习惯。这时，利用手机、计算机记录十分方便，需要引用的时候可以直接复制粘贴。通常，我会使用手机备忘录、WPS 等软件，用"关键词＋内容"的方式进行即时记录，并在记录完后立即发送到邮箱、QQ 群等稳定的平台，便于后期搜索和使用。我会时常翻阅这些资料，这样当一个关键词在日常教学中再次出现时，我就能敏锐地捕捉并进行关联。这样的积累，让我感悟到边行动边思考的重要性。

* * *

存储内容：专家课件截屏、环境创设巧图、幼儿园活动照片、文章、课件、视频、专业书籍内容

常用软件：QQ、邮箱、百度云等

在学习和工作中，我们经常会收集一些有价值的资料，如线上学习的课件、文字资料、幼儿的成长档案等。这些一手资料如果不经过二次处理，就不会在我们的大脑中形成精确编码后的信息，更谈不上运用自如了。因此，我建立了一个个人QQ 群，根据需要建立了分类相册，及时将资料上传，并标注了时间和关键词。这样一来，在需要时，我只需敲击关键词点搜索键就可以了，方便快捷，极大地提高了工作效率。

——浙江省杭州市临平区塘栖镇第二幼儿园　吴赛姬

3. 借助各种活动助力自己的职业发展

经常参与幼儿园的一些活动，承担一些任务，也有助于教师的职业学习和发展。比如，在幼儿园的童话节中负责摄影工作，为了更好地留住幼儿的美好瞬间，教师需要主动学习和研究拍摄光线、构图等方面的知识与技巧。

> **案例　小编心得**
>
> 2020年年初，我开始担任"董旭花教授工作室"微信公众号的编辑。当时的自己完全是一枚"编辑小白"，虽然读过若干篇公众号文章，但是从来没想过会亲自"下海"，更没想到给"大V"做编辑。"如何高质量地编辑每一篇要发布的文章，让读者在阅读过程中有舒适的体验感、认同感，为文字锦上添花"，是我一直在做的功课。版式的修改、图片模板的选择、色调的调整、各种小组件的运用、几个图文模板的混合使用……每每探索出一个新技能，我都会感受到成长的"哇"时刻。不仅如此，在公众号上发布的每一篇文章，我都会认真地读上几遍，从中学到的专业知识也让我的专业视野不断拓展，对专业问题的认识不断深化。在外人看来，我每天在完成自己工作的同时，承担了一份额外的工作，付出了很多劳动，但其实我是获得最多的那个人。
>
> ——山东省潍坊市奎文区第二实验幼儿园　林丽燕

信息技术是一把双刃剑，在促进教师专业发展的同时，也可能给教师带来负面作用。比如，目前网络资源中存在大量不实信息，如果教师未经查证、贸然使用，就可能误导自己和别人；教师在撰写文章时，抄袭、盗用网络资源的现象比比皆是；还有个别教师迷恋上网聊天、观看短视频或玩游戏，不分昼夜，不管上班还是业余时间，严重影响了学习、工作和生活。因此，教师在学习和掌握信息技术的同时，应学会自我控制，辩证合理地利用资源。

实践链接：除了文中提到的软件，还有哪些软件是你经常使用的，且给你的学习、工作带来了便捷？

本章小结

本章核心内容如下。

- 教师的自主学习意识和能力极为重要，既是现代社会发展、教育改革对教师的必然要求，也是促进幼儿不断成长的必要条件。自主学习的意识和能力可以帮助教师修正自己的儿童观、教育观、课程观，进而影响自己的教育行为与班级一日活动的质量。
- 教师专业成长的主体是教师自身，唤醒教师自身成长的意识，就是要保护和激发教师内在的成长动机，实现教师的自我教育。因此，管理者的放权、激励性评价、构建学习共同体等积极的举措，将满足教师的内在需求，推动他们的主动成长。
- 读书、培训、教研等常规性活动作为教师学习和成长的主要专业活动，发挥着激发教师的学习动机、满足他们的成长需求的作用，主要表现在活动中教师会反思自省、检验实践、深度对话。

✦ 就教师的专业发展而言，专业学习固然重要，通识性知识的学习也很重要，它们是相辅相成的。

✦ 信息化时代对幼儿园教师的自主学习能力提出了挑战，教师应以积极的态度学习和掌握各种新媒介和技术，让信息技术更好地助力自主学习与发展。